제1판

사회과교사를 위한

사회와 문화

법학
정치학
경제학 다이제스트
일반사회교육론
사회와 문화

이율 편저

박문각

사회과교사를 위한

사회와 문화

이 책의 머리말

안녕하세요, 미래의 사회과교사 여러분!

이 책을 통해 여러분은 사회와 문화에 대한 깊은 이해를 쌓고,
이를 바탕으로 학생들에게 풍부한 지식을 전달할 수 있는 능력을 갖추게 될 것입니다.
사회과교사는 단순히 지식을 전달하는 역할을 넘어서 학생들이 세상을 이해하고
다양한 관점을 존중하며, 비판적 사고를 기를 수 있도록 돕는 중요한 역할을 합니다.

이 책은 사회와 문화의 다양한 측면을 다루며,
이론과 실제 사례를 통해 여러분이 교실에서 바로 적용할 수 있는 실질적인 지식을 제공합니다.
또한, 학생들과의 상호작용을 통해 그들의 호기심을 자극하고,
학습에 대한 열정을 불러일으킬 수 있는 방법들을 제시합니다.

여러분이 이 책을 통해 얻은 지식과 통찰력이 교실에서 빛을 발하고,
학생들에게 긍정적인 영향을 미칠 수 있기를 바랍니다.
함께 사회과 교육의 미래를 밝히는 여정을 시작해 봅시다!

백산 발현재에서
이윌 드림

이 책의 차례

CONTENTS PREFACE REFERENCE

Part 05 사회계층

Part 06 일탈과 사회문제

Part 07 사회변동과 사회운동

Part 08 사회학의 주요 주제 및 쟁점들에 대한 검토

사회과교사를 위한

사회와 문화

Part

01

사회학의 의미 및 주요 이론

Chapter

01 사회학이란 무엇인가?

01 사회학의 의미 : 인간과 사회현상을 과학적으로 탐구하는 학문

사회학은 인간 사회와 그 안에서 일어나는 다양한 사회적 행위, 관계, 구조 등을 연구하는 과학적 학문이다.

02 사회학은 무엇을 대상으로 하는가? 인간과 사회현상

(1) **사회학은 개인의 행위(두 사람 사이의 관계를 전제)부터 사회 전체의 구조까지 다양한 수준에서 사회현상을 분석한다.**

예 1. 사람들은 왜 아이돌에 열광할까?
예 2. 경제적 행위, 정치적 행위, 법률적 행위 등 다양한 상호작용
예 3. 청소년들은 왜 하위문화를 형성할까?
예 4. 사회불평등은 왜 발생할까?
예 5. 사회적 유대와 인간은 어떤 관계일까?

(2) **2인 이상의 관계**

(3) **자연현상과 사회현상 비교(사회 · 문화현상의 특징)**

사회현상은 인간의 지위와 역할에 따라 상호 관계를 맺으며 집단생활을 하는 가운데 발생하는 현상을 의미하고, 문화현상은 인간이 그가 속한 사회의 생활양식에 따라 사회생활을 하면서 발생하는 현상을 의미한다. 이와 같은 사회 · 문화현상은 자연현상과의 비교를 통해 명확하게 이해할 수 있다.

구분	자연현상	사회 · 문화현상
의미	• 자연법칙에 따라 자연에서 나타나는 현상 • 인간의 의지와 무관하게 일어나는 현상	• 인간의 모든 사회적 행동 및 태도와 관련된 현상 • 인간의 의지와 행동에 따라 나타나는 현상
특징	• 자연적 질서에 의해 유지됨 • 몰가치성 • 인과관계가 분명함 • 보편성 • 확실성의 원리 근거 고정성과 불변성 → 규칙 발견과 예측이 용이	• 인위적 질서에 의해 유지됨 • 가치 함축성 • 인과관계가 존재하지만 불분명함 • 보편성과 특수성, 다양성 • 개연성(확률의 원리)에 근거 유동성과 가변성 → 규칙 발견과 예측이 어려움
지배 법칙	• 존재 법칙 • 인과 법칙 • 필연 법칙	• 당위 법칙 • 목적 법칙 • 규범 법칙

03 사회학은 어떤 학문인가?(사회학의 기능과 목적은 무엇인가?)

'사회학은 우리 삶에 어떤 도움을 주는가?'라고 할 때 사회적 상황과 개인을 이해하고, 문화적 차이를 이해하도록 한다. 또한 정책에 대한 평가 및 비판과 함께 자기 계몽에 기여한다.

1. 인간을 이해하는 학문: 인간의 심리와 행위를 연구하는 학문

예 협동, 경쟁, 갈등, 다툼 등

2. 다양한 관점에서 사회를 이해하도록 하는 학문

예 문화상대주의, 자문화 중심주의, 문화제국주의

3. 자신과 사회를 성찰하고 통찰력을 제공해주는 학문

4. 사회학적 상상력을 제공하는 학문: 사회학적으로 사고하는 방법을 제공하는 방법

(1) **의미**(C. 라이트 밀스, C. Wright Mills)

사회학적 상상력은 미국의 사회학자 C. 라이트 밀스(C. Wright Mills)가 제안한 개념으로, 개인의 경험과 더 넓은 사회적, 역사적 맥락을 연결하여 이해하는 능력을 말한다. 이는 개인의 문제를 사회구조와 연관 지어 분석하는 사고방식이다. 이 개념은 개인의 삶이 단순히 개인적인 선택의 결과가 아니라, 더 큰 사회적 힘과 구조에 의해 형성된다는 것을 인식하게 한다. 예를 들어, 실업 문제를 단순히 개인의 능력 부족으로 보는 것이 아니라, 경제 구조나 정책의 영향을 고려하여 이해하는 것, 커피를 마시는 행위와 문화구조, 국제무역구조, 국제정치 등과의 관련성을 고려하여 이해하는 것이다.

(2) **사회학적 상상력의 요소**(앤서니 기든스, Anthony Giddens)

① 역사적 상상력: 현재의 사회적 현상을 과거와 비교하여 이해하는 능력

② 비교사회적 상상력: 다른 사회나 문화와 비교하여 자신의 사회를 이해하는 능력

③ 비판적 상상력: 사회의 제도와 규범을 상대화하고 비판적으로 바라보는 능력

5. 사회문제를 해결하고 살기 좋은 사회를 만들고자 하는 학문

04 사회학의 관심은 어디에 있는가?

인간들이 몸담고 살고 있는 사회를 중시하느냐? 사회를 구성하고 이끌어가는 개개인을 중시하느냐?

1. 사회명목론: 개인은 자신의 이익을 위하여 행동한다.

(1) **의미**: 개인은 완전하며 사회는 껍데기(외형)에 불과하다.

사회명목론은 사회를 이해하는 데 있어 개인의 역할을 강조하는 이론이다. 이 이론은 사회가 실제로 존재하는 것이 아니라, 개인들의 상호작용과 인식에 의해 형성된다고 본다.

(2) 주요 개념 및 일반화

① 개인의 중요
사회명목론은 사회를 개인들의 집합체로 본다. 즉, 사회는 개인들의 행동과 상호작용의 결과로 나타나는 현상일 뿐, 독립적으로 존재하는 실체가 아니라고 주장한다. 즉 사회는 단순히 개인들이 모여 이루어진 덩어리, 사회는 고유한 실체가 없는 개인들 간의 상호작용이 축적되어진 곳으로 본다.

② 사회적 상호작용
사회명목론에서는 개인들 간의 상호작용이 사회를 형성하는 핵심 요소로 여겨진다. 개인들이 서로 어떻게 상호작용하느냐에 따라 사회의 모습이 달라진다고 본다.

③ 주관적 의미
개인들이 사회적 행동을 할 때, 그 행동에 부여하는 주관적 의미가 중요하다. 예를 들어, 같은 행동이라도 개인이 어떤 의미를 부여하느냐에 따라 그 행동의 사회적 의미가 달라질 수 있다.

④ 사회적 현상의 환원 가능성
사회명목론은 모든 사회적 현상을 개인의 행동과 상호작용으로 환원할 수 있다고 본다. 즉, 사회적 구조나 제도도 결국 개인들의 행동과 상호작용의 결과로 이해할 수 있다는 것이다.

(3) 사회명목론을 전제로 하는 사회학 이론

① 사회학의 임무
사회학의 임무는 인간집합체인 사회보다는 자유의지를 갖고 행동하는 개인들의 심리적 본성을 연구하는 것이다.

② 미시이론: 사회를 이해하기 위해 자유의지를 갖고 활동하는 개인의 행위를 연구

③ 대표적 이론: 상징적 상호작용론[1], 현상학[2]

④ 관련된 철학, 사상: 사회계약론, 개인주의, 자유주의, 공리주의 등

2. 사회실재론: 사회가 있어야 개인이 있다.

(1) 의미

사회실재론은 사회가 개인들의 단순한 집합체가 아니라, 독립적으로 존재하는 실체라고 보는 이론이다. 즉, 사회실재론은 사회를 독립적이고 고유한 실체로 이해하려는 접근법이다.

(2) 주요 개념 및 일반화

① 독립적 실체로서의 사회
사회실재론은 사회구성원으로서의 개인은 인정하지만, 사회 그 자체는 개인의 특성과는 무관한 독자

1) 상징적 상호작용론은 사회를 이해하는 데 있어 개인 간의 상호작용과 그 상호작용에서 발생하는 상징의 중요성을 강조하는 이론이다.
2) 현상학은 인간의 경험과 의식을 통해 사회를 이해하려는 철학적 접근법이다.

적이고도 고유한 실체라고 본다. 즉 사회는 개인들의 행동과 의식과는 독립적으로 존재한다고 본다. 따라서 사회는 개인들의 단순한 총합이 아니라, 그 자체로 고유한 구조와 실체를 가지고 있다고 주장한다.

② 사회적 구조와 규제
사회실재론에 따르면, 사회는 개인들의 행동을 규제하고 영향을 미치는 구조를 가지고 있다. 예를 들어, 법, 관습, 제도 등은 개인의 행동을 제약하고 방향을 제시한다.

③ 사회적 사실[3)]
에밀 뒤르켐 같은 사회학자들은 사회를 하나의 유기체로 비유하며, 사회적 사실이 개인에게 외재하면서 개인을 강제하는 성격을 지닌다고 보았다. 이는 사회가 개인의 행동을 넘어서는 힘을 가지고 있다는 것을 의미한다. 뒤르켐은 사회를 개인이 뭉쳐 있는 집합체로서의 총합이 아니라, 그것을 초월하는 어떤 것, 즉 개인을 한 덩어리로 묶어주는 것으로, 겉으로 드러나지 않는 연대의식(집합의식)으로 파악했다.

④ 개인과 사회의 관계
사회실재론은 개인이 사회의 영향을 받으며, 사회적 구조와 제도가 개인의 사고와 행동을 형성한다고 본다. 따라서 개인의 행동을 이해하려면 그가 속한 사회의 구조와 규제를 이해해야 한다.

(3) 사회실재론을 전제로 하는 사회학 이론

① 사회학의 임무: 사회학의 임무는 인간을 규제하고 강제하는 법, 규범, 문화, 종교 등을 연구하는 것이다.

② 거시이론: 인간의 개별적 행위보다는 사회구조나 사회제도 등에 대해 연구

③ 대표적 이론: 구조기능주의 이론[4)], 갈등이론[5)]

05 사회학은 사회과학으로서의 경험과학이다

(1) 사회학적 지식은 경험과학적 지식이다.

(2) 과학의 구성

경험 및 실증, 인식론 및 방법론을 통해 지식을 만든다.

(3) 사회학은 근거 없는 사실, 편견, 신비, 권위에 도전하는 과학적 지식이다.

---

3) 사회적 사실은 개인의 행동과 믿음을 형성하는 사회생활의 외적이고 객관적인 측면을 말한다. 예를 들어, 법, 규범, 관습, 제도 등이 이에 해당한다. 이러한 사회적 사실은 개인의 의식과는 독립적으로 존재하며, 개인에게 강력한 영향을 미친다.
4) 구조기능주의 이론은 사회를 하나의 유기체처럼 보는 이론이다. 이 이론에 따르면, 사회는 여러 부분으로 구성되어 있으며, 각 부분은 사회의 안정과 질서를 유지하는 데 중요한 역할을 한다.
5) 갈등이론은 사회가 갈등과 경쟁 속에 있다고 보는 이론이다. 이 이론에 따르면, 사회는 자원과 권력을 둘러싼 갈등으로 인해 변화하고 발전한다.

Chapter 02

사회학의 전개1 : 사회학의 태동과 초기 사회학자들

01 사회학의 태동

1. 사회학이 필요했다.

사회학은 전근대사회(중세봉건사회)에서 근대사회로 이행하는 과정에서 생겨났다. 근대사회로 변화하는 과정에서 혼란과 무질서 현상이 나타났고, 이 현상을 극복하기 위해 원인을 찾아 문제를 해결하고 미래를 예측해야 할 필요성이 생겼다.

2. 근대사회로의 변화와 혼란: 사회학을 태동시킨 배경은 무엇인가?

(1) 변화

① 르네상스: 인간에 대한 통찰

② 종교개혁: 종교에 대한 비판과 성찰

③ 계몽주의: 정치적으로 시민혁명과 민주주의, 산업혁명과 자본주의, 과학의 발달

④ 공동사회에서 이익사회로의 변화

⑤ 지리상의 발견

(2) 진보와 혼란, 무질서의 초래

3. 사회를 보는 시각 및 관점

02 초기 사회학자들: 사회학의 전개

1. 시몬(St. Simon)의 사회생리학

새로운 사회질서 확립을 위해 사회를 유기체로 고찰하는 사회생리학을 수립하고, 사회주의를 제시하였다.

2. 콩트(August Conte, 1789~1857): 조화적 계량주의자, 사회학의 성립

(1) 주요 가정

콩트가 사회학(사회물리학)이라는 말을 만든 이후로 사회학은 개인이 그 자신보다 더 큰, 사회라고 불리는 것에 의해 형성된다는 가정을 전제로 한다. 즉 개인은 사회의 산물로 간주된다는 것이다.

(2) 사회학의 필요성

콩트는 사회학을 통해 사회의 구조와 기능을 이해하고, 이를 통해 사회문제를 해결할 수 있다고 보았다.

(3) 실증주의적 방법

콩트는 사회학이 다른 과학들처럼 체계적이고 실증적인 방법으로 연구되어야 한다고 주장했다.

(4) 사회발전의 법칙

콩트는 사회가 세 가지 단계(신학적, 형이상학적, 실증적)를 거쳐 발전한다고 주장했다. 그에 따르면 신학적 단계에서는 종교적 설명이 지배적이고, 형이상학적 단계에서는 철학적 사고가 중심이 되며, 실증적 단계에서는 과학적 사고가 주도한다.

구분	지적 단계	지배자 유형	사회단위
제1단계	신학적, 운명적	사제와 군인	가족
제2단계	형이상학적, 추상적	성직자와 법률가	국가
제3단계	과학적, 실증적	산업경영자, 과학자	전 인류

(5) 사회적 연대

콩트는 사회가 개인의 이익을 넘어서는 집단적 연대에 의해 유지된다고 보았다. 그는 사회적 연대가 강할수록 사회가 더 안정적이고 발전할 수 있다고 믿었다.

3. 카를 마르크스(Karl Marx, 1818~1883) : 변혁적 혁명주의자

(1) 초점

카를 마르크스는 사회학에서 중요한 인물로, 그의 주장은 주로 계급투쟁과 경제적 불평등에 초점을 맞추고 있다.

(2) 역사적 유물론 : 경제적 구조의 변화 → 사회의 변화

카를 마르크스는 모든 사회적·경제적 관계와 변화를 물질적 조건, 즉 경제 구조에 의해 설명했다. 그는 사회의 발전이 경제적 토대에 의해 결정된다고 보았다. 그는 역사를 경제적 구조의 변화로 설명하며, 이를 통해 사회의 변화를 이해하려 했다.

(3) 기초와 상부구조

마르크스는 사회를 기초(경제적 토대)와 상부구조(정치, 법, 문화 등)로 나누었다. 경제적 토대가 상부구조를 결정하며, 상부구조는 다시 경제적 토대에 영향을 미친다.

(4) **자본주의에 대한 비판**: 자본주의 사회의 불평등과 착취를 비판

① **자본주의의 경제적 관계**: 부르주아지(자본가 계급)와 프롤레타리아(노동자 계급)

마르크스는 사회가 두 주요 계급, 즉 부르주아지(자본가 계급)와 프롤레타리아(노동자 계급)로 나뉜다고 보았다. 부르주아지는 생산 수단을 소유하고, 프롤레타리아는 자신의 노동력을 팔아 생계를 유지한다.

② **소외**

마르크스는 노동자가 자신의 노동 과정에서 소외된다고 보았다. 이는 노동자가 자신의 노동 결과를 통제하지 못하고, 자본가에게 종속되는 상태를 의미한다.

③ **잉여가치론**

마르크스는 자본가가 노동자의 노동력을 착취하여 이윤을 창출한다고 설명했다. 노동자가 창출한 가치에서 노동자에게 지급된 임금을 뺀 나머지를 '잉여가치'라고 하며, 이것이 자본가의 이윤으로 전환된다.

④ **계급투쟁**: 즉자에서 대자로의 변화(각성)

마르크스는 사회가 두 주요 계급, 즉 부르주아지(자본가 계급)와 프롤레타리아(노동자 계급)로 나뉜다고 보았다. 이 두 계급 간의 갈등이 역사의 발전을 이끈다고 주장했다. 마르크스의 철학에서 "즉자"와 "대자"는 사회적 존재와 의식을 설명하는 중요한 개념이다. 즉자(卽自, an sich)는 어떤 것이 그 자체로 존재하는 상태를 의미한다. 예를 들어, 노동자는 자신의 노동력을 팔아 생계를 유지하는 존재로, 자신의 상황을 깊이 인식하지 못한 상태이다. 즉, 노동자가 자신의 처지를 그대로 받아들이고 있는 상태를 "즉자"라고 할 수 있다. 대자(對自, für sich)는 자신을 인식하고, 자신의 상황을 자각하는 상태를 의미한다. 노동자가 자신의 처지를 깨닫고, 자본가 계급과의 갈등을 인식하게 되면, 그는 "대자" 상태에 도달한 것이다. 즉, 노동자가 자신의 상황을 자각하고, 변화하려는 의지를 가지게 되는 상태를 "대자"라고 할 수 있다. 마르크스는 이러한 개념을 통해 노동자들이 자신의 처지를 깨닫고, 사회 변화를 위해 행동해야 한다고 주장했다.

Chapter 03 사회학의 전개 2 : 사회학의 선구자들

01 허버트 스펜서(Herbert Spencer, 1820~1903)의 진화론적 사회학

1. 기본입장 : 사회진화론 및 사회유기체설에 기반

스펜서는 찰스 다윈의 진화론과 사회유기체설을 사회학에 도입했다. 그는 우주의 근본원리를 진화로 보고 이를 사회와 자연에 적용하였다. 스펜서는 공리주의자들과 더불어 개인이 자신에게 이익이 된다고 판단한 대로 결정을 내린다고 주장하였다.

2. 사회 진화론

스펜서는 사회가 생물처럼 진화한다고 보았다. 그는 사회가 단순하고 동질적인 상태에서 점점 복잡하고 이질적인 상태로 발전한다고 주장했다. 예를 들어, 초기 사회는 단순한 공동체였지만, 시간이 지나면서 다양한 직업과 역할이 생겨나고, 사회구조가 복잡해졌다는 것이다.

3. 사회 유기체설

스펜서는 사회를 하나의 유기체로 보았다. 즉, 사회의 각 부분(예 경제, 정치, 교육 등)이 서로 밀접하게 연결되어 있고, 각 부분이 잘 기능해야 사회 전체가 건강하게 유지된다고 생각했다. 예를 들어, 인간의 몸이 여러 기관으로 구성되어 있고, 각 기관이 제 역할을 해야 몸이 건강한 것처럼, 사회도 각 부분이 제 역할을 해야 건강하게 유지된다는 것이다.

4. 군사형 사회와 산업형 사회

스펜서는 사회를 군사형 사회와 산업형 사회로 나누었다. 군사형 사회는 강제적 협동과 정부의 강한 통제가 특징인 반면, 산업형 사회는 자율적 협동과 개인의 자유를 중시한다.

그는 사회가 군사형 사회에서 산업형 사회로 진화한다고 보았다. 이는 사회가 점점 더 자유롭고 자율적인 방향으로 발전한다는 것을 의미한다.

5. 개인과 사회의 관계

(1) 개인주의와 자유주의 강조

사회는 생물유기체와 유사하나, 부분과 전체의 관계에 있어 부분이 상대적 독립성을 가지고 있다. 사회의 모든 일에 정부의 간섭을 적극 배격하고 개인주의적 자유주의를 강력히 주장하였다.

(2) 자유방임주의

좋은 사회란 각자의 이익을 추구하는 개인들 간의 계약 위에 기초한 사회이다. 국가가 사회복지나 다른 이유에서 이 협정을 방해한다면 사회질서를 붕괴시키는 결과를 가져온다.

02 뒤르켐(Emile Durkheim, 1858~1917)의 사회학주의: 사회가 있어야 개인도 있다.

1. 개요

에밀 뒤르켐은 사회학의 중요한 인물로, 그의 이론은 주로 사회적 사실, 사회 연대, 그리고 자살론에 초점을 맞추고 있다. 뒤르켐의 이론은 사회가 어떻게 구성되고 유지되는지, 그리고 개인의 행동이 사회적 요인에 의해 어떻게 영향을 받는지를 이해하는 데 중요한 틀을 제공한다.

2. 사회적 사실

(1) 의미

뒤르켐은 사회를 개인의 행동과는 독립적으로 존재하는 사회적 사실로 설명했다. 사회적 사실은 언어, 법, 도덕, 종교 등과 같이 개인의 의지와 상관없이 존재하며, 개인의 행동을 규제하는 힘을 가진다. 예를 들어, 우리가 사용하는 언어는 개인이 만든 것이 아니지만, 사회 전체가 공유하고 사용하는 규칙이다. 이런 규칙이 바로 사회적 사실이다. 사회적 사실은 개인의 행동을 규제하고, 사회 전체의 질서를 유지하는 데 중요한 역할을 한다.

(2) 사례

① 언어
우리가 사용하는 언어는 개인이 만든 것이 아니지만, 사회 전체가 공유하고 사용하는 규칙이다. 예를 들어, 한국에서 한국어를 사용하는 것은 사회적 사실이다. 이는 개인이 선택한 것이 아니라, 사회가 정한 규칙에 따라 자연스럽게 사용하는 것이다.

② 법과 규칙
법률과 규칙은 사회적 사실의 대표적인 예이다. 예를 들어, 교통 신호를 지키는 것은 개인의 선택이 아니라 사회가 정한 규칙에 따르는 것이다. 이를 어기면 벌금을 물거나 처벌을 받게 된다.

③ 종교의식
종교의식도 사회적 사실에 해당한다. 예를 들어, 가톨릭 신자가 미사에서 십자가를 긋는 행위는 개인의 선택이 아니라, 종교 공동체가 정한 규칙에 따른 것이다.

④ 결혼
결혼에 대한 사회적 규범도 사회적 사실이다. 예를 들어, 대부분의 사회에서는 결혼이 두 사람 간의 법적, 사회적 계약으로 인정되며, 결혼식이라는 의식을 통해 이를 공식화한다.

⑤ 박수
공연 후에 박수를 치는 것도 사회적 사실이다. 이는 개인이 선택한 행동이 아니라, 사회가 정한 규칙에 따라 자연스럽게 이루어지는 행동이다. 공연이 끝난 후 박수를 치지 않으면, 이는 사회적 규범을 어기는 것으로 간주될 수 있다.

3. 사회적 연대

(1) 사회적 연대의 의의

뒤르켐은 사회가 어떻게 통합되고 유지되는지를 설명하기 위해 기계적 연대와 유기적 연대라는 개념을 제시했다.

(2) 기계적 연대

기계적 연대는 전통사회에서 볼 수 있는 형태로, 구성원들이 비슷한 생활을 하고, 유사한 가치관을 공유함으로써 강한 연대감을 형성한다.

(3) 유기적 연대

유기적 연대는 현대 산업사회에서 볼 수 있는 형태로, 구성원들이 다양한 역할을 수행하고, 서로 다른 기능을 통해 상호 의존함으로써 연대감을 형성한다. 예를 들어, 전통사회에서는 모든 사람이 농사를 짓고 비슷한 생활을 했지만, 현대사회에서는 의사, 교사, 엔지니어 등 다양한 직업이 존재하며, 이들이 서로 의존하며 사회를 유지한다.

4. 자살론

(1) 개요

뒤르켐은 자살을 개인의 문제로만 보지 않고, 사회적 요인에 의해 발생하는 현상으로 설명했다. 그는 자살을 이기적 자살, 이타적 자살, 아노미적 자살, 숙명적 자살로 분류했다.

(2) 자살의 유형

① 이기적 자살 : 사회적 통합이 약해 개인이 고립될 때 발생한다.

② 이타적 자살 : 사회적 통합이 너무 강해 개인이 자신을 희생할 때 발생한다.

③ 아노미적 자살 : 사회적 규제가 약해 혼란이 발생할 때 발생한다.

④ 숙명적 자살 : 사회적 규제가 너무 강해 개인이 억압될 때 발생한다.

5. 도덕감정

(1) 아담 스미스의 인간론과 도덕감정에 대한 문제 제기

사람들이 타인의 손에 자기 미래를 맡기면서까지 자급자족을 포기하고 전문화를 믿으며 모두가 협업하기를 바라면 다 잘 돌아갈까? 뒤르켐의 답은 아니오였다. 오히려 이익에 따라 행동하는 개인들만으로는 협업이 성사될 수 없다는 사실은 개인이 한순간도 독립적으로 존재하지 않았음을 증명한다고 그는 생각했다. 따라서 사회는 분업화와 협업 그리고 감정을 만들어 낸다.

(2) 도덕감정의 의의

뒤르켐은 도덕을 사회적 현상으로 보았다. 그는 도덕이 개인의 내면에서 나오는 것이 아니라, 사회가 개인에게 부여하는 규범과 가치라고 주장했다.

(3) 도덕감정의 특징

① 사회적 기원: 도덕감정은 사회에서 기원한다.
도덕은 사회가 개인에게 부여하는 규범과 가치이다. 예를 들어, 정직, 책임감, 배려 등의 도덕적 가치들은 사회가 개인에게 요구하는 것들이다.

② 강제력
도덕은 개인의 행동을 규제하는 힘을 가진다. 사회는 도덕적 규범을 통해 개인의 행동을 통제하고, 이를 어길 경우 제재를 가한다.

③ 집합적 의식
도덕은 사회 구성원들이 공유하는 집합적 의식이다. 이는 사회적 연대를 강화하고, 사회의 통합을 유지하는 데 중요한 역할을 한다.

6. 도덕적 개인주의의 특징

(1) 도덕감정과 도덕적 개인주의의 의의

뒤르켐의 도덕감정과 도덕적 개인주의는 사회가 어떻게 개인의 행동을 규제하고, 사회적 연대를 유지하는지를 이해하는 데 중요한 개념들이다.

(2) 도덕적 개인주의의 특징

① 개인의 존엄성
도덕적 개인주의는 개인의 존엄성과 권리를 강조한다. 이는 모든 사람이 존중받아야 하며, 개인의 자유와 권리가 보호되어야 한다는 것을 의미한다.

② 사회적 연대
도덕적 개인주의는 개인의 권리를 존중하면서도, 사회적 연대를 중요시한다. 이는 개인이 사회의 일원으로서 서로 협력하고, 공동체의 발전을 위해 노력해야 한다는 것을 의미한다.

③ 도덕적 책임
도덕적 개인주의는 개인이 자신의 행동에 대해 도덕적 책임을 져야 한다는 것을 강조한다. 이는 개인이 자신의 행동이 사회에 미치는 영향을 인식하고, 책임감 있게 행동해야 한다는 것을 의미한다.

7. 실증적 연구: 양적 연구와 기능주의

03 막스 베버(Max Weber, 1864~1920)의 이해사회학

1. 개요

막스 베버는 독일 현대 사회학의 창설자 가운데 한 사람으로 근대 서구 유럽의 급격한 시대적 전환과정에서 도덕적 가치와 삶의 지향이라는 근원적 문제를 놓고 치열하게 고민했던 사회학의 중심인물이다. 막스 베버의 핵심적 주장은 이해사회학, 이념형, 사회적 행위, 프로테스탄트 윤리와 자본주의 정신, 지배의 유형, 그리고 가치중립성 등이다.

2. 이해사회학

(1) 이해사회학의 정의

이해사회학은 '인간의 사회적 행위를 이해하고 설명하는 학문'을 뜻한다. 베버는 사회적 행위를 이해하기 위해 이해사회학을 제안했다. 이는 개인의 주관적인 의미를 이해하고, 그 의미가 사회적 맥락에서 어떻게 작용하는지를 분석하는 접근법이다. 베버는 사회학이 단순히 외적인 행동을 관찰하는 것이 아니라, 그 행동에 담긴 주관적 의미를 해석해야 한다고 주장했다.

(2) 거시적 구조의 설명

베버 사회학의 논의를 보면, 개인들의 행위 자체에 대한 미시적 이해보다는 국가·도시·종교·관료제·자본주의 같은 거시적 차원의 분석에 중점을 둔다. 즉, 개인들의 사회적 행위가 관계로서 체계를 이룬 것이 거시적 차원의 구조들이며, 이해사회학은 인간의 사회적 행위를 이해함으로써 그 거시적 구조를 설명한다.

3. 이념형

베버는 사회적 현상을 분석하기 위해 이념형이라는 개념을 사용했다. 이념형은 현실의 복잡한 현상을 이해하기 위해 이상적인 모델을 만드는 것이다. 이를 통해 사회적 행위를 체계적으로 분석하고 비교할 수 있다.

4. 사회적 행위

(1) 개요

막스 베버는 사회적 행위를 이해하는 데 중요한 개념을 제시했다. 그의 사회적 행위 이론은 개인의 행동이 사회적 맥락에서 어떻게 의미를 가지는지를 설명했다.

(2) 사회적 행위의 정의

베버는 사회적 행위를 "행위하는 개인이 주관적인 의미를 부여한 모든 인간 행동"으로 정의했다. 이는 개인이 자신의 행동에 어떤 의미를 부여하고, 그 행동이 다른 사람들에게 영향을 미치는 경우를 말한다. 베버는 이러한 사회적 행위를 네 가지 유형으로 분류했다.

(3) 4가지 유형

① 목적 합리적 행위
목적 합리적 행위는 특정 목표를 달성하기 위해 수단과 목적을 체계적으로 고려한 행위이다. 예컨대 학생이 좋은 성적을 받기 위해 또는 시험 합격을 위해 계획적으로 공부하는 것이다.

② 가치 합리적 행위
가치 합리적 행위는 특정 가치나 신념에 따라 행동하는 것이다. 예컨대 환경 보호를 위해 일회용 종이컵 사용을 자제하는 것이다.

③ 전통적 행위
전통적 행위는 오랜 시간 동안 지속되어 온 전통이나 관습에 따라 행동하는 것이다. 예컨대 기일에 맞춰 제사를 지내는 행위이다.

④ 감정적 행위
감정적 행위는 순간적인 감정이나 기분에 따라 행동하는 것이다. 예컨대 분노를 느끼고 폭력을 행사하거나, 기쁜 소식을 듣고 즉흥적으로 춤을 추는 것이다.

구분	의미
목적합리적 행위	권력, 부, 명예 등 세속적 목적을 달성하기 위해 가장 효과적인 수단의 동원행위
가치합리적 행위	규범, 신앙, 이데올로기, 가치관 등 특정한 가치의 실현을 목적으로 하는 행위
전통적 행위	통상적인 관습과 관례에 따라 하는 행위
감정적 행위	희로애락과 같은 특정한 감정 표출 행위

5. 프로테스탄트 윤리와 자본주의 정신: 자본주의 발달 원인

(1) 개요

베버는 그의 저서 『프로테스탄트 윤리와 자본주의 정신』에서 자본주의의 발전을 종교적 윤리와 연결지어 설명했다. 그는 프로테스탄트, 특히 칼뱅주의가 자본주의 정신 형성에 중요한 역할을 했다고 주장했다.

(2) 소명 개념

프로테스탄트 윤리에서는 모든 직업이 신의 소명으로 여겨졌다. 이는 사람들이 자신의 직업에서 최선을 다하고, 이를 통해 신의 뜻을 실현하려는 동기를 부여했다.

(3) 금욕주의

프로테스탄트는 절약과 근면을 강조했다. 이는 자본 축적과 재투자를 촉진하여 자본주의 발전에 기여했다.

(4) 합리적 생활 방식

프로테스탄트 윤리는 체계적이고 계획적인 생활 방식을 중요시했다. 이는 경제적 활동의 효율성을 높이고, 자본주의 정신을 강화했다.

6. 지배의 유형 ■ 권력, 지배의 정당성

(1) 문제의식

베버는 사회에서 권위가 어떻게 정당화되는지를 설명하기 위해 지배의 세 가지 유형을 제시했다.

■ 믿음이 있어야 지배가 있다.

(2) 세 가지 유형

① 전통적 지배
전통과 관습에 기반한 권위다. 예를 들어, 왕이나 족장의 권위는 전통에 의해 정당화된다.

② 카리스마적 지배
개인의 특별한 능력이나 매력에 기반한 권위다. 예를 들어, 혁명 지도자나 종교 지도자의 권위는 카리스마에 의해 정당화된다.

③ 합법적 지배 : 법과 규칙에 기반한 권위다. 현대사회의 정부나 관료제는 합법적 지배의 예이다.

7. 과학적 연구 및 가치중립성 강조

(1) 탈주술화

베버는 현대사회가 탈주술화 과정을 겪고 있다고 설명했다. 이는 과학과 합리성이 발달하면서, 전통적이고 신비적인 믿음이 점차 사라지는 현상을 의미한다. 예를 들어, 과학적 사고가 발달하면서 사람들이 미신이나 전통적 신앙보다는 합리적이고 과학적인 설명을 더 신뢰하게 되는 것이다.

(2) 가치중립성

베버는 사회학 연구에서 가치중립성을 강조했다. 이는 연구자가 자신의 가치나 편견을 배제하고, 객관적으로 사회현상을 분석해야 한다는 것을 의미한다. 그는 연구 주제를 선택할 때는 가치가 개입될 수 있지만, 연구 과정에서는 객관성을 유지해야 한다고 주장했다.

Chapter

04 사회학의 전개 3 : 사회학의 대표적 이론들

01 구조기능론적 관점

1. 개요

(1) 의의

구조기능주의는 사회를 이해하는 중요한 이론 중 하나로, 사회를 하나의 유기체처럼 보는 관점이다. 구조기능주의는 사회의 각 부분이 어떻게 상호작용하고, 사회 전체의 안정과 연대를 유지하는지를 이해하는 데 중요한 틀을 제공한다.

(2) 주요 개념 및 일반화

① 사회는 유기체다
구조기능주의는 사회를 살아있는 유기체로 본다. 즉, 사회의 각 부분(예 가족, 교육, 경제 등)이 서로 밀접하게 연결되어 있고, 각 부분이 제 역할을 해야 사회 전체가 건강하게 유지된다고 생각한다.

② 기능
사회의 각 부분은 특정한 기능을 수행한다. 예를 들어, 가족은 자녀를 양육하고 사회화시키는 기능을, 교육은 지식을 전달하고 사회적 규범을 가르치는 기능을 한다.

③ 안정과 연대
구조기능주의는 사회의 안정과 연대를 중요시한다. 사회의 각 부분이 잘 작동하면 사회는 안정되고, 구성원들 간의 연대감이 강화된다.

(3) 기본 가정

① **유기체적 관점**: 모든 사회는 사회적 요소들이 비교적 안정적이고 지속적인 묶음으로 이뤄졌다.

② **통합된 체제**: 모든 사회는 상호의존적인 부분요소들이 잘 통합된 체제이다.

③ 기능성
사회체제의 모든 요소들은 그 체제의 존속에 공헌한다. 기능주의는 다양한 성격을 가진 사회제도가 사회 전체의 원만한 유지가 가능하도록 임무를 수행한다고 본다. 예를 들어, 가족은 사회 성원의 재생산을 담당하고, 학교는 사회화와 교육, 기업은 재화와 서비스를 생산하는 기능을 수행한다.

④ **합의론**: 모든 사회는 행위자들의 가치합의에 기초하고 있다.

⑤ 사회유기체는 균형 또는 항상성을 유지하려는 경향이 있다.

(4) 기능주의적 분석

① 기능주의적 분석은 사회가 하나의 체계(system)이며, 사회적 현상은 사회 자체의 기능이라고 본다.

② 사회 행위자의 행동은 사회 전체가 가지고 있는 목적을 위하여 기능을 한다고 본다.

(5) 주요 이론가

① 흐름 : 콩트와 스펜서 ⇨ 뒤르켐 ⇨ 파슨스와 머튼 ⇨ 미국 사회학

② 파슨스
파슨스는 사회 체계를 네 가지 기능(적응, 목표 달성, 통합, 잠재성 유지)으로 설명했다. 그는 사회가 이러한 기능을 통해 균형을 유지하고, 변화에 적응한다고 보았다.

③ 머튼
머튼은 기능주의를 발전시켜, 사회적 기능을 명시적 기능과 잠재적 기능으로 나누었다. 명시적 기능은 의도된 결과를, 잠재적 기능은 의도되지 않은 결과를 의미한다.

2. 파슨스 이론

(1) 개요 : 행위가 사회를 구성한다

탤컷 파슨스는 구조기능주의의 대표적인 학자로, 그의 이론은 사회가 어떻게 안정과 질서를 유지하는지를 설명하였다.

(2) 사회적 행위의 구조(SSA, 1937)

① 개요
파슨스는 사회행위를 네 가지 요소로 구성된 시스템으로 보았다. 이는 개인의 행동이 사회적 맥락에서 어떻게 의미를 가지는지를 설명하는 이론이다. 이 주장은 행위자가 아닌 행위를 준거로 한다. 행위자가 사회를 구성하는 요소가 아니라, 행위가 사회를 구성한다. 행위자는 단지 행위시스템의 하나의 구성요소일 뿐이다. 파슨스는 사회적 행위를 이해하기 위해 행위시스템을 제안했다.

② 네 가지 요소
㉠ 행위자 : 행동을 하는 개인이다.
㉡ 목표 : 행위자가 달성하려는 목적이다.
㉢ 상황 : 행위자가 처한 환경이나 조건이다.
㉣ 규범 : 행위자가 따르는 규칙이나 가치다.

③ 사회적 행위
이 네 가지 요소가 상호작용하여 개인의 사회적 행위를 형성한다. 예를 들어, 공무원이 승진을 위해 열심히 일하는 것은 행위자(공무원), 목표(승진), 상황(정부), 규범(성실함)이 상호작용한 결과이다.

④ 사회통합

파슨스는 사회 구성원이 수용한 공통적 규범과 가치를 중심으로 사회통합이 이루어진다고 보았다.

(3) **사회시스템**(1951)

① 사회는 사회체계이다

㉠ 지향적 행위자들 사이의 상호작용이 제도화되고 지위, 역할, 규범의 사회체계(social system)가 형성된다.

㉡ 파슨스는 사회를 하나의 체계로 보았다. 이 체계는 여러 하위 체계로 구성되어 있으며, 각 하위 체계는 AGIL 모형의 기능을 수행한다. 예를 들어, 가족, 교육, 경제, 정치 등이 각각의 기능을 수행하며 사회 전체의 안정과 질서를 유지한다.

㉢ 행위체계(action system) 사이의 통합은 문화체계, 사회체계, 인성체계(personality system), 행동 유기체(behavioral organism) 등 4개의 하위 행위체계의 상호작용을 통해 이루어진다.

② AGIL 모형: 행위체계/사회체계의 네 가지 요소

㉠ 적응(Adaptation)

사회가 환경에 적응하고 자원을 확보하는 기능이다. 환경으로부터 충분한 자원을 확보하고 자원을 체계 전역에 분배한다. 예를 들어, 경제 시스템은 자원을 생산하고 분배하는 역할을 한다.

㉡ 목표 성취(Goal attainment)

사회가 목표를 설정하고 이를 달성하는 기능이다. 예를 들어, 정부는 사회의 목표를 설정하고 이를 달성하기 위해 정책을 수립한다. 체계 목표들 사이의 우선순위를 정하고 목표 성취가 가능하도록 체계의 자원을 동원한다.

㉢ 통합(Integration)

사회의 구성원들이 조화를 이루고 협력하는 기능이다. 예를 들어, 법과 규범은 사회 구성원들이 조화를 이루도록 돕는다. 즉 체계 단위 사이의 존립 가능한 상호관계를 조정하고 유지한다.

㉣ 잠재성(Latency)

사회의 문화와 가치를 유지하고 전승하는 기능이다. 예를 들어, 교육과 종교는 사회의 가치를 다음 세대에 전달한다. 유형 유지(pattern maintenance)와 긴장 관리(tension management)를 포괄한다.

③ 구조: 구조(structure)는 네 가지 요소를 충족하는 기능적 결과에 의해 생겨난다.

④ 체계와 하위체계

㉠ 모든 하위체계는 네 가지 기능적 부문(functional sector)으로 분화될 수 있다.

㉡ 체계와 하위체계(subsystem)의 교환이 발생한다.

㉢ 문화체계는 유형 유지 기능, 사회체계는 통합 기능, 인성 체계는 목적 달성 기능, 행동 유기체는 적응 기능을 우선적으로 수행한다.

ⓔ 인성체계가 사회체계로 통합되는 메커니즘으로 사회화(socialization)와 사회통제(social control)를 제시한다.

A(적응)	G(목표성취)
A G 행동유기체(적응기능) L I	A G 인성체계(목적달성기능) L I
A G 문화체계(유형유지기능) L I	A (경제) G (정치) 사회체계(통합기능) L (문화) I (공동체)
L(잠재성)	I(통합)

⊙ **행위체계(action system)의 AGIL**

(4) 균형과 안정

파슨스는 사회가 균형과 안정을 유지하기 위해 각 부분이 제 역할을 해야 한다고 보았다. 만약 어느 한 부분이 제 기능을 하지 못하면, 사회 전체의 균형이 깨질 수 있다. 따라서 사회는 각 부분이 잘 작동하도록 조정하고 통합하는 메커니즘을 가지고 있다.

(5) 사회 변화

파슨스는 사회 변화가 서서히 일어나며, 각 부분이 새로운 환경에 적응하면서 사회 전체가 발전한다고 보았다. 이는 급격한 변화보다는 점진적인 변화를 통해 사회가 안정적으로 발전할 수 있다는 것을 의미한다.

3. 로버트 K. 머튼의 이론

(1) 기존의 기능론에 대한 비판

① 사회는 기능적으로 단일한가? 복잡한 사회에도 성립하는가?

② 모든 표준화된 사회적 · 문화적 유형은 긍정적인 기능을 가진다고 할 수 있는가? 민족주의가 긍정적인 기능만 수행하는가?

③ 문화적인 유형은 모두 필수불가결한 것인가? 다른 대안은 존재할 수 없는 것인가?

(2) 중범위 이론

① 중범위 이론의 의미

중범위 이론은 너무 추상적이거나 너무 구체적이지 않은, 중간 수준의 이론을 개발하는 것을 목표로 한다. 머튼은 사회학자들이 일상적인 경험과 관찰을 통해 검증할 수 있는 이론을 만들어야 한다고 주장했다. 머튼의 중범위 이론은 사회학 연구에서 실질적이고 유용한 이론을 개발하는 데 큰 기여를 했다. 이를 통해 사회학자들은 보다 구체적이고 실질적인 연구를 수행할 수 있게 되었다.

② 중범위 이론의 주요 특징

㉠ 경험적 검증 가능성

중범위 이론은 구체적인 사회현상을 설명하고, 이를 경험적으로 검증할 수 있어야 한다. 예를 들어, 특정 사회적 행동이나 제도의 기능을 분석하는 데 사용될 수 있다.

㉡ 구체성과 일반성의 균형

너무 구체적이지 않으면서도, 너무 추상적이지 않은 이론을 지향한다. 이는 사회학적 연구가 실질적인 문제 해결에 기여할 수 있도록 한다.

㉢ 기능적 분석

머튼은 사회구조와 기능을 분석하는 데 중범위 이론을 사용했다. 예를 들어, 사회제도의 현재적 기능과 잠재적 기능을 구분하여 분석한다. 머튼의 중범위 이론은 사회학 연구에서 실질적이고 유용한 이론을 개발하는 데 큰 기여를 했다. 이를 통해 사회학자들은 보다 구체적이고 실질적인 연구를 수행할 수 있게 되었다.

(3) 기능적 분석 및 대안

① 기능적 분석의 의의

머튼의 기능적 분석은 사회구조와 그 기능을 이해하는 데 중요한 접근법이다. 머튼은 사회적 현상과 제도가 어떻게 사회 전체의 안정성과 통합에 기여하는지를 분석했다. 머튼의 기능적 분석은 사회현상을 보다 깊이 이해하고, 사회구조의 다양한 측면을 분석하는 데 유용한 도구이다. 이를 통해 사회학자들은 사회제도와 행동이 어떻게 사회의 안정성과 변화를 이끄는지 분석할 수 있게 되었다.

② 기능적 분석의 주요 개념

㉠ 명시적 기능(Manifest Functions)

사회적 행동이나 제도가 의도된 결과를 의미한다. 예를 들어, 학교 교육의 명시적 기능은 지식을 전달하는 것이다.

㉡ 잠재적 기능(Latent Functions)

의도되지 않았지만 발생하는 결과를 의미한다. 예를 들어, 학교 교육의 잠재적 기능은 학생들 간의 사회적 네트워크 형성이다.

㉢ 역기능(Dysfunctions)

사회적 행동이나 제도가 사회의 안정성에 부정적인 영향을 미치는 결과를 의미한다. 예를 들어, 산업화가 환경오염을 초래하는 경우이다.

㉣ 기능적 대안(Functional Alternatives)

특정 사회적 기능을 수행할 수 있는 다른 방법이나 제도를 의미한다. 이는 사회가 변화하는 상황에 적응할 수 있도록 한다.

02 갈등론적 관점

1. 갈등론의 개요

(1) 의미

갈등론은 사회가 본질적으로 갈등과 경쟁으로 이루어져 있다고 보는 관점이다. 이 이론은 사회 내의 불평등과 권력 격차가 어떻게 사회 변화를 이끄는지를 설명한다. 쉽게 말해, 사회는 항상 갈등과 경쟁 속에 있으며, 이러한 갈등이 사회를 변화시키는 원동력이라는 것이다. 갈등론은 사회가 어떻게 변화하고 발전하는지를 이해하는 데 중요한 관점을 제공한다.

(2) 주요 개념 및 일반화

① 사회적 불평등

사회는 자원(돈, 권력, 명예 등)이 불평등하게 분배되어 있다. 예를 들어, 부유한 사람들은 더 많은 자원을 가지고 있고, 가난한 사람들은 그렇지 않다.

② 권력 격차(강제성)

권력은 일부 사람들에게 집중되어 있다. 예를 들어, 정치인이나 기업의 CEO는 일반 사람들보다 더 많은 권력을 가지고 있다.

③ 갈등과 변화

사회적 불평등과 권력 격차는 갈등을 일으킨다. 예를 들어, 노동자들은 더 나은 임금을 요구하며 파업을 할 수 있다. 이러한 갈등은 개혁, 혁명 등을 초래하여 사회 변화를 촉진한다.

④ 지배와 저항

권력을 가진 사람들은 자신의 지위를 유지하려고 하고, 그렇지 않은 사람들은 저항한다. 예를 들어, 정부는 법을 통해 권력을 유지하려 하고, 시민들은 시위를 통해 저항할 수 있다.

(3) 갈등론의 기본가정 및 전제

① 개요

사회가 본질적으로 갈등과 경쟁으로 이루어져 있으며, 이러한 갈등이 사회 변화를 이끄는 주요 원동력이다. 이러한 가정과 전제는 갈등론이 사회를 분석하고 이해하는 데 중요한 틀을 제공한다. 갈등론은 사회 내의 불평등과 권력 격차를 강조하며, 이를 통해 사회 변화를 설명한다.

② 핵심적인 가정과 전제

㉠ 갈등의 주요 원인은 사회적 불평등, 권력 격차이다.

㉡ 갈등은 지속적이며, 지속적인 갈등은 사회구조의 본질적인 부분이다.

㉢ 지속적인 갈등은 사회 변화를 촉진하는 중요한 요소로 작용한다.

㉣ 갈등은 사회 변화를 이끄는 주요 원동력이다.

㉤ 갈등은 경제적 요인뿐만 아니라, 권력, 지위, 종교적 신념 등 다양한 요인에서 기인할 수 있다.

예 남녀 간의 갈등은 왜 발생하는가

(4) 대표적인 주요 사회학자

대표적인 갈등론 학자로는 카를 마르크스와 막스 베버가 있다. 마르크스는 경제적 계급 갈등에 주목했으며, 베버는 권력과 권위의 불평등에 주목했다.

2. 랄프 다렌도르프의 갈등론

(1) 개요

랄프 다렌도르프(Ralf Dahrendorf)의 갈등론은 사회 내의 갈등과 권력관계를 중심으로 사회를 이해하고 분석하는 이론이다. 다렌도르프는 사회가 본질적으로 갈등과 변동의 과정을 겪고 있다고 보았다. 다렌도르프의 갈등론은 사회가 어떻게 변화하고 발전하는지를 이해하는 데 중요한 관점을 제공한다. 이 이론은 사회 내의 불평등과 권력 격차를 강조하며, 이를 통해 사회 변화를 설명한다.

(2) 주요 개념 및 일반화

① 권위와 권력
다렌도르프는 사회 내의 모든 조직이 권위 구조를 가지고 있다고 주장했다. 권위는 특정 집단이나 개인이 다른 사람들에게 명령을 내리고, 그 명령을 따르게 할 수 있는 능력이다.

② 지배와 피지배
사회는 지배 집단과 피지배 집단으로 나뉜다. 지배 집단은 권력을 가지고 있으며, 피지배 집단은 그 권력에 저항하거나 도전한다.

③ 갈등의 불가피성
다렌도르프는 갈등이 사회의 필연적인 부분이라고 보았다. 갈등은 사회 변화를 촉진하는 중요한 요소로 작용한다.

④ 사회 변화
갈등은 사회구조의 변화를 이끄는 주요 원동력이다. 예를 들어, 노동자들이 더 나은 근무 조건을 요구하며 파업을 하는 것은 사회 변화를 촉진하는 갈등의 한 형태이다.

3. 루이스 코저의 갈등론

(1) 개요

루이스 코저(Lewis Coser)의 갈등론은 갈등이 사회에 미치는 긍정적인 역할을 강조하는 이론이다. 코저는 갈등이 단순히 부정적인 결과만을 초래하는 것이 아니라, 사회 통합과 안정에 기여할 수 있다고 보았다. 그의 이론은 다음과 같은 주요 개념으로 구성된다.

(2) 주요 개념 및 일반화

① 갈등의 기능
코저는 갈등이 사회의 결속력을 강화하고, 사회적 변화를 촉진하는 기능을 할 수 있다고 주장했다. 예를 들어, 노동자들이 더 나은 근무 조건을 요구하며 파업을 하는 것은 노동자들 간의 결속력을 강화하고, 더 나은 근무 환경을 만드는 데 기여할 수 있다.

② 갈등의 긍정적 기능
갈등은 사회 내의 긴장을 해소하고, 새로운 규범과 제도를 형성하는 데 도움을 줄 수 있다. 이는 사회가 변화하는 환경에 적응할 수 있도록 한다. 구체적으로 살펴보면 ㉠ 집단결속의 기능, ㉡ 집단보존의 기능, ㉢ 집단구조의 재정비, ㉣ 새로운 이데올로기의 창출, ㉤ 세력균형의 창출, ㉥ 타집단을 약화시키기 위한 집단동맹의 확대 등이다.

③ 갈등의 사회적 통합 기능
갈등은 집단 내의 결속력을 강화하고, 외부 집단과의 관계를 재정립하는 데 도움을 줄 수 있다. 예를 들어, 외부의 위협에 직면한 사회는 내부적으로 더 단결할 수 있다.

④ 갈등의 조절로 인한 긍정적 영향
코저는 갈등이 적절하게 조절될 때, 사회의 안정과 발전에 기여할 수 있다고 보았다. 이는 갈등이 폭력적으로 변하지 않고, 건설적인 방식으로 해결될 때 가능하다고 보았다.

4. 랜달 콜린즈의 갈등이론

(1) 개요

랜달 콜린즈(Randall Collins)의 갈등이론은 사회적 지위와 권력 관계를 중심으로 사회를 분석하여 사회 내의 불평등과 권력 격차를 강조하며, 이를 통해 사회 변화를 설명하는 이론이다. 콜린즈의 갈등이론은 교육과 직업 세계에서의 지위 경쟁을 분석하는 데 유용하다.

(2) 주요 개념 및 일반화

① 지위집단 이론(Status Group Theory)
콜린즈는 사회가 여러 지위집단으로 나뉘며, 각 집단은 자신의 지위를 유지하고 강화하기 위해 경쟁한다고 보았다. 지위집단은 주로 교육, 직업, 사회적 명예 등을 통해 형성된다.

② 지위 경쟁
사람들은 더 높은 사회적 지위를 얻기 위해 경쟁한다. 예를 들어, 더 높은 학력을 얻기 위해 경쟁하는 것이 이에 해당한다. 이는 교육 인플레이션(학력의 가치 하락)을 초래할 수 있다.

③ 교육과 지위
콜린즈는 교육이 단순히 지식을 전달하는 것이 아니라, 사회적 지위를 획득하는 수단이라고 보았다. 학교는 특정 지위문화를 전달하며, 이는 학생들이 사회적 지위를 얻는 데 중요한 역할을 한다.

④ 권력과 갈등
콜린즈는 권력관계가 사회 갈등의 핵심이라고 보았다. 권력은 특정 집단이 다른 집단을 지배하고 통제하는 능력으로, 이러한 권력관계는 지속적인 갈등을 초래한다.
콜린즈에 따르면 갈등의 원인은 사람들 각자가 이익을 추구하면서 명령을 받기 싫어하기 때문이라고 하였다. 그는 계층현상이 다양한 종류의 사회적 행위와 제도들에 어떻게 작용하는가를 연구하여 권력이 가치와 신념체계를 포함하는 사회구조의 모든 측면에 가장 큰 영향력을 행사하고 있는 것으로 보았다. 하지만 그의 이론은 사회적 상호작용의 여러 가지 모습에서 이해대립만을 지나치게 강조하는 결점을 지닌다.

5. 찰스 라이트 밀즈의 비판이론

(1) 개요

찰스 라이트 밀즈(C. Wright Mills)의 비판이론은 사회구조와 개인의 관계를 이해하는 데 중점을 둔다. 밀즈는 특히 사회학적 상상력(sociological imagination)이라는 개념을 통해 개인의 문제와 사회적 문제를 연결하는 방법을 제시했다. 밀즈의 비판이론은 사회구조와 개인의 관계를 깊이 이해하고, 이를 통해 사회적 변화를 이끌어내는 데 중요한 통찰을 제공한다.

(2) 주요 개념 및 일반화

① 사회학적 상상력
밀즈는 개인의 일상 경험과 더 넓은 사회적 맥락을 연결하는 능력을 강조했다. 이는 개인의 문제를 사회구조와 역사적 변화 속에서 이해하는 것을 의미한다.

② 개인적 문제와 공공 문제
밀즈는 개인이 겪는 문제들이 단순히 개인적인 것이 아니라, 사회구조의 문제와 연결되어 있다고 보았다. 예를 들어, 실업은 개인의 문제가 아니라 경제 구조의 문제로 이해해야 한다고 주장했다.

③ 권력 엘리트
밀즈는 사회의 주요 결정이 소수의 권력 엘리트에 의해 이루어진다고 보았다. 이들은 정치, 경제, 군사 분야에서 권력을 집중적으로 행사하며, 일반 대중의 삶에 큰 영향을 미친다.

④ 비판적 사고
밀즈는 사회학자들이 사회구조를 비판적으로 분석하고, 사회적 불평등과 권력관계를 드러내야 한다고 주장했다. 이는 사회 변화를 촉진하는 데 중요한 역할을 한다.

6. 위르겐 하버마스의 비판이론

(1) 개요

위르겐 하버마스(Jürgen Habermas)는 마르크스와 유사하게 사회의 진화가 체계의 내재적인 모순 또는 위기의 결과로 일어난다고 하였다. 그에 따르면 현대의 정치와 경제체제도 허약하다고 하였다. 그 이유는 경제체제는 이윤율의 하락에서 오는 위협 때문에 그리고 정치체계는 정당성의 위기에 처해 있기 때문이라고 하였다. 하버마스는 갈등론적 입장에서 사회를 분석하면서도, 전통적인 갈등론과는 다른 독특한 접근을 취했다. 하버마스의 비판이론은 사회적 소통과 민주주의를 중심으로 사회를 분석하고 갈등을 해결하려는 이론이다. 하버마스는 특히 의사소통 행위 이론(theory of communicative action)과 공론장(public sphere) 개념, 체계와 생활세계, 민주주의와 소통 등을 통해 사회적 소통과 민주주의의 중요성을 강조한다. 하버마스의 비판이론은 사회적 갈등을 해결하고 사회 변화를 이끌어내는데 중요한 통찰을 제공한다. 주요개념 및 일반화는 다음과 같다.

(2) 의사소통 행위 이론

① 개요

하버마스는 갈등을 해결하기 위해 의사소통적 합리성을 강조한다. 이는 사람들이 서로 이해하고 합의에 도달하기 위해 사용하는 이성적이고 논리적인 대화를 의미한다. 그는 모든 참여자가 평등하게 발언할 수 있는 이상적 담화 상황을 통해 갈등을 해결할 수 있다고 보았다.

② 의사소통적 합리성

의사소통적 합리성(communicative rationality)은 사람들이 서로 이해하고 합의에 도달하기 위해 사용하는 이성적이고 논리적인 대화를 의미한다. 이는 단순히 정보를 전달하는 것이 아니라, 서로의 입장을 이해하고 조정하는 과정을 포함한다. 하버마스는 의사소통적 합리성이 사회적 통합과 연대를 촉진하고, 민주주의를 강화시키는 역할을 수행한다고 하였다.

③ 이상적 담화 상황

하버마스는 모든 참여자가 평등하게 발언할 수 있고, 강압이나 왜곡 없이 자유롭게 의견을 교환할 수 있는 상황을 이상적 담화 상황이라고 불렀다. 이는 진정한 합의에 도달하기 위한 조건이다.

④ 상호 이해

의사소통적 합리성은 상호 이해를 통해 이루어진다. 이는 서로의 입장을 존중하고, 논리적이고 이성적인 대화를 통해 합의에 도달하는 것을 목표로 한다.

⑤ 타당성 있는 주장

하버마스는 의사소통이 성공하려면 네 가지 타당성 주장이 충족되어야 한다고 보았다. 이는 발언의 이해가능성, 명제의 진리성, 말하는 사람의 진실성, 그리고 명제의 정당성을 포함한다.

(3) 공론장

① 공론장의 의미

하버마스는 공론장 개념을 통해 갈등을 해결하는 방법을 제시했다. 공론장은 사람들이 모여서 공공의 문제에 대해 토론하고 의견을 교환하는 공간을 의미한다. 그는 공론장이 민주주의 사회에서 중요한 역할을 하며, 이를 통해 사회적 갈등을 해결할 수 있다고 주장했다.

② 공론장의 역사

하버마스는 18세기 유럽에서 형성된 부르주아 공론장을 예로 들며, 공론장이 어떻게 사회적 변화를 이끌었는지 설명했다. 이는 신문, 카페, 살롱 등에서 이루어진 토론을 통해 가능했다.

③ 공론장의 재봉건화

공론장의 재봉건화(refeudalization of the public sphere)는 현대사회에서 공론장이 다시 봉건적 특성을 띠게 되는 현상을 설명하는 개념이다. 이는 공론장이 더 이상 자유롭고 평등한 토론의 장이 아니라, 특정 권력 집단에 의해 지배되고 통제되는 공간이 되는 것을 의미한다.

④ 재봉건화의 원인

㉠ 미디어의 상업화

현대의 매스미디어가 대자본에 의해 장악되면서, 공론장은 여론 생산의 주체에서 소비 주체로 변하게 되었다. 이는 공론장이 자본주의적 상품을 전시하는 공간으로 변질되는 결과를 초래한다.

㉡ 정치적 조작

공론장이 국가기구의 정치적 조작에 의해 통제되면서, 비판적 청중으로서의 기능을 상실하게 된다. 이는 공론장이 더 이상 자유로운 토론의 장이 아니라, 특정 이익을 대변하는 도구로 전락하게 되는 것을 의미한다.

⑤ 재봉건화의 결과

㉠ 비판적 공중의 소멸

공론장의 재봉건화는 사회적 개인이 비판적 청중으로 조직화되지 못하게 하며, 대중을 수동적인 소비자로 전락하게 만든다.

㉡ 민주주의의 약화

공론장이 특정 권력 집단에 의해 지배되면서, 민주주의의 근간인 자유롭고 평등한 토론이 어려워진다. 이는 민주주의의 약화로 이어질 수 있다.

(4) 체계와 생활세계

하버마스는 사회를 체계(system)와 생활세계(lifeworld)로 나누어 분석했다. 체계는 경제와 정치 같은 공식적 구조를 의미하고, 생활세계는 일상생활과 문화적 상호작용을 의미한다. 그는 체계가 생활세계를 식민화하는 문제를 비판하며, 이러한 갈등을 해결하기 위해 의사소통적 합리성을 강조했다.

(5) 민주주의와 소통

하버마스는 민주주의가 제대로 기능하기 위해서는 시민들이 공론장에서 자유롭게 토론하고, 합의에 도달할 수 있어야 한다고 주장했다. 이는 사회적 통합과 합리적 의사결정을 위한 필수 조건이다.

03 상호작용론적 관점

1. 개요

(1) 의미

상호작용론은 인간의 상호작용을 통해 사회적 구조와 관계가 형성된다고 보는 이론이다. 이 이론은 다양한 하위 이론들을 포함하며, 인간의 상호작용이 사회를 구성하는 중요한 요소라고 본다. 상호작용론은 하나의 통합된 이론이기보다는 여러 이론들(교환이론, 상징적 상호작용론, 현상학적 이론, 민속방법론 등)을 통칭하는 용어이다.

(2) 상호작용론과 상징적 상호작용론 비교

① 의미

㉠ 상호작용론
상호작용론은 인간의 상호작용을 통해 사회적 구조와 관계가 형성된다고 보는 이론이다. 이 이론은 다양한 하위 이론들을 포함하며, 인간의 상호작용이 사회를 구성하는 중요한 요소라고 본다.

㉡ 상징적 상호작용론
상징적 상호작용론은 상호작용론의 하위 이론 중 하나로, 사람들이 언어, 몸짓, 표정 등 상징을 통해 서로 소통하고, 그 상징을 통해 의미를 공유하며 사회적 현실을 구성한다고 본다. 이 이론은 주로 미시적 관점에서 개인 간의 상호작용을 중점적으로 다룬다. 조지 허버트 미드와 찰스 호튼 쿨리가 대표적인 학자이다.

② 범위와 초점 측면
상호작용론은 인간 상호작용을 통해 사회가 형성된다는 넓은 개념을 포함하고, 다양한 상호작용 방식을 다룬다. 상징적 상호작용론은 그중 하나로, 상징을 통한 의미 공유에 초점을 맞춘다.

2. 상징적 상호작용론

(1) 개요

상징적 상호작용론은 사람들이 서로 소통할 때 사용하는 상징과 언어에 중점을 두는 사회학 이론이다. 사람들이 일상에서 어떻게 상징을 통해 의미를 만들고, 그 의미를 공유하며 사회를 형성하는지를 설명하는 이론이다. 상징적 상호작용론은 우리가 매일 하는 대화와 행동이 단순한 것이 아니라, 사회를 구성하고 변화시키는 중요한 요소라는 것을 강조한다. 이를 통해 사회적 관계와 구조를 이해하는 데 중요한 통찰을 제공한다. 이렇게 상징적 상호작용론은 일상적인 상호작용을 통해 사회가 어떻게 형성되고 변화하는지를 설명하는 중요한 이론이다.

(2) 주요 개념 및 일반화

① 상징

㉠ 의미

상징적 상호작용에서 상징은 매우 중요한 역할을 한다. 상징은 특정 사회집단 내에서 공유되는 의미를 지닌 단어, 제스처, 사물 또는 기호를 말한다. 이를 통해 사람들은 서로의 생각과 감정을 전달하고 이해한다.

㉡ 예시: 언어, 몸짓(인사), 사물(훈장, 금메달, 결혼반지)

㉢ 상징의 중요성

상징은 단순한 도구가 아니라, 사람들 간의 이해와 소통을 가능하게 하는 핵심 요소다. 상징을 통해 우리는 서로의 행동을 예측하고, 사회적 관계를 형성하며, 사회적 현실을 구성한다.

② 상징적 상호작용의 과정

㉠ 의미 부여: 사람들은 상징에 특정한 의미를 부여한다.

㉡ 의미 공유: 이 의미를 다른 사람들과 공유하여 상호작용한다.

㉢ 사회 형성: 이러한 상호작용을 통해 사회적 관계와 구조가 형성된다.

③ 미시적 관점

개인 간의 일상적인 상호작용을 중점적으로 다루며, 이러한 상호작용이 사회를 형성하는 중요한 요소로 작용한다.

(3) 대표적 이론가

① 조지 허버트 미드(George Herbert Mead, 1863~1931)

사람들은 상호작용을 통해 자신과 사회를 만들어간다고 주장했다. 상징적 상호작용론은 사회학자 미드에 의해 처음 제기되었으며, 실용주의의 영향을 받아 발전했다.

② 찰스 호튼 쿨리(Charles Horton Cooley, 1864~1929)

'거울 자아' 개념을 통해, 우리가 다른 사람들의 반응을 통해 자신을 인식하고 형성한다고 설명했다.

(4) 조지 허버트 미드의 상징적 상호작용론

① 개요

미드는 상징적 상호작용론의 창시자로 알려진 미국의 사회학자다. 그의 이론은 사람들이 어떻게 상호작용을 통해 자아와 사회를 형성하는지를 설명한다.

② 주요 개념 및 일반화

㉠ 자아(Self): 미드는 자아를 두 가지 구성 요소로 나눈다.

- 주체적 자아(I): 자발적이고 창의적인 부분으로, 개인의 독창적인 행동을 나타낸다.

- 객체적 자아(Me) : 사회적 경험과 타인의 반응을 통해 형성된 부분으로, 사회적 규범과 기대를 반영한다.

ⓛ 일반화된 타인(Generalized Other)

일반화된 타자는 사회의 규범과 기대를 대표하는 개념이다. 개인은 사회적 상호작용을 통해 일반화된 타인의 관점을 내면화하고, 이를 통해 자신의 행동을 조정한다.

ⓒ 역할 취하기(Role Taking)

다른 사람의 입장에서 생각하고 행동하는 능력이다. 이를 통해 우리는 타인의 기대와 반응을 이해하고, 사회적 상호작용을 원활하게 한다.

ⓔ 상징적 상호작용

미드는 사람들이 언어와 같은 상징을 통해 서로 소통하고, 그 상징을 통해 의미를 공유한다고 보았다. 이러한 상징적 상호작용을 통해 우리는 자아를 형성하고, 사회적 현실을 구성한다. 예컨대 놀이와 게임에서 역할 취하기(어린아이가 놀이를 통해 부모나 친구의 역할을 모방하면서 사회적 규범을 배우는 과정), 대화(우리가 일상에서 나누는 대화는 상징적 상호작용의 대표적인 예)이다. 대화를 통해 우리는 서로의 생각과 감정을 이해하고, 사회적 관계를 형성한다.

(5) 찰스 호튼 쿨리의 거울자아 이론

① 개요

찰스 호튼 쿨리는 미국의 사회학자로, 그의 가장 유명한 이론은 '거울자아 이론(looking-glass self)'이다. 이 이론은 개인의 자아 개념이 타인과의 상호작용을 통해 형성된다고 설명하였다.

② 중요성

쿨리의 거울자아 이론은 개인의 자아 형성과 사회화 과정에서 타인의 역할이 얼마나 중요한지를 강조한다. 이는 우리가 사회적 존재로서 타인과의 상호작용을 통해 자아를 형성하고, 사회적 규범과 기대를 내면화하는 과정을 설명한다. 쿨리의 이론은 현대사회에서도 여전히 유효하며, 우리가 일상에서 경험하는 많은 사회적 상호작용을 이해하는 데 중요한 통찰을 제공한다.

③ 주요 개념 및 일반화

㉠ 타인의 반응 : 우리는 타인이 우리를 어떻게 평가하고 판단하는지를 관찰한다.

ⓛ 상상 : 타인의 반응을 바탕으로, 우리는 타인이 우리를 어떻게 생각하는지 상상한다.

ⓒ 자아 형성

상상을 통해 우리는 자아 개념을 형성하고, 이에 따라 자부심, 행복, 죄책감 또는 수치심 같은 감정을 느낀다.

④ 예시

㉠ 사회적 상황

대화 중에 사람들이 웃으면 자신이 호감을 준다고 생각하고 안심을 하거나 자부심을 느끼지만, 그 반대가 되었을 때 수치심을 느낄 수 있다.

㉡ 외모 평가
거울을 보며 자신의 외모를 평가할 때, 타인이 우리를 어떻게 볼지 상상하고 그에 따라 자아상을 형성한다.

3. 교환이론

(1) 개요

교환이론은 사람들이 서로 상호작용할 때 비용과 보상을 교환한다고 보는 사회학 이론이다. 이 이론은 사람들이 자신에게 이익이 되는 방향으로 행동하며, 이러한 행동이 반복되면서 사회적 관계가 형성된다고 설명한다. 쉽게 말해, 사람들은 최대한의 보상을 얻기 위해 행동한다는 것이다. 교환이론은 이렇게 인간의 상호작용을 비용과 보상의 관점에서 설명하며, 이를 통해 사회적 관계와 구조를 이해하는 데 중요한 통찰을 제공한다.

(2) 주요 개념 및 일반화

① 비용과 보상
사람들은 상호작용에서 얻는 보상(예 돈, 사랑, 지지)과 그에 따른 비용(예 시간, 노력)을 계산한다. 보상이 비용보다 크면 그 관계를 유지하고, 그렇지 않으면 관계를 끊을 수 있다.

② 호혜성
상호작용에서 서로 주고받는 것이 균형을 이루어야 관계가 지속된다. 예를 들어, 친구에게 도움을 주면 나중에 그 친구로부터 도움을 받을 수 있다는 기대가 있다.

③ 합리적 선택
사람들은 자신에게 가장 큰 이익을 주는 선택을 하려고 한다. 이는 경제적 원리와 유사하다.

④ 예시

㉠ 인간관계
타인과의 관계에서 서로 도움을 주고받는 것이 균형을 이루면 그 관계는 지속된다. 하지만 한쪽이 계속해서 더 많은 도움을 주기만 한다면, 그 관계는 깨질 수 있다.

㉡ 직장의 사용자와 피용자

㉢ 정치가와 유권자: 당선과 이득

⑤ 주요 학자

㉠ 조지 호만스(George Homans)
교환이론의 창시자로, 인간의 행동을 비용과 보상의 교환으로 설명했다.

㉡ 피터 블라우(Peter Blau): 사회적 교환이론을 발전시켜, 더 복잡한 사회적 구조와 관계를 설명했다.

⑶ 조지 호만스의 교환이론

① 개요

조지 호만스는 사회적 교환이론의 창시자로, 인간의 상호작용을 비용과 보상의 교환으로 설명했다. 호만스의 이론은 인간의 상호작용을 경제적 원리와 유사하게 설명하며, 이를 통해 사회적 관계와 행동을 이해하는 데 중요한 통찰을 제공한다.

② 주요 개념 및 일반화

㉠ 사회적 행동의 기본 원리

호만스는 인간의 사회적 행동이 보상과 비용의 교환에 기초한다고 보았다. 사람들은 자신에게 최대한의 보상을 주는 행동을 선택하며, 이러한 행동이 반복되면서 사회적 관계가 형성된다.

㉡ 성공 명제: 어떤 행동이 보상을 받으면, 그 행동을 반복할 가능성이 높아진다.

㉢ 자극 명제

과거에 보상을 받은 행동과 유사한 상황이 발생하면, 그 행동을 반복할 가능성이 높아진다.

㉣ 가치 명제: 보상의 가치가 클수록, 그 보상을 얻기 위한 행동을 더 자주 하게 된다.

㉤ 박탈-포화 명제: 동일한 보상을 반복해서 받으면, 그 보상의 가치는 점점 줄어든다.

⑷ 피터 블라우의 교환이론

① 개요

피터 블라우는 사회적 교환이론을 발전시킨 사회학자로, 그의 이론은 인간의 상호작용을 비용과 보상의 교환으로 설명한다. 블라우는 특히 사회적 교환과 경제적 교환을 구분하여 설명했다.

② 중요성

블라우는 교환이론을 통해 사회적 상호작용이 단순한 경제적 거래를 넘어, 신뢰와 사회적 유대를 형성하는 중요한 과정임을 강조했다. 이렇게 블라우의 교환이론은 인간의 상호작용을 다양한 관점에서 설명하며, 이를 통해 사회적 관계와 구조를 이해하는 데 중요한 역할을 한다.

③ 주요 개념 및 일반화

㉠ 사회적 교환

블라우는 사회적 교환이 경제적 교환과 달리, 명확한 보상과 비용이 아닌 신뢰, 존경, 호의 같은 비물질적 요소를 포함한다고 보았다. 예를 들어, 어려운 친구를 도와주는 것은 금전적 보상이 아닌 신뢰와 우정을 얻기 위한 것이다. 그리고 쿨라 무역이 있다.

㉡ 경제적 교환

경제적 교환은 명확한 보상과 비용이 있는 거래를 의미한다. 예를 들어, 직장에서 일하고 월급을 받는 것이 경제적 교환의 한 예이다.

㉢ 호혜성

블라우는 사회적 교환이 호혜성(reciprocity)에 기초한다고 보았다. 이는 사람들이 서로 도움을 주고받으며, 이러한 상호작용이 지속될 때 신뢰와 사회적 유대가 형성된다는 것이다.

㉣ 사회적 구조

블라우는 교환이론을 통해 사회적 구조와 권력관계를 설명했다. 그는 사람들이 교환을 통해 사회적 지위를 얻고, 이러한 지위가 사회적 구조를 형성한다고 보았다.

4. 민속방법론

(1) 개요

민속방법론(ethnomethodology)은 사람들이 일상생활에서 어떻게 사회적 질서를 만들어가는지를 연구하는 사회학 방법론이다. 이 방법론은 해럴드 가핑켈(Harold Garfinkel)에 의해 제안되었으며, 사람들이 일상에서 사용하는 방법과 규칙을 이해하는 데 중점을 둔다.

(2) 민속방법론의 중요성

민속방법론은 우리가 일상에서 당연하게 여기는 행동과 규칙이 어떻게 사회적 질서를 형성하고 유지하는지를 이해하는 데 중요한 통찰을 제공한다. 이를 통해 사회적 상호작용의 복잡성을 더 깊이 이해할 수 있다.

(3) 주요 개념 및 일반화

① 일상생활의 방법과 규칙

민속방법론은 사람들이 일상생활에서 사용하는 방법과 규칙을 연구한다. 예를 들어, 사람들이 대화할 때 사용하는 언어적 규칙이나 행동 패턴을 분석한다(대화분석, 일상적 상호작용).

② 현상학[6]적 접근

이 방법론은 현상학의 철학적 전통에 뿌리를 두고 있으며, 사람들이 어떻게 사회적 현실을 경험하고 이해하는지를 탐구한다.

③ 규칙 위반 실험

가핑켈은 사람들이 당연하게 여기는 규칙을 의도적으로 위반함으로써, 그 규칙이 얼마나 중요한지를 드러내는 실험을 제안했다. 예를 들어, 엘리베이터에서 낯선 사람과 눈을 마주치지 않는 규칙을 깨고 계속 쳐다보는 실험을 통해, 사람들이 불편함을 느끼는 이유를 분석한다.

---

6) 현상학(phenomenology)은 우리가 경험하는 세계를 있는 그대로 탐구하는 철학적 방법이다. 이를 위해 현상학은 경험의 중요성, 선입견이나 가정의 배제, 의식의 지향성을 주장한다.

MEMO

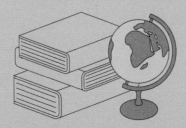

Part

02

사회학의 연구방법

02 사회학의 연구방법

01 사회학 연구방법론의 특성

1. 사회학적 연구방법의 주요 특성

(1) **의미**: 사회과학적 지식을 산출하기 위한 과정

사회학의 연구방법이란 인간과 사회현상에 대한 보다 의미 있고 정확한, 믿을만한 지식을 회득하는 방법 자체를 말한다. 사회학은 연구방법을 통해 인간의 행위나 의식, 사회현상에 관한 객관적이고, 신빙성 있는 지식을 얻을 수 있다.

(2) **연구방법의 주요 내용 개관**: 이론, 가설, 조사

연구방법은 사회현상에 관해서 설명하는 이론을 토대로 가설을 세우고, 일련의 조사과정을 거쳐 삶에 필요한 지식을 생산한다.

(3) **이론과 조사의 관계**

① 이론(Theory)
이론은 특정 현상을 설명하거나 예측하기 위한 구체적인 설명이다. 이론은 연구자가 관찰한 현상들을 체계적으로 정리하고, 이를 통해 일반적인 법칙이나 원리를 도출하려는 시도이다.

② 조사(Research)
조사는 이론을 검증하거나 새로운 이론을 개발하기 위해 데이터를 수집하고 분석하는 과정이다. 조사는 이론을 바탕으로 구체적인 연구 질문을 설정하고, 이를 통해 데이터를 수집하여 분석한다.

③ 이론과 조사의 관계

㉠ 이론은 조사를 통해 검증되어야 하고 조사결과는 이론에 의하여 뒷받침되고 체계화되어야 한다.

㉡ 이론은 조사의 출발점이다. 연구자는 이론을 바탕으로 연구 질문을 설정하고, 이를 검증하기 위해 조사를 설계한다.

㉢ 조사는 이론을 검증한다. 수집된 데이터를 통해 이론이 실제로 맞는지 확인하고, 필요하다면 이론을 수정하거나 보완할 수 있다.

㉣ 조사는 새로운 이론을 개발할 수 있다. 조사 과정에서 예상치 못한 결과가 나올 경우, 이를 바탕으로 새로운 이론을 제시할 수 있다.

(4) 사회학적 연구방법은 과학적 연구방법이다

① 과학적 연구방법의 의미

과학적 연구방법을 추구하는 사회학적 연구방법은 인간과 사회현상을 과학적인 방법을 통하여 인간과 사회현상을 설명하거나 관련된 원인적 요인들을 발견하는 것이며, 발견된 원인적 요인들과의 관계에 근거하여 문제되는 사회현상에 대한 해결방법을 발견하는 일련의 동적인 연구활동과정이라 할 수 있다.

② 사회과학의 기반

㉠ 사회적 규칙성

사회생활의 규칙성의 유형을 찾아 내려는 목적을 가진다. 예 경제적 행위, 심리와 행동

㉡ 개체 아닌 집합체: 대수의 법칙

사회생활의 규칙성은 수많은 사람들의 집합행동을 반영한다. 예 시장 수요 및 공급 심리

㉢ 개념과 변수

사회연구와 이론에서 변수와 속성 양자 모두 사회적 개념을 나타낸다. 개념은 일반적인 추상화된 아이디어로, 여러 관찰을 통해 형성된다. 변수는 연구나 실험에서 측정 가능한 요소로, 실제 데이터를 수집하고 분석하는 데 사용된다.7)

③ 이론적 시각과 과학적 연구방법

과학적 연구방법은 항상 문제되는 인간과 사회현상을 설명하기 위하여 반드시 이론적 시각을 취한다. 그리고 이론적 시각으로부터 직·간접적으로 가설이 도출되고, 이러한 가설에 입각하여 질문지를 만들어, 경험적으로 조사하여, 문제되는 사회현상이 이론적 시각과 도출된 가설과 일치되는지를 밝히는 일련의 과정을 거친다. 따라서 과학적 연구방법은 경험적 조사를 통하여 인간과 사회현상을 설명하거나 그 원인적 요소들을 규명하여 이론을 도출하는 활동이라고 할 수 있다. 나아가 원인에 근거하여 문제되는 사회현상에 대한 해결책을 찾는 활동까지를 포함하기도 한다.

④ 과학적 연구방법의 과정에서 채용하고 있는 논리적 체계

㉠ 과학적 연구방법은 이론의 형성을 위한 귀납적 방법과 이론을 검증하기 위한 잠정적 이론인 가설을 구성하기 위한 연역적 방법을 채용하고 있다.

㉡ 귀납적 방법

귀납법은 개개의 사실이나 명제로부터 일반적 결론이나 일반화를 도출하는 방법이다.

㉢ 연역적 방법

연역법은 일반적인 명제나 진리로부터 보다 특수하고 개별적인 명제나 진리를 이끌어 내는 추론 과정이다. 연역적 방법은 경험을 필요로 하지 않고 순수한 사유에 의하여 이루어지며, 그 전형적인 예는 삼단논법이다.

---

7) 변수 = 속성(attribute), 값(value)

⑤ 과학적 연구방법의 절차: 연구의 변증법

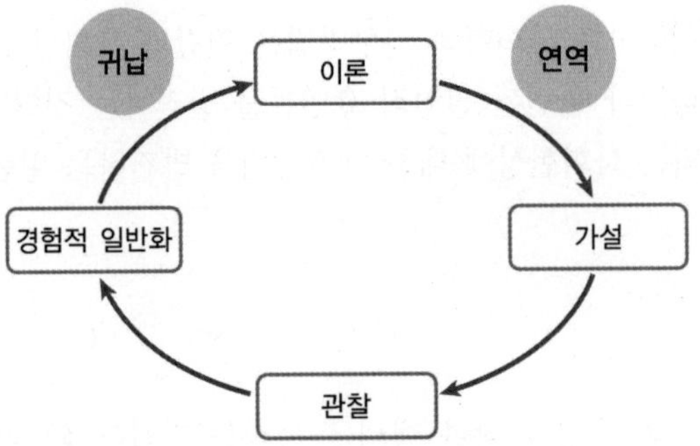

이론에 입각하여 연역적 방법에 의해 가설을 세우고, 그다음 관찰이라는 과정을 거친 후, 경험적 일반화를 통해 결과된 것을 귀납적 방법을 이용해 앞서의 이론과 부합되는지, 부합되지 않는지를 살펴보는 일련의 과정을 거친다.

2. 사회이론

(1) 사회이론의 의미

사회이론은 사회현상을 설명하고 이해하기 위한 이론적 틀을 제공하는 것이다.

(2) 법칙과 이론은 어떻게 다른가

① 법칙(Law)

㉠ 정의

법칙은 자연현상에서 관찰된 규칙적인 패턴이나 관계를 설명하는 진술이다. 예를 들어, 뉴턴의 만유인력 법칙은 물체 사이의 중력 작용을 설명한다.

㉡ 특징

법칙은 특정 조건하에서 항상 참인 것으로 입증된 진술이다. 수학적인 방정식으로 표현될 수 있으며, 예외가 거의 없는 것이다.

㉢ 사례: 뉴턴의 운동 법칙, 보일의 법칙, 수요법칙, 공급법칙

② 이론(Theory)

㉠ 정의

이론은 관찰, 실험, 추론 등을 통해 수집된 데이터를 바탕으로 현상을 설명하는 체계적인 지식의 집합이다. 이론은 왜 특정 현상이 일어나는지를 설명하려고 한다.

㉡ 특징

이론은 여러 가설들이 검증된 결과를 종합하여 만들어지며, 일관성 있는 개념 체계를 제공한다. 새로운 증거나 실험 결과에 따라 수정될 수 있다.

ⓒ 예시: 아인슈타인의 상대성 이론, 다윈의 진화이론, 케인스 이론, 고전학파 이론

③ 차이점

㉠ 법칙: 무엇이 일어나는지를 설명

㉡ 이론: 왜 일어나는지를 설명

(3) 이론과 패러다임의 관계

이론은 특정 현상을 설명하거나 예측하기 위한 구체적인 설명이다. 이론은 패러다임에 기반하여 만들어지며, 패러다임이 제공하는 틀 안에서 작동한다. 패러다임은 인간과 사회현상을 바라보는 근본적인 관점이나 시각을 의미한다.

(4) 사회이론의 요소들

사회이론의 요소로는 개념, 명제, 모델, 가설, 방법론이 있다.

3. 패러다임

(1) 의미 및 예시

① 의미

패러다임은 특정 시대나 학문 분야에서 널리 받아들여지는 이론적 틀이나 관점을 말한다. 이는 연구자들이 세상을 바라보고 이해하는 방식을 형성한다. 패러다임의 예는 다음과 같다.

② 패러다임의 예시: 거시이론과 미시이론

㉠ 기능주의 패러다임: 사회의 각 부분이 어떻게 조화를 이루며 기능하는지 설명한다.

㉡ 갈등이론 패러다임: 사회의 갈등과 변화, 권력 구조를 중점적으로 연구한다.

ⓒ 상징적 상호작용론 패러다임

사람들 간의 상호작용을 통해 사회적 의미가 어떻게 형성되는지 설명한다.

(2) 주요 특징

① 기본 전제

패러다임은 연구자들이 어떤 현상을 어떻게 이해하고 설명할지에 대한 기본 전제를 제공한다. 예를 들어, 기능주의 패러다임은 사회가 안정적이고 조화롭게 작동한다고 가정한다.

② 연구방법

패러다임은 어떤 연구방법을 사용할지 결정하는 데 영향을 미친다. 예를 들어, 갈등이론 패러다임은 사회의 갈등과 변화를 연구하는 데 중점을 둔다.

③ 이론적 모델
패러다임은 특정 이론적 모델을 통해 사회현상을 설명한다. 예를 들어, 상징적 상호작용론 패러다임은 사람들 간의 상호작용을 통해 사회적 의미가 형성된다고 본다.

④ 사회이론의 요소: 개념, 명제, 모델, 가설, 방법론

㉠ 개념의 의미
개념은 사회이론의 기본 단위로, 특정 현상이나 아이디어를 설명하는 데 사용된다. 예를 들어, '계층', '권력', '문화' 등이 있다. 개념은 일반적인 추상화된 아이디어로, 여러 관찰을 통해 형성된다.

㉡ 구성개념(Construct)과 조작적 정의

의미	특정한 과학적 목적을 위해 의도적으로 만들어진 개념. 연구에서 이론이나 가설을 설명하기 위해 사용된다. 구성개념은 연구 목적에 맞게 구체적으로 정의된 개념으로, 측정 가능하도록 조작적 정의가 필요하다.
예시	'정치발전'이라는 구성개념은 정치발전 수준을 측정하기 위해 도시화, 부, 교육수준, 커뮤니케이션 수준과 같은 구체적인 기준으로 정의될 수 있다.
조작적 정의	조작적 정의는 구성개념을 구체적으로 측정할 수 있도록 정의하는 방법이다.

(3) 명제(Propositions)

① 명제는 개념들 간의 관계를 설명하는 진술이다. 예를 들어, "사회적 지위가 높을수록 권력이 커진다"는 명제는 '사회적 지위'와 '권력' 간의 관계를 설명한다.

② 명제와 공리 비교

㉠ 공리(Axiom): 증명 없이 자명한 진리로 받아들여지는 기본 전제
공리는 증명 없이 자명한 진리로 받아들여지는 명제이다. 즉, 논리적 체계의 기본 전제로 사용된다. 공리는 다른 명제를 증명하는 데 사용되며, 그 자체로는 증명이 필요 없다.

㉡ 명제(Proposition): 참이나 거짓을 판단할 수 있는 것으로 증명이 필요함
명제는 증명될 수 있으며, 참인지 거짓인지 판단할 수 있다. 예를 들어, "사회적 지위가 높을수록 많은 권력을 가진다"는 명제는 참으로 증명된 명제이다.

(4) 이론적 모델(Theoretical Models)

이론적 모델은 개념과 명제를 체계적으로 연결하여 사회현상을 설명하는 구조를 제공한다. 예를 들어, 마르크스의 계급투쟁 이론은 자본가와 노동자 간의 갈등을 설명하는 모델이다.

(5) 가설(Hypotheses)

① 가설의 의미
가설은 이론적 명제를 검증하기 위해 설정된 구체적인 예측이다. 대부분의 가설은 검증되지 않은 이론으로서, 둘 이상 변수 간의 관계에 관한 일종의 추측이다. 연구를 통해 가설을 검증함으로써 이론의 타당성을 평가할 수 있다.

② **가설의 특징**: 가설은 실험이나 관찰을 통해 검증할 수 있다.

③ **가설과 명제의 차이**

㉠ **가설**: 검증이 필요한 잠정적인 설명이나 예측

㉡ **명제**: 참이나 거짓을 판단할 수 있는 진술 예 "모든 사람은 죽는다"

(6) **방법론**(Methodology)

방법론은 이론을 검증하기 위한 연구방법과 절차를 말한다. 양적 연구와 질적 연구가 대표적인 방법론이다.

02 사회조사의 방법

1. 사회조사의 의미

사회조사는 사회의 다양한 현상과 문제를 이해하기 위해 체계적으로 정보를 수집하고 분석하는 과정이다. 이를 통해 사회의 구조와 변화를 파악하고, 정책 결정이나 사회문제 해결에 필요한 데이터를 제공한다. 사회조사는 향후 연구가 필요한 주제가 무엇인지 확인하는 동력이 된다.

예 각종 여론조사, 사회통계조사(인구, 경제, 교육 등 다양한 사회적 지표 조사)

2. 사회조사의 주요 목적

(1) **학문적 입장**: 연구단계적 조사방법의 목적

① **탐색적 조사**(Exploratory Research)

㉠ **의미**

탐색적 조사는 잘 알려지지 않은 현상이나 문제를 이해하기 위해 초기 조사를 수행하는 것이다. 즉, 탐색적 조사는 새로운 문제나 현상을 이해하기 위한 초기 단계의 조사이다.

㉡ **목적**: 문제를 명확히 하고, 가설을 설정하거나 연구 방향을 잡기 위해 사용된다.

㉢ **예시**: 새로운 사회적 현상에 대해 예비 조사를 통해 기본적인 이해를 얻는 것이다.

② **기술적 조사**(Descriptive Research)

㉠ **의미**

기술적 조사는 특정 현상이나 상황을 체계적으로 기록하고 묘사하는 것이다. 즉 기술적 조사는 특정 현상이나 상황을 구체적으로 묘사하는 데 중점을 둔다.

㉡ **목적**: 연구 대상의 특성, 분포, 빈도 등을 구체적으로 파악하기 위해 사용된다.

㉢ **예시**: 특정 지역의 인구 통계, 생활 실태 조사 등

③ **설명적 조사**(Explanatory Research)

㉠ **의미**: 설명적 조사는 현상 간의 관계를 파악하고, 원인과 결과를 설명하는 것이다.

ⓛ 목적

변수들 간의 인과관계를 규명하고, 왜 그런 현상이 발생하는지 이해하기 위해 사용된다.

ⓒ 예시: 청소년의 사회봉사활동이 민주 시민성에 미치는 영향을 조사하는 것

(2) 인간과 사회현상 이해

사회조사는 인간의 행동, 사회적 관계, 문화 등을 이해하는 데 도움을 준다.

(3) 정책 개발

정부나 기관이 효과적인 정책을 만들기 위해 필요한 정보를 제공한다.

(4) 문제 해결

사회문제를 식별하고 해결책을 찾는 데 필요한 데이터를 수집한다.

3. 사회조사의 종류

(1) 양적 연구: 설문지나 통계 자료를 통해 수치화된 데이터를 수집하고 분석한다.

① 과학적 탐구

② 변수들 사이의 상관관계 분석을 통하여 가설 검증

③ 사회현상에도 법칙이 있다.

④ 모든 자료를 계량화한다.

(2) 질적 연구

인터뷰나 관찰을 통해 깊이 있는 정보를 수집하고 분석한다.

4. 양적 연구(Quantitative Research): 법칙의 발견을 통한 탐구

(1) 양적 연구방법 의미

양적 연구방법은 데이터를 수집하고 분석하여 통계적 결과를 도출하는 연구방법이다. 주로 설문조사, 실험, 관찰 등을 통해 수집된 데이터를 수치화하여 분석한다. 다음은 양적 연구방법의 주요 특징과 절차이다.

(2) 주요 특징

① 객관성: 연구자의 주관적 개입을 최소화하고, 객관적인 데이터를 수집한다.

② 수치화: 데이터를 수치로 표현하여 통계적 분석이 가능하다.

③ 일반화 가능성: 대규모 데이터를 통해 결과를 일반화할 수 있다.

④ 반복 가능성: 동일한 방법으로 반복 연구가 가능하여 결과의 신뢰성을 높인다.

(3) 연구 절차

① 문제 정의: 연구의 목적과 질문을 명확히 설정한다.

② 문헌 고찰: 기존 연구를 검토하여 연구 배경을 이해한다.

③ 연구 설계: 연구방법과 도구를 설계한다. 예를 들어, 설문지를 작성하거나 실험 계획을 세운다.

④ 데이터 수집: 설문조사, 실험 등을 통해 데이터를 수집한다.

⑤ 데이터 분석
수집된 데이터를 통계적으로 분석한다. 예를 들어, 상관 분석이나 회귀 분석을 사용한다.

⑥ 결과 해석: 분석 결과를 해석하고 연구 질문에 대한 답을 도출한다.

⑦ 결과 보고: 연구 결과를 보고서나 논문으로 작성하여 공유한다.

(4) 양적 연구의 한계

양적 연구방법은 대규모 데이터를 통해 일반화된 결론을 도출하는 데 유용하지만, 인간행위의 주관적 측면, 계량화하기 어려운 현상의 심층적 이해에는 한계가 있을 수 있다.

5. 질적 연구(Qualitative Research): 의미 파악을 통한 탐구

(1) 질적 연구의 의미: 법칙이 아니라 의미의 탐구

질적 연구는 사람들의 경험, 의견, 감정 등을 깊이 있게 이해하기 위해 사용하는 연구방법이다. 주로 인터뷰, 관찰, 문서 분석 등을 통해 데이터를 수집한다. 질적 연구에서 질(quality)이란, 현상에 참여하고 있는 행위자들이 환경·타인·사건 등에 대해 부여하고 있는 의미 또는 그 의미를 바탕으로 발생하는 행위를 의미한다. 즉, 질적 연구는 행위자들이 사회현상에 대해 어떠한 가치와 가정을 바탕으로 개인의 경험을 해석하고 있는지를 이해하는 방법이다. 개인의 경험을 온전히 이해하기 위해서 경험이 발생하는 상황적 조건에 대한 가공이나 통제를 배제한 채 자연스러운 조건에서 전체적(holistic)으로 설명하는 것을 중요시한다.

(2) 주요 특징

① 사회현상·경험 등을 심층적으로 해석하고 이해하는 해석학적 입장을 근간으로 하고 있다.
사회적 현상에 참여하는 개인의 경험을 이해하기 위해 상대의 체험 속으로 들어가는 추체험의 과정이다.

② 심층적 이해: 사람들의 경험과 의미를 깊이 있게 이해하려고 한다.

③ 비수치적 데이터: 숫자가 아닌 텍스트, 이미지, 영상 등의 데이터를 사용한다.

④ 유연성: 연구 과정이 유연하며, 상황에 따라 방법을 조정할 수 있다.

⑤ 맥락 중시: 연구 대상의 사회적, 문화적 맥락을 중요하게 여긴다.

⑥ 현장 활동: 질적 연구는 관심을 가지는 현상 그대로에 참여하여 자료를 획득한다.

⑦ 귀납적 접근: 실제로 수집한 자료들을 기초로, 자료들이 가진 의미를 도출하는 방식으로 연구를 수행한다.

⑧ 연구자의 역할 강조: 질적 연구는 연구의 핵심적인 자료수집의 도구로 연구자의 역할을 강조한다.

(3) 연구 절차

① 문제 정의: 연구의 목적과 질문을 명확히 설정한다.

② 문헌 고찰: 기존 연구를 검토하여 연구 배경을 이해한다.

③ 연구 설계: 연구방법과 도구를 설계한다. 예를 들어, 인터뷰 질문을 작성한다.

④ 데이터 수집: 인터뷰, 관찰 등을 통해 데이터를 수집한다.

⑤ 데이터 분석: 수집된 데이터를 주제별로 분류하고 해석한다. 예를 들어, 테마 분석을 사용한다.

⑥ 결과 해석: 분석 결과를 바탕으로 연구 질문에 대한 답을 도출한다.

⑦ 결과 보고: 연구 결과를 보고서나 논문으로 작성하여 공유한다.

(4) 질적 연구의 한계

질적 연구는 사람들의 복잡한 경험과 의미를 이해하는 데 유용하지만, 결과를 일반화하기 어렵다는 한계가 있다.

⊙ 양적 연구방법과 질적 연구방법의 비교[8)]

구분	양적 연구(Quantitative Research)	질적 연구(Qualitative Research)
패러다임 토대	• 실증주의 • 경험주의	• 자연주의(naturalist) • 해석주의(interpretivism) • 구성주의(constructivist)
존재론	연구자와 분리된 단일의 객관적인 현실: 현실 생활에 부합되는 정적인 추상화(static abstraction)	참여자의 국지적이며, 매일 당면하는 경험으로부터 인식되는 다양한 현실
인식론	연구자는 분리되고(detached) 객관적	연구자는 참여자와 상호작용함
가치기반	가치중립적이며, 편견이 배제된 자료	연구자와 참여자는 필연적으로 가치 함축적
수사학적 유형	개인적인 목소리: 현재형 시제	비개인적인 목소리: 과거형 시제
인과관계의 설명	법칙정립적(nomothetic) 접근: 정적인 변수들 간의 관계	개별기술적(idiographic) 접근: 상호 연계된 행위의 창발적(emergent)이고, 전개적인 (unfolding) 과정

8) 심준섭(2008), 행정학연구의 대안적 방법으로서의 방법론적 다각화(Triangulation): 질적 방법과 양적방법의 결합, 한국행정연구 17(2), pp.3~31 중 p.6. 재인용

조사 설계	정적 설계: 연구가 시작되기 전에 범주가 정해짐	생성적(emergent), 즉흥적(improvisational): 연구과정을 통해 범주가 확인됨
분석 과정	연역적: 미리 설정된 가설의 검증	귀납적: 현장에서 수집된 자료의 해석을 통한 이론화
표본추출 목적	일반화(generalizability): 표본의 대표성 추구	설명력(explanatory power): 변이와 풍부성(richness) 추구
자료와 표본	• 양적 의미 부여, 계량화 • 조직화된 변수들 • 통계적이고 표본이 큼 • 통제집단 존재, 외생변수 통제	• 개인적 · 기술적(descriptive) 기록 • 현장, 노트, 사진, 녹음기, 진술 • 작은 표본 • 비대표성을 띈 표본(편의적 선택)
결론의 기반	재생 가능한(replicable), 양적 자료	자연 발생적인, 매일의 경험으로부터의 증거

03 사회조사의 설계와 핵심과정

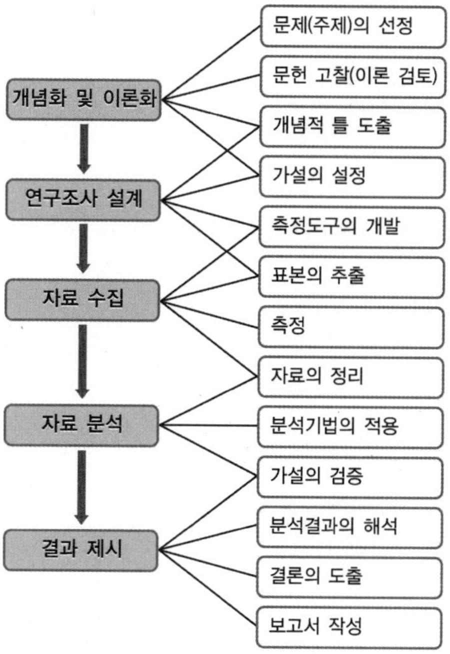

⊙ 사회조사의 설계과정 개요

(1) 연구설계의 의의

연구설계는 연구에서의 자료를 수집하기 위한 포괄적인 연구 계획을 말한다. 즉, 특정한 연구질문에 대한 해답을 얻거나 가설을 검증하기 위한 연구 과정을 의미하는 것으로, 연구의 청사진이다. 연구설계는 '자료수집, 측정도구 개발, 표본추출'이라는 세 단계를 중심으로 구체화할 수 있다.

(2) 연구설계 절차 단계

① **개념화 및 이론화**: 연구 개념 및 변수 의미 구체화

㉠ 문제 또는 주제 선정

㉡ 선행 문헌 및 이론 검토

㉢ **개념 설정, 조작적 정의**: 변수를 어떻게 측정할 것인가?, 연구개념, 변수의미 구체화

② 가설 설정

③ **연구방법**: 실험, 서베이조사, 현장조사, 내용분석, 기존자료분석, 비교연구, 평가연구

④ **연구대상**

㉠ 모집단과 표본 → 표본의 추출

㉡ 측정도구 개발

⑤ **자료수집**

㉠ 추출된 표본 대상을 상대로 측정도구로 자료를 수집(측정)

㉡ 자료 정리

⑥ **자료분석**

㉠ **분석기법**: 정리된 자료 대상으로 분석

㉡ 가설 검증

⑦ **결론**

㉠ 가설 검증을 토대로 분석결과 해석

㉡ 결론 도출

㉢ 보고서 작성

04 측정과정 : 개념 ⇨ 개념화 ⇨ 조작적 정의 ⇨ 변수/지표

1. 개념화

(1) 개념(Concept)

개념은 우리가 연구하고자 하는 현상이나 아이디어를 나타내는 추상적인 생각이다. 예를 들어, '행복', '사회적 지위', '교육 수준' 등이 개념에 해당한다. 개념은 연구의 기초가 되며, 우리가 무엇을 연구할지 정의하는 데 도움을 준다.

(2) 개념화(Conceptualization)

개념화란 불분명한 개념과 그것의 구성요소들을 보다 간결하고 명확한 용어로 정의하는 정신적 과정이다. 사회과학과 관련된 개념들의 모호하고 불분명한 특성 때문에 개념화 과정(conceptualization process)은 특히 중요하다.

(3) 조작적 정의(Operationalization)

이론적 구성개념이 정의되면 연구자는 이것을 어떠한 방법으로 측정할 것인가? 조작적 정의는 구성개념을 측정하기 위한 지표(indicator) 또는 항목(item)들을 개발하는 과정을 말한다. 예를 들어, 연구자가 '사회경제적인 지위'와 같은 관찰로 표현하기 힘든 구성개념을 '가정의 경제적 수준'에 의해 정의 한다면 응답자들에게 질문할 "당신의 가정 연간 수입액은 얼마입니까?"는 이를 측정할 수 있는 하나의 지표가 될 것이다.

(4) 변수(Variable) : 속성

① 의미

변수는 개념을 측정할 수 있는 구체적인 방법이다. 변수는 변할 수 있는 속성을 가지며, 연구에서 데이터를 수집하고 분석하는 데 사용된다. 예를 들어, '민주주의'라는 개념을 측정하기 위해 '민주주의 점수'라는 변수를 사용할 수 있다. 지표는 실증적 측면에서 적용되는 사항이라고 생각하면 된다. 하나의 개념을 정의하는 실증적 수준에서의 통합된 지표를 변수(variable)라고 한다. 변수는 연구에서 어떻게 적용되는가에 따라 독립, 종속, 매개, 조절 변수로 구분된다. 또한 각각의 지표들은 다양한 속성(attributes or levels)을 가지고 있으며, 이들 각각은 하나의 가치(value)로 표현된다. 예를 들어, '성별' 변수는 여성, 남성의 두 가지 속성을 가지고 있다. 마찬가지로, 고객의 만족도를 조사하고자 할 경우 '아주 불만족', '조금 불만족', '보통', '조금 만족', '아주 만족'과 같이 다섯 단계의 척도로 표현하여 측정할 것이다. 이러한 속성들의 가치는 양적(quantitative) 수치로 나타내거나 질적(qualitative) 비수치 형태가 될 수도 있다.

② **독립변수와 종속변수** : 변수는 주로 독립변수와 종속변수로 나뉜다.

㉠ **독립변수** : 다른 변수에 영향을 미치는 변수다.

㉡ **종속변수** : 독립변수에 의해 영향을 받는 변수다.

③ 개념과 변수의 관계

개념은 우리가 연구하고자 하는 추상적인 아이디어나 현상이고, 변수는 그 개념을 측정할 수 있는 구체적인 방법이다.

(5) 사회조사 연구에 적용

① 개념 정의

연구자는 연구하고자 하는 개념을 정의한다. 예를 들어, 사회발전이라는 개념을 연구한다고 가정한다.

② 개념화: 처음으로 개념을 정의하고 측정 가능한 변수로 변환하는 과정

다음으로, 이 개념을 구체적으로 어떻게 측정할지 결정하는 과정이 필요하다. 이를 개념화라고 한다. 개념화는 추상적인 개념을 구체적인 변수로 변환하는 과정이다. 이는 연구자가 연구하고자 하는 개념을 명확히 정의하고, 이를 측정할 수 있는 방법을 결정하는 과정이다. 예를 들어, '사회적 지위'라는 개념을 개념화할 때, 이를 '직업', '소득', '교육 수준' 등의 변수로 나눌 수 있다.

③ 조작적 정의

(6) 변수 설정

개념화 과정을 통해 구체적인 변수들이 도출된다. 사회발전 지표 점수는 사회발전이라는 개념을 측정하기 위한 변수다. 이 변수는 연구에서 데이터를 수집하고 분석하는 데 사용된다.

(7) 재개념화(재특정화): 이미 정의된 개념을 새로운 시각이나 방법으로 다시 정의하는 과정

재개념화는 이미 정의된 개념을 다시 검토하고, 새로운 시각이나 방법으로 재정의하는 과정이다. 이는 기존의 개념 정의가 충분하지 않거나, 새로운 연구 결과나 이론적 발전에 따라 개념을 새롭게 이해할 필요가 있을 때 이루어진다. 예를 들어, '스트레스'라는 개념을 기존에는 주로 신체적 증상으로만 측정했지만, 새로운 연구에서는 심리적, 사회적 요인도 포함하여 재개념화할 수 있다.

2. 가설

(1) 가설의 개념

사회조사 연구에서 가설은 연구의 중요한 출발점이다. 가설은 특정 사회적 현상이나 문제에 대한 예측적 해답으로, 두 개 이상의 변수 간의 관계를 잠정적으로 진술한 것이다. 가설은 연구자가 조사하려는 현상에 대한 예측적 해답을 의미한다.

(2) 가설의 역할

가설 설정은 연구 문제를 명확히 하고, 연구의 방향성을 설정하며, 연구의 타당성을 높이고, 문제를 해결하는 데 중요한 역할을 한다.

(3) 가설의 형식

가설은 일반적으로 독립변수와 종속변수 간의 관계를 설명한다.

(4) 가설의 조건

① 문제 해결성: 가설은 연구 문제를 해결하는 데 기여해야 한다.

② 상호 연관성: 다른 연구와 연관성이 있어야 한다.

③ 검증 가능성: 경험적 과정을 통해 검증할 수 있어야 한다.

④ 명확성: 가설은 명확하고 간결하게 작성되어야 한다.

(5) 가설의 종류

① 연구가설: 특정 변수 간의 관계를 예측하는 가설이다. 예 가격과 수요량

② 영가설
연구가설의 반대 개념으로, 변수 간의 관계가 없음을 주장한다. 예를 들어, "운동을 하는 것과 건강은 관련이 없다"는 영가설이다.

3. 모집단과 표본

(1) 모집단 및 표본의 의의

① 모집단(Population)의 의미
모집단은 연구자가 관심을 가지고 조사하려는 전체 집단을 의미한다. 예를 들어, 한국 고등학생들의 평균 공부 시간을 조사하고 싶다면, 한국의 모든 고등학생이 모집단이 된다.

② 표본(Sample)의 의미
표본은 모집단에서 선택된 일부를 의미한다. 모집단 전체를 조사하는 것은 시간과 비용이 많이 들기 때문에, 대표성을 가진 일부를 선택하여 조사하는 것이다. 예를 들어, 한국 고등학생 1,000명을 선택해 조사한다면, 이 1,000명이 표본이 된다. 모집단과 표본의 개념을 이해하면, 사회조사 연구에서 데이터를 어떻게 수집하고 분석하는지 더 잘 알 수 있다.

③ 모집단과 표본이 중요한 이유

㉠ 시간과 비용 절약
모집단 전체를 조사하는 것은 비효율적이기 때문에, 표본을 통해 효율적으로 데이터를 수집할 수 있다.

㉡ 대표성
잘 선택된 표본은 모집단의 특성을 잘 반영하여, 모집단 전체에 대한 정확한 추정을 가능하게 한다.

④ **표본추출방법**: 표본추출방법으로 확률표본추출방법과 비확률표본추출방법이 있다.

㉠ **확률표본추출방법**: 단순무작위, 층화표집, 군집표집, 체계적 표집(계통표집)

㉡ **비확률표본추출방법**: 편의추출, 판단추출, 할당추출, 눈덩이추출

(2) 확률표본추출방법

확률표본추출은 보통 여론조사나 사회과학 연구 등에서 각 구성원이 모집단에서 동일한 확률로 표본에 선정될 수 있도록 체계적으로 사례를 추출하는 것을 말한다. 확률표본추출을 사용할 경우, 추출된 표본은 연구자가 임의로 선정하는 비확률표본추출에 비해 모집단과 매우 유사하게 추출될 가능성이 높다. 즉, 모집단을 가장 잘 대표하는 표본을 뽑기 위해 확률표본추출을 사용하는 것이다.

구분	모집단	표집과 표본
단순무작위	청소년	아무 청소년을 뽑아 종교가 무엇인지 정리
층화표집	모집단: 청소년 하위집단: 천주교, 불교, 기독교, 이슬람교, 기타	하위집단에서 추출: 집단 내 동질적, 집단 간 이질적
군집표집	모집단: 청소년 동질적인 하위집단	모집단과 동질적인 하위집단들에서 표집: 집단 내 이질적, 집단 간 동질적
체계적 표집	모집단 목록	특정한 것을 뽑고 나머지 일정한 순서에 따라 표집

① **단순무작위표집**

먼저 단순무작위표집은 확률표본추출 방법 중 가장 기본이 되는 표집 방법으로, 전체 모집단의 구성원들 중 표본으로 선정될 확률이 동일하도록 무작위(랜덤)로 표집하는 방식이다.

② **층화표집**

층화표집 방법은 모집단이 여러 상이한 특성으로 이뤄진 경우, 모집단을 유사한 특성으로 묶은 하위집단으로 분류해서 표집하는 방법이다. 층화표집은 모집단이 서로 다른 하위집단으로 구성되어 있는 경우, 각 집단에서 필요한 만큼의 단순무작위표집을 사용해 표본을 추출한다(집단 내 동질적 / 집단 간 이질적). 서로 다른 종교 집단(기독교, 불교, 천주교 등)에서 표본을 추출하거나 서로 다른 취향을 가진 동호회·동아리 등에서 원하는 만큼의 표본을 추출하는 경우를 예로 들 수 있다.

예 대학생들의 학과별로 만족도, 고등학생들의 스마트폰 사용시간 → 남학생과 여학생으로 나눔

③ **군집표집**: 각 군집은 모집단의 축소판

군집표집은 모집단을 서로 동질적인 집단으로 구분하여 해당되는 집단 자체를 표본으로 추출한다. 여기서 집단들 간의 성질은 같지만 집단 내의 구성원들은 서로 이질적인 특징이 있다(집단 내 이질적 / 집단 간 동질적). 고3 수험생에 대한 연구를 진행하기 위해 A고등학교 3학년의 한 반 전체를 표본으로 추출하는 경우, 부모-자녀 간의 사이에 대한 연구를 진행하기 위해 한 가정 전체를 표본으로 추출하는 경우 등을 예로 들 수 있겠다.

예 대학생-몇 개의 대학(군집/집락)

④ **체계적 표집**: 계통표집

체계적 표집(계통표집)이란 모집단 목록에서 무작위로 처음 'K'번째 요소를 뽑고, 이를 토대로 일정한 순서 및 규칙에 따라 이후의 표본을 추출하는 방법이다. 이에 대한 예시는 위의 표에 보기 쉽게 표기하였으므로 확인해보기를 바란다.

(3) 비확률표본추출방법

비확률표본추출방법은 모집단의 모든 구성원이 표본으로 선택될 확률이 동일하지 않은 방법이다. 주요 비확률표본추출방법에는 편의추출, 판단추출, 할당추출, 눈덩이추출 등이 있다. 비확률표본추출방법들은 상황에 따라 유용하게 사용될 수 있지만, 대표성 문제로 인해 결과의 일반화에는 주의가 필요하다.

① **편의추출**(Convenience Sampling)

편의추출은 가장 접근하기 쉬운 사람들을 표본으로 선택하는 방법이다. 예를 들어, 길거리에서 만난 사람들에게 설문조사를 하는 경우가 이에 해당한다. 이 방법은 빠르고 간편하지만, 대표성이 낮을 수 있다.

② **판단추출**(Judgmental or Purposive Sampling)

판단추출은 연구자의 판단에 따라 특정 기준을 만족하는 사람들을 표본으로 선택하는 방법이다. 예를 들어, 특정 전문가 집단을 대상으로 조사할 때 사용된다. 이 방법은 특정 목적에 적합한 정보를 얻을 수 있지만, 연구자의 주관이 개입될 수 있다.

③ **할당추출**(Quota Sampling)

할당추출은 모집단의 특성을 반영하여 여러 하위 집단으로 나누고, 각 하위 집단에서 일정 수의 표본을 할당하여 추출하는 방법이다. 예를 들어, 성별, 연령대별로 할당량을 정해 표본을 추출하는 방식이다.

④ **눈덩이추출**(Snowball Sampling)

눈덩이추출은 처음에 소수의 표본을 선택한 후, 이들이 다른 대상자를 추천하게 하여 표본을 확장하는 방법이다. 주로 접근하기 어려운 집단을 조사할 때 사용된다. 예를 들어, 특정 소수 집단이나 네트워크 내의 사람들을 조사할 때 유용하다.

4. 척도화(Scaling)와 척도(Rating Scale): 측정수준(Level of Measurement)

(1) 척도화 의미

척도화(scaling)는 각각의 지표들을 설정하는 과정이다. 엄밀히 말해, 척도화는 양적으로 혹은 측정 가능한 단위를 관측하기 어려운 개념에 대하여 질적 판단을 연관시켜 측정하는 과정의 일부분이다. 척도화 과정의 결과물은 바로 척도(scale)이며 이것은 개념에 대한 항목과 지표를 측정하기 위한 실증적인 구조이다.

(2) 척도의 의미

사회조사 연구에서 측정도구는 연구 대상의 특성을 수치적으로 표현하는 방법을 의미한다. 이를 통해 연구자는 데이터를 체계적으로 수집하고 분석할 수 있다. 측정도구는 크게 명목척도, 서열척도, 등간척도, 비례척도로 나뉜다.

(3) 척도의 유형

① 명목척도[Nominal Scale, 범주척도(Categorical Scale)]

㉠ 정의: 명목척도는 대상을 단순히 분류하거나 범주화된 데이터를 측정한다.

㉡ 예시

성별(남성/여성), 지역(서울/부산), 직업(의사/교사/학생), 종교소속(기독교, 이슬람교, 유대교 등)

㉢ 특징

순위나 간격의 개념이 없으며, 단순히 카테고리로 나뉜다. 명목척도는 단순히 구성개념의 각기 다른 특성에 이름(name) 또는 수준(label)을 부여하는 것이다. 따라서, 명목척도의 적절한 중심값을 나타내는 것은 중앙값이나 평균값이 정의될 수 없기 때문에 최빈값(mode)이다. 주로 사용되는 통계적 기법은 카이스퀘어(chi-square) 혹은 도수분포(frequency distribution)가 있으며, 1 대 1 척도 변경만 가능하다(예 1 = 남성, 2 = 여성). 따라서 상관관계분석, 회귀분석, 분산분석법과 같은 정교한 분석에는 적합하지 않다.

② 서열척도(Ordinal Scale)

㉠ 정의

서열척도는 학생의 시험성적 등을 바탕으로 반에서 등수를 매기는 것처럼 서열이 정해진 (rank-ordered) 데이터를 측정하는 척도이다. 그러나 서열척도에서는 속성의 실제 값이나 그들 간의 유사점 혹은 차이점을 평가할 수가 없다.

㉡ 예시: 모스경도계, 만족도(매우 불만족/불만족/보통/만족/매우 만족)

㉢ 특징

순위는 있지만, 각 순위 간의 간격이 일정하지 않다. 서열척도는 '나쁨', '중간', '좋음' 혹은 '매우 불만족', '조금 불만족', '보통', '조금 만족', '매우 만족'으로 표현한다. 하지만 응답자의 '조금 불만족'은 '매우 만족'보다 만족도가 상대적으로 떨어진다는 의미를 나타낸 것이며 이를 만족의 수준으로 수치화할 수 없다. 서열척도는 데이터의 분포를 사분위수[9]로 나누어 분석하고, 데이터의 중앙값을 계산하여 중심 경향을 파악한다. 두 서열척도 변수 간의 관계를 분석할 때 순위상관분석을 사용한다. 서열척도 데이터를 분석할 때는 비모수 검정(non-parametric tests)을 사용한다.[10]

9) 사분위수는 측정값을 낮은 순에서 높은 순으로 정렬한 후 4등분 했을 때 각 등위에 해당하는 값을 의미한다.

10) 비모수 검정은 모수에 대한 가정을 전제로 하지 않고 모집단의 형태와 관계없이 주어진 데이터에서 직접 확률을 계산하는 통계적 방법이다. 연구자가 실제로 관심이 있는 효과 추정값을 제공하지 않고, 기본적으로 유의성 여부만을 판단하는 검정 방법이다. 또한 비모수 검정은 특정 모수를 사용하여 모집단의 분포를 특성화하지 않아도 되는 가설 검정이다. 이는 데이터가 특정 분포를 따르지 않는 경우나, 표본 크기가 작아서 모수적 방법을 사용할 수 없을 때 유용하다.

③ 등간척도(Interval Scale, 간격척도)

㉠ 정의

등간척도는 서열대로 정리되어 있어야 할 뿐만 아니라, 서열들 간에 동일한 간격이 존재해야 한다. 가령, 온도(화씨, 섭씨)를 살펴보면 화씨 30도와 40도 사이의 간극과 화씨 80도와 90도 사이의 간극이 일치한다. 이와 마찬가지로, 설문지의 연간소득에 대한 응답 척도를 살펴보면 0원 – 1,000만 원, 1,000만 원 – 2,000만 원, 2,000만 원 – 3,000만 원과 같이 항목 간 간극의 차가 일치하고 각 항목의 중간값은 각기 500만 원, 1,500만 원, 2,500만 원과 같이 일정한 간격으로 존재한다. 이것을 등간척도라고 부른다. IQ 지수도 등간척도에 해당한다고 볼 수 있다. IQ 지수 또한 100에서 110까지 사이의 간극과 110에서 120까지 사이의 간극이 같다고 보기 때문이다. 각 구간 간의 차이를 일정하게 측정할 수 있는 척도이다.

㉡ 예시: 온도(섭씨, 화씨)

㉢ 특징

절대적인 영점이 없기 때문에 비율 계산이 불가능하다. 등간척도는 하나가 다른 하나와 비교될 때 '얼만큼 더' 값을 가지게 되는지를 측정할 수 있다는 점에서 명목척도, 서열척도와 구별된다. 중앙 집중화 경향의 측정은 평균(mean), 중앙값(median), 최빈값(mode) 모두를 포함하며, 또한 표준 편차와 같은 분산의 분포도의 측정으로 가능하다. 활용 가능한 통계적 분석방법으로는 명목척도와 서열척도에서 활용되는 일련의 통계적 기법을 포함하며 상관관계분석, 회귀분석, 분산분석법 등이 있다.

④ 비례척도(Ratio Scale, 비율척도)

㉠ 정의

절대 영점이 존재하며 모든 속성이 갖추어진 척도이다. 비례척도는 명목척도, 서열척도, 등간척도의 특성을 모두 포함하면서 '절대적 영점(true zero point)'을 가지고 있다. 또한 0의 값은 실질적으로 해당 구성개념의 부재를 말한다. 자연과학이나 공학 등에서 주로 쓰이는 질량, 비행고도, 충전 정도와 같은 척도들이나, 사회과학에서 주로 활용되는 나이, 재임기간, 회사규모와 같은 변수들이 이러한 비례척도에 해당된다. 예를 들어, 회사 규모의 값이 0이라고 한다면, 회사 내 사원이나 이익창출 활동이 전혀 없다는 것을 의미하는 것이다. 비례척도에서는 모든 통계기법의 활용이 가능하며, 승법적(multiplicative) 또는 대수(logarithmic)와 같은 양의 관계에서 정교화된 척도변경이 가능하다. 통상적인 비례척도에는 이진척도(binary), 리커트(Likert), 의미차별(semantic differential), 거트만(Guttman) 척도가 있다.

㉡ 예시: 소득, 무게, 키

㉢ 특징: 비율 계산이 가능하고, 절대적 크기와 차이를 평가할 수 있다.

5. 조사자료

(1) 자료의 의미

사회조사 연구에서 자료는 연구자가 연구 문제를 해결하기 위해 수집하고 분석하는 모든 정보를 의미한다. 자료는 연구의 기초가 되며, 이를 통해 연구자는 가설을 검증하고 새로운 지식을 도출할 수 있다. 자료(data)란 계산되고(counted), 분류되고, 측정되고, 비중이 주어지고(weighted), 위치가 정해지고(located), 크기에 따라 배열되거나, 혹은 척도화되고(scaled), 지수의 값이 매겨진 것이다. 따라서 자료는 세상에 일어나는 수많은 사상(事象)이나 현상 모두를 뜻하는 것이 아니라 그중에서 필요에 따라 지각된 것만을 지칭한다. 자료는 연구의 핵심 요소로, 다양한 방법으로 수집되고 분석된다.

■ 자료출처: 문헌자료, 경험, 관찰

(2) 자료의 중요성

사회조사 연구에서 조사 자료는 연구자가 연구 질문에 답하기 위해 수집하는 모든 데이터를 의미한다. 조사 자료는 연구의 신뢰성과 타당성을 결정짓는 중요한 요소다. 정확하고 신뢰할 수 있는 자료를 수집하고 분석하는 것이 연구의 성공을 좌우한다. 따라서 자료수집 방법을 신중하게 선택하고, 수집된 자료를 체계적으로 관리하는 것이 중요하다.

(3) 1차 자료와 2차 자료: 자료의 수집방법에 따른 구분

① 1차 자료

㉠ 의미

1차 자료는 연구자가 직접 수집한 데이터를 말한다. 1차 자료는 당면 연구문제 해결을 위해 조사자가 직접 수집한 자료이기 때문에 연구목적에 적합하며 신뢰성·타당성이 비교적 높은 편이다. 그러나 1차 자료의 수집은 비용과 시간이 많이 들고 전문적인 자료수집 능력이 요구된다. 따라서 1차 자료를 수집하기 전에 연구 목적에 부합한 2차 자료가 존재하는지 또는 사용 가능한지를 확인하고 적절한 2차 자료가 없을 경우 1차 자료의 수집에 착수하는 것이 일반적인 순서이다.

㉡ 장점: 연구자가 원하는 자료를 정확히 수집하는 것이 가능하다.

㉢ 단점: 비용과 시간이 많이 든다.

㉣ 방법: 설문조사(온라인, 우편, 전화, 대면 등), 면접조사, 관찰법 등

② 2차 자료

㉠ 의미

2차 자료는 이미 다른 연구자나 기관에 의해 수집된 데이터를 말한다. 현재의 연구 목적에 사용될 수 있는 자료 중 당면 연구목적을 위하여 연구자가 직접 수집한 1차 자료를 제외한 모든 자료가 2차 자료가 된다. 2차 자료에는 정부자료, 각종 조사기관의 간행물, 기업체가 수집한 자료, 다른 연구 목적을 위해 수집되었던 자료 등이 포함된다.

㉡ 장점: 2차 자료는 저렴한 비용으로 쉽게 획득 가능하다.

㉢ 단점: 2차 자료는 자료와 연구목적에 적합지 않을 수 있다.

㉣ 방법: 기존의 데이터베이스, 보고서, 통계 자료 등을 활용하는 방법

(4) **횡단면 자료와 시계열 자료**: 자료수집의 시점

① 횡단면 자료(Cross-Sectional Data)

㉠ 정의: 특정 시점에서 여러 개체에 대해 수집된 자료

예 2024년 한 해 동안 여러 지역의 인구 통계 자료

㉡ 특징: 한 시점에서 다양한 개체의 상태를 비교할 수 있다.

예 특정 시점에서 여러 나라의 경상수지를 비교

② 시계열 자료(Time Series Data)

㉠ 정의: 하나의 개체를 여러 시점에 걸쳐 수집한 자료

예 2000년부터 2024년까지 매년 측정된 한 나라의 물가지수

㉡ 특징: 시간의 흐름에 따른 변화를 분석할 수 있다.

예 우리나라의 경제 성장 추이를 분석하는 연구

(5) **정량적 자료와 정질적 자료**: 연구대상의 속성

① 정량적 자료(Quantitative Data)

㉠ 정의(양적 자료): 숫자와 통계를 사용해 측정할 수 있는 자료다.

예 키, 몸무게, 시험 점수, 소득 등

㉡ 특징: 수치로 표현되기 때문에 객관적이고, 통계적 분석이 가능하다.

예 학생들의 시험 점수를 분석하여 평균 점수를 계산하는 것

㉢ 방법: 설문조사, 실험, 기존 통계 데이터 활용 등

② 정질적 자료(Qualitative Data)

㉠ 정의: 숫자로 측정할 수 없는 자료로, 주로 텍스트, 이미지, 소리 등으로 표현된다.

예 인터뷰 내용, 관찰 기록, 설문조사의 개방형 질문 응답 등

㉡ 특징: 주관적이고, 깊이 있는 이해를 제공하며, 주로 내용 분석, 주제 분석 등을 통해 해석된다.

예 학생들의 수업 만족도를 알아보기 위해 인터뷰를 진행하고 그 내용을 분석

㉢ 방법: 면담, 관찰, 내용 분석, 포커스 그룹 등

6. 자료평가의 대표적 기준

(1) **대표성**

① 의미

대표성은 연구 결과를 일반화할 수 있는 정도를 의미하며, 연구에서 수집한 자료가 전체 모집단을

얼마나 잘 반영하는지를 평가하는 기준이다. 즉 자료의 모집단의 범위와 이 자료의 발견 사실을 어떤 방법으로 개별성 → 보편성, 부분성 → 보편성, 소수 → 다수로 전환시킬 수 있느냐의 문제이다. 대표성을 잘 이해하고 확보하면, 연구 결과의 신뢰성과 일반화 가능성을 높일 수 있다.

② 대표성의 중요성

㉠ 일반화 가능성

대표성이 높은 자료는 연구 결과를 전체 모집단에 적용할 수 있게 해준다. 예를 들어, 특정 대학의 학생들을 대상으로 한 연구가 다른 대학의 학생들에게도 적용될 수 있는지 확인하는 것이 중요하다.

㉡ 신뢰성

대표성이 높으면 연구 결과의 신뢰성이 증가한다. 이는 연구자가 수집한 자료가 모집단의 특성을 잘 반영하고 있음을 의미한다.

③ 대표성을 확보하는 방법

㉠ 표본추출

㉡ 표본의 크기

㉢ 층화표본추출

모집단을 여러 하위집단으로 나누고, 각 하위집단에서 표본을 추출하는 방법이다. 이를 통해 다양한 특성을 가진 모집단을 잘 반영할 수 있다.

④ 대표성 평가

㉠ 비교분석: 모집단의 특성과 비교

㉡ 통계적 검증

(2) 신뢰성

동일한 연구를 반복했을 때 일관된 결과를 얻을 수 있는 정도를 의미한다. 어떤 자료를 다른 수집자가 다른 수집기간과 다른 수집지역에서 똑같은 방법과 똑같은 구체적 절차에 따라 수집하였거나 또는 똑같은 조건 아래 똑같은 대상을 개별적으로 수집하였더라도 전혀 차이가 없는 자료를 수집할 수 있었는가의 여부를 밝히는 것이다.

예 동일한 설문지를 여러 번 실시했을 때 비슷한 응답이 나오는지 확인한다.

(3) 타당성(Validity)

① 정의

연구가 실제로 측정하고자 하는 것을 얼마나 정확하게 측정하는지를 의미한다. 경험적인 지표와 그 지표에 의해 파악된 경험적인 내용과의 대응도를 말한다.

예 학생들의 학업 성취도를 측정하기 위해 설문지를 사용할 때, 그 설문지가 실제로 학업 성취도를 잘 반영하는지 확인

② 타당성의 평가 방법

㉠ 표면 타당성(Face Validity)

측정하고자 하는 변수의 내용을 얼마나 정확하게 측정할 수 있도록 조작되었나 하는 것을 평가하는 것이다. 이 경우 타당성을 정확성(accuracy)이라고도 한다.

㉡ 기준 타당성(Criterion Validity)

동일한 개념을 2회 이상 반복 측정하여 그 결과가 동일하다면 측정수단이 타당하다고 평가하는 방법을 말한다.

㉢ 구성 타당성(Construct Validity)

현실의 경험사회에서는 인간의 능력으로 관찰하여 그에 필요한 수량적인 자료를 구할 수 없는 연구 주제를 관찰 가능한 변수로 측정한 측정 수단[지표(indicator), 지수(index)]을 이용하여 자료를 수집하는 경우를 이른다.

(4) 객관성(Objectivity)

연구자의 주관적인 판단이 개입되지 않고, 객관적인 방법으로 자료를 수집하고 분석하는 정도를 의미한다.

예 면담을 통해 자료를 수집할 때, 연구자의 개인적인 의견이 아닌 응답자의 답변을 그대로 기록한다.

(5) 윤리성(Ethics)

윤리성이란 연구 과정에서 윤리적인 기준을 준수하는 정도를 의미한다.

예 연구 참여자의 동의를 얻고, 개인정보를 보호하며, 연구 결과를 정직하게 보고한다.

05 자료수집 방법

1. 설문지법(Questionnaire Method)

(1) 의미

설문지법은 질문지를 통해 응답자의 답변을 수집하는 방법이다.

(2) 장점

많은 사람을 대상으로 짧은 시간에 자료를 수집할 수 있으며, 통계적 분석이 용이하다.

(3) 단점

응답률이 낮을 수 있고, 응답의 진실성을 확인하기 어렵다.

2. 면접법(Interview Method)

(1) 의미

면접법은 연구자가 직접 응답자와 대면하여 질문하고 답변을 기록하는 방법이다.

(2) 장점

심층적인 정보를 얻을 수 있으며, 응답률이 높다.

(3) 단점

시간과 비용이 많이 들고, 면접자의 주관이 개입될 수 있다.

3. 관찰법(Observation Method)

(1) 의미

관찰법은 연구자가 직접 현장에서 대상의 행동이나 현상을 관찰하여 자료를 수집하는 방법이다.

(2) 장점

자연스러운 환경에서 자료를 얻을 수 있다.

(3) 단점

관찰자의 주관적인 해석이 개입될 수 있으며, 모든 상황을 관찰하기 어렵다.

4. 실험법(Experimental Method)

(1) 의미

실험법은 특정 변수를 조작하여 그 변화에 따른 결과를 관찰하는 방법이다.

(2) 장점

인과관계를 명확히 파악할 수 있다.

(3) 단점

실제 사회 상황과 다를 수 있으며, 윤리적인 문제가 발생할 수 있다.

5. 문헌연구법(Documentary Research Method)

(1) 의미

문헌연구법은 기존의 문서나 자료를 분석하여 필요한 정보를 수집하는 방법이다.

(2) 장점

시간과 비용을 절약할 수 있으며, 다양한 자료를 활용할 수 있다.

(3) 단점

문서의 신뢰성과 객관성을 검증해야 한다.

6. 내용분석법(Content Analysis Method)

(1) 의미

내용분석법은 텍스트, 이미지, 영상 등의 내용을 체계적으로 분석하여 자료를 수집하는 방법이다.

(2) 장점

다양한 매체의 자료를 분석할 수 있다.

(3) 단점

분석 과정에서 연구자의 주관이 개입될 수 있다.

06 사회 · 문화현상을 탐구하는 태도와 연구윤리

1. 사회 · 문화현상을 탐구하는 바람직한 태도

사회 · 문화현상은 매우 복합적이고 다양하다는 특징을 가진다. 그렇다면 이와 같은 사회 · 문화현상을 과학적으로 탐구하기 위해서 어떤 바람직한 태도가 필요할까?

첫째, 자기의 주관을 떠나 사회 · 문화현상을 정확하게 파악하기 위해서 객관적인 태도가 필요하다. 객관적인 태도란 자신의 선입관이나 감정적 요소 등을 배제하고 냉정한 제3자의 입장에서 사실을 있는 그대로 받아들이는 태도를 말한다.

둘째, 사회현상을 올바르게 인식하기 위해서는 여러 가지의 가능성이 동시에 공존할 수 있다는 사실을 인정하는 개방적인 태도가 필요하다.

셋째, 사회 · 문화현상은 동일한 것이라 할지라도 시대와 장소에 따라 다른 의미로 받아들여질 수 있다. 따라서 그 사회의 문화와 특수성을 고려하여 판단을 내리는 상대주의적 태도가 필요하다.

넷째, 어떤 사회 · 문화현상을 수동적으로 받아들이기만 하는 것이 아니라 그 현상의 내면에 담긴 인과관계나 의미를 파악하여 사회적 적합성의 여부를 살펴보는 성찰적인 태도가 필요하다.

다섯째, 다양한 가치나 갈등을 조화롭게 받아들이는 조화를 이루려는 생활 태도가 필요하다.

2. 사실과 가치를 둘러싼 쟁점

(1) 의의

사회과학 연구에서 사실과 가치를 둘러싼 쟁점은 연구의 객관성과 주관성을 어떻게 조화시킬 것인가에 대한 중요한 논의이다.

(2) 사실과 가치의 구분

① 사실(Fact)
객관적으로 검증 가능한 정보나 데이터이다. 예를 들어, 특정 연도의 인구 통계 자료는 사실에 해당한다.

② 가치(Value)
개인이나 사회가 중요하게 여기는 신념이나 기준이다. 예를 들어, 평등이나 자유와 같은 개념은 가치에 해당한다.

3. 가치 중립성(Value Neutrality)

(1) 의미

연구자가 자신의 가치관을 배제하고 객관적으로 연구를 수행해야 한다는 원칙이다.

(2) 쟁점

완전한 가치 중립이 가능한지에 대한 논란이 있다. 일부 학자들은 연구자가 완전히 가치 중립적일 수 없다고 주장한다.

4. 가치 개입(Value Involvement)

(1) 의미

가치 개입이란 연구자가 자신의 가치관을 연구에 반영하는 것을 의미한다.

(2) 쟁점

연구자의 가치관이 연구 결과에 영향을 미칠 수 있다는 점에서, 연구의 객관성을 해칠 위험이 있다. 그러나 가치 개입이 연구의 방향성을 명확히 하고, 사회적 문제 해결에 기여할 수 있다는 긍정적인 측면도 있다.

5. 윤리적 고려(Ethical Considerations)

(1) 정의

윤리적 고려는 연구 과정에서 윤리적인 기준을 준수하는 것을 의미한다.

(2) **쟁점**

연구 참여자의 권리와 복지를 보호하고, 연구 결과를 정직하게 보고하는 것이 중요하다. 윤리적 고려는 연구의 신뢰성과 타당성을 높이는 데 필수적이다.

6. 사회적 책임(Social Responsibility)

(1) **의미**

연구자가 사회적 문제 해결에 기여해야 한다는 책임을 의미한다.

(2) **쟁점**

연구가 사회적 변화를 촉진하고, 공공의 이익을 위해 사용되어야 한다는 주장과, 연구의 자유를 보장해야 한다는 주장이 대립한다.

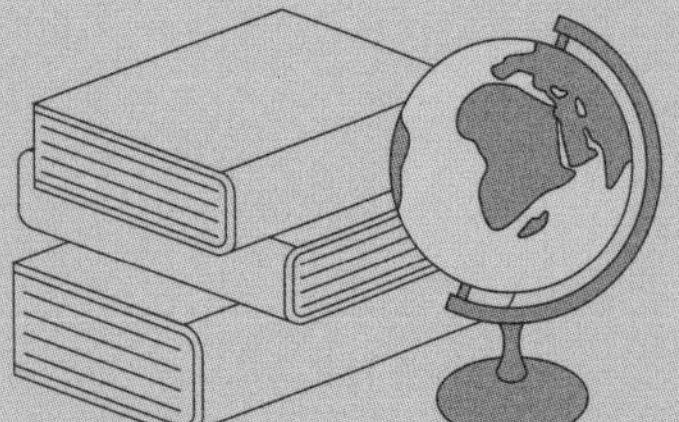

Part
03

개인과 사회

Chapter

01 사회적 상호작용

01 사회적 상호작용의 의미와 유형

1. 개요

① 사회적 상호작용은 어떻게 일어나는가?

② 상호작용으로 사회는 어떻게 조직 또는 구조화되어 있는가?

③ 사회적 상호작용의 다양한 유형과 중요성을 이해하면, 일상생활에서 더 나은 인간관계를 형성하고, 사회적 문제를 효과적으로 해결할 수 있다.

2. 사회적 상호작용의 의미와 특징

(1) 사회적 행위와 사회적 상호작용

① 사회적 행위(Social Action)의 의미

㉠ 의미

사회적 행위는 타인에게 직・간접적으로 영향을 미치고 의미를 지니는 행위를 의미한다. 행위는 단순한 신체의 움직임을 뜻하는 행동이 아니라 행위자의 의도나 의미를 중시하는 것이다. 이런 점에서 개인이 다른 사람들과의 관계 속에서 의미를 부여하며 수행하는 행동이다.

예 친구와 대화하기, 회의에서 의견 제시하기, 봉사 활동 참여하기

㉡ 특징: 사회적 행위는 개인의 의도와 목적에 따라 이루어지며, 다른 사람들의 반응을 고려한다.

예 베버의 분류: 목적 합리적 행위, 가치 합리적 행위, 전통적 행위, 감정적 행위

② 사회적 행위와 상호작용의 관계

㉠ 사회적 행위와 상호작용은 서로 밀접하게 연결된 개념이다. 사회적 행위는 개인이 사회적 맥락에서 수행하는 모든 행동을 의미하며, 이러한 행위가 모여 상호작용을 형성한다. 이를 통해 개인과 사회는 서로 영향을 주고받는다.

㉡ 사회적 상호작용(Social Interaction): 두 명 이상의 사람들이 서로 영향을 주고받는 과정

③ 사회적 상호작용의 의미

사회적 상호작용은 사람들이 서로 영향을 주고받는 모든 과정을 의미한다. 즉, 사회적 상호작용이란 사회적 행위를 서로 주고받는 작용과 반응을 의미한다. 이는 우리가 일상생활에서 다른 사람들과 어떻게 관계를 맺고, 소통하며, 협력하는지를 설명하는 중요한 개념이다.

예 협동, 경쟁, 갈등 등 다양한 형태로 나타난다.

⑵ 사회적 상호작용의 특징

① 지속적이고 순환적인 과정
상호작용은 지속적인 과정으로, 개인의 사회적 행위가 반복되고 축적되면서 형성된다.

② 의미 부여
사회적 행위는 상호작용을 통해 의미를 얻는다. 예를 들어, 친구와의 대화는 단순한 말의 교환이 아니라 서로의 생각과 감정을 나누는 중요한 상호작용이다.

③ 상징을 매체로 사용
인간의 상호작용은 상징을 매체로 일어난다. 따라서 상징의 의미를 해석할 수 있을 경우에만 어떤 질서 있는 유형으로 상호작용이 발생한다. 이 같은 의미 해석은 공유하고 있는 문화를 바탕으로 이뤄지며, 각 개인은 사회화를 통해서 해석능력을 가지게 된다.

④ 사회적 관계가 형성
사회적 상호작용이 일정 기간 동안 지속되면 어떤 형태로든 유형화된다. 이같이 사람들의 비교적 지속적인 유형화된 관계를 사회적 관계라고 한다. 사회 또는 사회조직은 무수한 사회적 관계들로 이루어져 있다.

예 법률관계, 경제적 관계, 정치적 관계 등

⑤ 사회적 규범 형성
상호작용을 통해 사회적 규범과 규칙이 형성된다. 예를 들어, 회의에서 의견을 제시하는 방식은 조직 내의 상호작용을 통해 규범화된다.

예 헌법, 민법, 학교 교칙, 종교 규범, 도덕 등

⑥ 개인과 사회의 발전
상호작용은 개인의 성장과 사회의 발전에 기여한다. 예를 들어, 협동을 통해 공동의 목표를 달성하고, 갈등을 통해 문제를 해결하며 사회가 발전한다.

3. 사회적 상호작용의 유형

⑴ 개요

사회적 상호작용의 유형으로는 교환, 협동, 갈등, 경쟁 등이 있다.

⑵ 교환

교환은 보상을 받을 목적으로 서로에게 행위하는 경우를 의미한다.

⑶ 협동

협동은 공통의 규칙 아래 집단의 공동목적이나 목표를 달성하기 위하여 함께 행동하는 것을 의미한다. 협동은 달성된 목표나 혜택이 고루 분배된다는 조건이 보장될 때에 잘 이루어지며 사회의 안정과 질서 유지에 필수이다.

(4) 경쟁

경쟁은 참여자 간에 공통의 경기규칙 아래 동일한 목표를 추구하면서 서로 다투는 것을 의미한다. 경쟁은 목표는 제한되어 있으나 그것을 달성하려는 사람이 많을 때 일어나며 지나친 경쟁은 비인간화를 초래할 수 있다.

(5) 갈등

갈등은 둘 이상의 행위자 또는 집단이 동일한 목표를 추구하면서 서로 싸우는 상호작용을 의미한다. 사람들이 추구하는 가치와 보상이 제한되어 있는 한 갈등은 불가피하다. 갈등의 순기능으로는 집단 간 갈등이 있는 경우 내부 결속과 유대 증대 기능, 문제 해결 노력 자극 기능이 있으며, 조정과 타협이 이뤄지는 경우 확고한 협동을 이끌어낸다. 하지만 당사자들의 불안감을 증가시키고 투쟁, 파괴, 폭력 사태 등을 초래한다.

02 사회적 상호작용에 대한 분석

(1) 사회적 상호작용은 상징을 매체로 하여 이뤄진다. ■ 미드의 상징적 상호작용론

(2) 어빙 고프먼의 연극적 접근

① 개요

어빙 고프먼(Erving Goffman)은 일상생활에서 사람들이 어떻게 서로 상호작용하고, 자신을 표현하며, 사회적 역할을 수행하는지를 설명한다. 고프먼은 이를 연극적 접근(dramaturgical approach)이라고 불렀다. 고프먼의 상호작용론은 우리가 일상생활에서 어떻게 행동하고, 다른 사람들과 상호작용하는지를 이해하는 데 큰 도움을 준다.

② 연극적 접근

㉠ 의미

고프먼은 사회적 상호작용을 연극에 비유했다. 사람들은 마치 배우처럼 무대 위에서 역할을 수행하며, 다른 사람들에게 특정한 인상을 주기 위해 노력한다.

예 직원이 프레젠테이션을 한다는 것은 자신이 준비된 모습을 보여주기 위해 노력하는 것

㉡ 무대 앞과 뒤(Front Stage and Back Stage)

- 무대 앞(Front Stage)은 사람들이 다른 사람들에게 보여주기 위해 행동하는 공개적인 공간이다. 여기서 사람들은 사회적 규범과 기대에 맞춰 행동한다.
- 무대 뒤(Back Stage)는 사람들이 편안하게 자신을 드러낼 수 있는 사적인 공간이다. 여기서는 사회적 역할을 내려놓고, 진정한 자신을 드러낼 수 있다.

예 식당에서 일하는 직원이 손님 앞에서는 친절하게 행동하지만, 휴게실에서는 편안하게 쉬는 모습이 무대 앞과 뒤의 차이를 보여준다.

㉢ 인상 관리(Impression Management)

사람들이 다른 사람들에게 특정한 인상을 주기 위해 자신의 행동을 조절하는 과정이다.

예 면접을 볼 때, 지원자는 자신이 능력 있고 신뢰할 수 있는 사람임을 보여주기 위해 옷차림과 말투를 신경 쓰는 것

㉣ 상징적 상호작용(Symbolic Interaction)

사람들은 상징을 통해 서로 소통하고, 관계를 형성하며, 이러한 상호작용을 통해 사회적 현실을 구성한다.

예 악수, 미소, 언어 등

(3) 가핑켈의 민속방법론(Ethnomethodology)

① 개요

㉠ 의미: 민속방법론은 사람들이 일상생활에서 사용하는 방법과 규칙을 연구하는 사회학 이론이다.

㉡ 공유하고 있는 이해

공유하고 있는 이해로 인해 일상생활에서 사회적 상호작용은 대체로 원만하게 일어난다.

㉢ 사회적 현실의 구성

가핑켈은 사람들이 일상생활에서 사용하는 방법과 규칙을 통해 사회적 현실을 구성한다고 보았다. 이는 사회가 고정된 구조가 아니라, 사람들이 끊임없이 만들어가는 과정임을 의미한다.

㉣ 일상생활의 이해

민속방법론은 일상생활의 세밀한 부분을 이해하고, 사람들이 어떻게 사회적 질서를 유지하는지에 대한 통찰을 제공한다. 가핑켈의 상호작용론을 이해하면, 일상생활에서 우리가 어떻게 사회적 질서를 만들어가고 유지하는지를 더 잘 알 수 있다.

㉤ 주요 분석대상

민속방법론은 사람들이 대화할 때 사용하는 암묵적인 규칙이나, 일상적인 행동에서 나타나는 패턴을 분석한다.

② 일상생활의 사회적 질서(Social Order in Everyday Life)

㉠ 의미

사람들이 일상생활에서 자연스럽게 따르는 규칙과 관습을 통해 사회적 질서를 유지하는 방법을 의미한다.

㉡ 예: 사람들이 줄을 설 때 자연스럽게 앞사람을 따라 서는 것, 대화 중에 서로 말을 끊지 않는 것

③ 브리칭 실험(Breaching Experiments)

㉠ 의미: 일상적인 사회적 규칙을 의도적으로 깨뜨려 사람들이 어떻게 반응하는지 관찰하는 실험이다.

㉡ 예

가핑켈은 학생들에게 집에 가서 가족들에게 하숙생처럼 행동하라고 지시했다. 이 실험을 통해 가족들이 당황하고 화를 내는 반응을 관찰했다.

④ 대화 분석(Conversation Analysis)

㉠ 의미: 사람들이 대화에서 사용하는 언어와 상호작용의 구조를 분석하는 방법이다.

㉡ 예

전화 통화에서 사람들이 처음 몇 초 동안 주고받는 인사말이나, 법정에서 판사와 변호사 간의 대화 패턴을 분석한다.

Chapter 02 사회구조와 사회제도

01 사회구조

1. 사회구조의 특성

(1) 사회구조의 의미

① 사회구조(social structure)라는 말은 그러한 부분들이 또는 사회의 구성요소들이 상호의존 또는 상호관련되어 있는 양상을 말한다. 사회구조는 사회를 구성하는 다양한 요소들이 어떻게 조직되고 상호작용하는지를 설명하는 개념이다. 쉽게 말해, 사회구조는 사회가 어떻게 짜여 있는지를 나타낸다. 이를 통해 우리는 사회가 어떻게 작동하고, 사람들이 어떻게 서로 관계를 맺는지를 이해할 수 있다.

② 사회체계
사회체계는 상호 의존적이고 상호작용하는 부분들로 구성된 전체를 의미한다. 사회체계는 사회적 환경 안에 존재하는 다양한 형태의 인간 공동체에 적용할 수 있는 사회조직의 모형이다. 사회체계의 주요 요소는 구성 요소들 간의 상호작용과 관계, 피드백 메커니즘 등이 포함된다.

③ 사회구조와 사회체계
사회구조는 사회의 안정성과 규범, 역할에 초점을 맞춘다. 한편 사회체계는 구성 요소들 간의 상호작용과 피드백 메커니즘에 초점을 맞춘다.

(2) 사회구조의 중요한 구성요소

사회적 관계, 사회적 규범, 사회제도

2. 사회적 관계

(1) 의미

사회적 관계는 2인 이상이 서로 상호작용하고 연결되는 방식을 의미한다. 이는 개인의 삶과 사회 전체에 중요한 영향을 미친다. 이러한 관계는 자발적이거나 비자발적일 수 있으며, 다양한 형태로 나타난다.

(2) 사회적 관계의 유형

법률관계, 경제적 관계, 정치적 관계, 가족관계, 친구관계, 직장관계, 이웃관계

(3) 사회적 관계, 지위, 역할(행동) 간의 관계

① 사회적 관계의 영향: 사회적 관계는 사회적 지위, 역할, 역할 행동 등에 영향을 미친다.

② 지위와 역할의 관계: 사회적 지위는 개인이 수행해야 할 역할을 규정한다. 예 채무자의 역할

③ 역할과 사회적 관계의 관계: 역할은 사회적 관계 속에서 수행된다.

④ 관계와 지위의 관계: 사회적 관계는 개인의 지위를 강화하거나 변화시킬 수 있다. 예 직업 변화, 승진

3. 사회적 지위와 역할

(1) 사회적 지위(Social Status)

① 의미: 사회적 지위는 개인이 사회적 관계 속에서 차지하는 위치를 말한다.

② 유형

㉠ 귀속 지위(Ascribed Status)
귀속지위는 개인의 의지와 관계없이 태어날 때부터 주어지는 지위다. 예를 들어, 성별, 인종, 출생 순서 등이 이에 해당한다.

㉡ 성취 지위(Achieved Status)
성취 지위는 개인의 노력이나 성취에 따라 얻는 지위다. 예를 들어, 직업, 학력, 사회적 지위 등이 이에 해당한다.

(2) 사회적 역할(Social Role)

① 의미: 사회적 역할은 특정 지위에 따라 사회적으로 기대되는 행동 양식과 책임을 의미한다.
예 정부의 역할, 국민의 역할, 시민의 역할, 교사의 역할

② 역할 행동(Role Behavior)

㉠ 역할 행동은 개인이 실제로 수행하는 구체적인 행동을 말한다.

㉡ 특징
같은 지위라도 개인의 특성이나 상황에 따라 역할 행동이 다를 수 있다. 예를 들어, 정부의 역할은 국민을 보호하는 것이고, 국민의 역할은 주권자로서 행동하는 것이다.

(3) 역할 갈등(Role Conflict)

① 의미
역할 갈등은 한 사람이 여러 가지 역할을 동시에 수행할 수 없어 발생하는 갈등을 의미한다.
역할 갈등의 유형으로는 역할 모순, 역할 긴장이 있다.

② 역할 모순(Role Strain)
역할 모순은 한 사람이 "두 가지 이상의 지위"에서 서로 다른 역할이 동시에 요구될 때 나타나는 역할 갈등이다. 예 교사의 지위와 아버지의 지위

③ 역할 긴장(Role Tension)
역할 긴장은 "하나의 지위"에서 서로 다른 역할 수행이 요구될 때 나타나는 역할 갈등을 말한다.
예 교사의 수업준비와 행정업무

4. 사회적 규범

(1) 개요

사회적 규범은 사람들이 사회에서 어떻게 행동해야 하는지에 대한 규칙이나 기대를 의미한다. 이는 사회의 질서를 유지하고, 사람들이 서로 조화롭게 살아갈 수 있도록 도와준다.
대표적인 사회적 규범으로는 도덕, 관습, 법규 등이 있다.

(2) 사회적 규범의 의미

사회적 규범은 사회에서 사람들이 따라야 하는 행동 기준이나 규칙을 말한다. 사회적 규범의 목적은 사회적 질서를 유지하고, 사람들이 서로 조화롭게 살아갈 수 있도록 돕는다.

(3) 사회적 규범의 중요성

① 사회 질서 유지: 사회적 규범은 사람들이 예측 가능한 방식으로 행동하게 하여 사회 질서를 유지한다.

② 사회적 통합: 규범을 통해 사람들이 공통의 가치와 기대를 공유하게 되어 사회적 통합이 이루어진다.

③ 행동 지침 제공
규범은 사람들이 어떻게 행동해야 할지에 대한 지침을 제공하여, 혼란을 줄이고 안정감을 준다.

(4) 사회적 규범의 유형

① 도덕 규범(Moral Norms): 도덕은 사람들이 옳고 그름을 판단하는 기준이다.
예 거짓말을 하지 말라, 어려운 이웃을 도와라, 착한 사마리아인

② 관습(Customs): 관습은 오랜 시간 동안 사회에서 반복되어 온 행동양식이다.
예 명절에 가족과 함께 모여 차례를 지내는 것

③ 법률 규범(Legal Norms): 법률은 국가나 사회가 정한 법률로, 이를 어기면 처벌을 받는다.
예 교통 법규, 형사 범죄

(5) 사회적 규범의 변화

사회적 규범은 문화와 시대에 따라 변화할 수 있다. 예를 들어, 과거에는 엄격하게 지켜졌던 규범이 현대에는 완화되거나 사라질 수 있다.

5. 사회집단 및 제도

(1) 사회집단

동류의식 또는 소속감을 가지고 공유하고 있는 기대를 바탕으로 지속적으로 상호작용하는 사람들의 모임을 말한다. 개인과 집단의 관계는 개인의 자율성과 집단이나 조직의 목표가 대립하기도 하며 집단의 목적이나 규모에 의해 달라질 수 있다.

(2) 사회제도

① 의미
사회성원들이 중요한 사회적 욕구를 충족시키기 위해서 마련해 놓은 여러 규범과 행위의 유형을 사회제도라고 한다. 이 같은 관점에서 발전된 주요 제도로 가족제도, 교육제도, 종교제도, 정치제도, 경제제도 등이 있다.

② 사회제도 특징
사회제도의 특징은 첫째, 보수적이다. 둘째, 제도들은 서로 밀접한 관계를 맺고 있다. 셋째, 제도의 변화는 다른 제도의 변화와 동반하여 일어나는 경향이 있다.

(3) 보상과 제재

집단이 유지되기 위해서는 그 집단에 소속된 개인들의 행위에 대한 보상과 제재라는 규제가 필수적이다. 보상은 긍정적 규제로 어떤 행위에 대한 대가로 상을 수여하는 것을 말한다. 반대로 제재란 부정적 규제로 다양한 형태의 벌을 가하는 것을 의미한다. 보상이나 제재는 다양한 비공식적·공식적 형태가 있다.

02 사회제도

1. 사회제도의 의의

(1) 사회제도의 의미

사회학에서 사회제도는 사람들이 사회에서 어떻게 행동하고 상호작용하는지를 규정하는 규칙과 구조를 의미한다. 사회제도는 여러 가지 중요한 기능을 수행하며, 사회의 안정성과 질서를 유지하는 데 기여한다. 사회제도는 오랜 시간에 걸쳐서 사회적으로 확립된 것으로 비교적 안정되고 보편적으로 용인된 지위, 역할, 절차들의 조직적 체계를 의미한다. 따라서 제도는 사회성원들이 집단생활을 유지하기 위해 고안해 낸 질서의 형식이며, 성원들의 행동양식을 통해 실천되도록 상벌 기제를 동반하는 문화의 형식이라고 할 수 있다. 사회제도는 인간의 욕구를 충족시키기 위한 수단이며, 인간은 사회제도를 통해서 인간다운 삶을 영위할 수 있다.

(2) 사회제도화 과정

① 의미
사회제도화는 특정 행동, 관행, 규범이 사회의 구조와 규칙으로 자리 잡는 과정을 의미한다. 이 과정은 여러 단계를 거쳐 진행되며, 각 단계마다 중요한 변화가 일어난다.

② 사회제도화의 주요 단계
㉠ 등장 및 채택
새로운 행동이나 관행이 소규모 그룹에 의해 도입되고 채택되는 단계다. 이 단계에서는 이러한 행동이 비공식적으로 이루어지며, 널리 인식되지 않을 수 있다.

ⓛ 확산

새로운 행동이나 관행이 더 넓은 사회로 퍼져나가고, 더 많은 사람들이 이를 채택하는 단계이다. 이 단계에서는 행동이 점차 표준으로 자리잡기 시작한다.

ⓒ 공식화

행동이나 관행이 공식적인 규칙, 규정, 또는 법률로 성문화되는 단계다. 이 단계에서는 비공식적인 규범이 확립된 제도로 전환된다.

ⓔ 내재화

행동이나 관행이 사회구조에 깊이 자리잡아 개인과 집단의 행동을 형성하는 단계다. 이 단계에서는 해당 제도가 널리 받아들여지고 당연한 것으로 여겨질 수 있다.

③ 제도화의 의의

제도화 과정은 사회의 안정성과 예측 가능성을 제공하며, 사회적 통제와 순응을 촉진한다. 또한, 사회화 과정을 통해 개인의 정체성과 세계관을 형성하는 데 중요한 역할을 한다.

④ 제도화로 인한 부정적 영향: 시대적 변화에 대한 적응적 발전에 장애요소로 작용하기도 한다.

예 개헌, 법률개정, 정당개혁

(3) 사회제도의 특징

① 안정성

사회제도는 한 번 형성되면 오랜 기간 동안 지속된다. 이는 사회 구성원들이 예측 가능한 환경에서 생활할 수 있도록 도와준다.

② 구속성

사회제도는 사회 구성원의 행동과 사고를 규제한다. 이는 사회적 규범과 규칙을 통해 이루어지며, 구성원들이 이를 따르도록 한다.

③ 보편성

모든 사회에는 다양한 형태의 사회제도가 존재한다. 예를 들어, 가족제도, 교육제도, 경제제도 등이 있으며, 이는 사회마다 다르게 나타날 수 있다.

④ 특수성

사회제도는 각 사회의 문화적, 역사적 배경에 따라 다르게 나타난다. 예를 들어, 각국의 민주주의 형태나 정부형태가 다르다.

⑤ 영향력(상호관련성과 의존성) ■ 파슨스의 AGIL 모형

사회제도는 개인의 삶뿐만 아니라 사회 전체에 광범위한 영향을 미친다. 이는 개인의 행동을 규제하고, 사회적 통합을 촉진하며, 자원의 배분 방식을 결정한다.

2. 사회제도의 기능(역할)

(1) 개요

사회제도는 사회의 안정성과 질서를 유지하는 데 중요한 역할을 한다. 사회제도의 특징들은 사회제도가 사회의 기능과 질서를 유지하는 데 필수적임을 보여준다.

(2) 사회제도의 기능

① 개인적 차원: 기본적 욕구 충족

㉠ 기본적 욕구: 의식주, 건강, 편안한 생활, 안전, 성 문제

㉡ 사회적 욕구: 사회적 활동, 소속감, 자아 완성 등

② 사회적 차원: 공동체의 유지와 통합

㉠ 유지: 성원의 충원, 물질의 재생산과 분배, 구성원의 역할 및 기능 습득, 규범

㉡ 통합: 정신적 통합(문화적응) 및 물질적 통합(재화의 생산 및 분배)

③ 명시적 기능과 잠재적 기능

㉠ 명시적 기능
그 제도가 처음에 의도했던 기능을 말하며, 명시적 기능, 또는 현재적 기능이라고도 한다.

㉡ 잠재적 기능
처음에 의도했던 것과는 관계없이 전혀 예기치 못한 뜻밖의 결과가 나타나는 것을 말한다.

④ 순기능과 역기능
사회의 유지와 존속에 기여하는 기능을 순기능이라 하고, 방해가 되는 기능을 역기능이라 한다.

3. 주요 사회제도들

(1) 사회제도 상호 간 관계: 상호작용과 상호의존관계를 유지(제도의 그물망)

사회제도들은 서로 긴밀하게 연결되어 있으며, 사회의 안정성과 발전에 중요한 역할을 한다. 종교와 정치, 교육, 경제제도들이 가족으로부터 분화되었지만, 아직도 종교의식이 가정생활 관행에 커다란 영향을 주고, 교육은 가정과 학교에서 상호 보완적으로 이루어지며, 소비 습관과 가치관은 가족의 영향을 받는다. 특히 기존의 정치제도는 교육제도에 의해서 강화되며, 현대사회에서조차도 많은 나라에서 종교가 정치에서 차지하는 비중이 크다. 이와 같이 사회제도들은 사회 체계 내에서 서로 연결되어 상호 협동 · 의존하고, 갈등하는 과정에서 분화되고 통합되며 변동해 간다.

예 비상계엄으로 주식시총 150조 손실, 환율, 수출, 외교 등에 영향

예 동성혼 인정과 관련해서 종교, 정치, 문화 제도 등과의 연관성

(2) 가족제도

가족은 사회의 기본 단위로, 자녀 양육, 사회화, 정서적 지원 등을 담당한다. 가족 구조와 역할은 문화와 시대에 따라 다를 수 있지만, 기본적으로 가족은 개인의 사회적 정체성을 형성하는 중요한 역할을 한다.

(3) 교육제도

교육은 지식과 기술을 전달하고, 사회적 규범과 가치를 가르치는 역할을 한다. 학교와 대학은 공식적인 교육 기관으로, 개인이 사회에서 성공적으로 살아갈 수 있도록 준비시킨다.

(4) 경제제도

경제제도는 자원의 생산, 분배, 소비를 관리하는 시스템이다. 시장, 기업, 은행 등이 경제제도의 일부로, 이들은 재화와 서비스의 흐름을 조절하고 경제적 안정성을 유지한다.

(5) 정치제도

정치제도는 권력과 권위의 분배를 관리하는 시스템이다. 정부, 법원, 의회 등이 정치제도의 일부로, 이들은 법과 질서를 유지하고 사회적 갈등을 해결한다.

(6) 종교제도

종교제도의 종교는 신앙과 의식을 통해 사람들에게 의미와 목적을 제공한다. 종교 기관은 도덕적 지침을 제공하고, 공동체의 결속을 강화하는 역할을 한다.

Chapter 03 사회집단

01 사회의 탄생

1. 사회란 무엇인가?

(1) 사회라는 말의 탄생

독일어 Gesellschaft에서 출발한 '사회'는 근대적 역사현상이다. 근대적 역사현상이란 공동체적 질서로부터 결사체적 질서로의 이행이라고 파악할 수 있다.

(2) 2차적 결사체로서의 사회

2차적 결사체로서의 사회는 낯선 사람들이 공통의 관심과 이익을 추구하기 위해 상호작용하는 것으로 혈연 및 지연에 기반한 공동체적 인간관계 및 조직 구성원리인 Gemeinschaft와는 구분된다.

■ 퇴니스(공동체와 결사체), 쿨리(1차 집단과 2차 집단)

(3) 오늘날 사회개념의 확장

오늘날 사회라는 용어는 다양한 수준의 집단생활을 가리키는 의미로 사용되고 있지만 사회라는 개념의 핵심은 개인들 간의 상호관계와 상호작용의 총합이라는 점이다.

2. 사회를 보는 관점

(1) 사회실재론

① 의미
사회는 개개인들의 외부에서 개인들의 사고와 행위를 구속하는 개인들로 환원할 수 없는 고유한 성격을 지니고 있는 것이다. 따라서 사회는 현실적으로 견고하게 존재하는 것이고 인간은 그 그림자에 지나지 않는다고 보는 입장이다.

② 관련 입장: 거시적 관점
콩트, 막스, 뒤르켐 등과 같은 대부분의 고전사회학자들과 파슨스, 머튼(구조기능주의) 등이다. 정치사상적으로는 전체주의가 대표적이다.

③ 비판
인간의 타율성과 수동성을 강조하는 사회실재론은 일종의 허무의식을 조장하기 쉽고 현 체제의 지배세력을 용이하게 해주기 때문에 보수적 공헌을 할 수도 있다.

(2) 사회명목론

① 의미

사회란 궁극적으로 개인들의 성질에서 유래하는 것으로서 개인들의 속성으로 환원할 수 있다는 주장이다. 따라서 사회를 구성하고 있는 실재는 개개인이라고 보는 입장이다.

이 주장에 따르면 개인을 떠난 사회란 존재할 수 없다. 그러므로 개개인의 특징과 별개의 집단적 특징은 존재하지는 않는다고 본다.

② 관련 입장: 미시적 관점

이와 같은 입장을 취한 고전사회학자들은 베버, 쿨리, 미드, 짐멜 등이 있다. 이후 블루머, 버거, 가핑켈 등의 상징적 상호작용론이나 현상학적 사회학, 민속방법론 등으로 계승·발전하였다.

③ 비판

개인에 치중한 나머지 구조개혁의 무용을 은근히 시사하는 일종의 체제옹호적 성격으로 인한 보수적 기능을 담당할 수 있다.

02 사회집단

1. 사회집단의 의의

(1) 사회집단의 의미

사회는 다양한 수준의 결사체를 아우르는 것으로 가족, 이웃, 직장, 지역, 국가, 세계 등과 같은 것 모두가 사회라고 할 수 있다. 사회학에서 사회집단은 공통의 목적이나 관심사를 가진 두 명 이상의 사람들이 모인 집합체를 의미한다. 집단은 여럿 가운데 하나를 이루는 무리를 말하는 것으로 내부 구성원들 사이의 지속적인 상호작용을 내포하고 집단을 유지하기 위한 고유한 관행, 규범, 규칙, 문화 등이 있다. 이런 점에서 특정한 장소에 모인 무관심한 개인의 총체를 의미하는 군집과 구별된다. 사회집단은 여러 가지 특성을 가지고 있으며, 이는 집단의 유형과 목적에 따라 다르게 나타날 수 있다. 다음은 사회집단의 주요 특성이다.

(2) 사회집단의 특성

① 공통 목표

사회집단은 구성원들이 공유하는 공통의 목표나 관심사를 가지고 있다. 이러한 목표는 집단의 결속력을 강화하고, 구성원들이 협력하도록 한다.

② 상호작용

사회집단의 구성원들은 서로 상호작용하며, 이러한 상호작용을 통해 집단의 규범과 가치를 형성한다. 상호작용은 집단의 결속력을 높이고, 구성원 간의 유대감을 강화한다.

③ 정체성

사회집단의 구성원들은 집단에 대한 소속감을 느끼며, 집단의 정체성을 공유한다. 이는 집단의 규범과 가치를 내면화하는 데 중요한 역할을 한다.

④ 규범과 규칙

사회집단은 구성원들이 따라야 할 규범과 규칙을 가지고 있다. 이러한 규범과 규칙은 집단의 질서를 유지하고, 구성원들의 행동을 조절한다.

⑤ 구조

사회집단은 특정한 구조를 가지고 있으며, 이는 집단의 목적과 활동에 따라 다르게 나타날 수 있다. 예를 들어, 가족은 혈연을 기반으로 한 구조를 가지고 있으며, 회사는 직급과 역할에 따른 구조를 가지고 있다.

(3) 사회집단의 기능

사회집단의 기능은 개인에게 소속감 부여, 사회적 관계의 형성 단위, 자아실현과 생계유지, 사회적 욕구의 충족 등이다.

(4) 사회집단의 유형

① 구성원들의 결합 의지(집단을 결합하는 의지)에 따른 분류: 공동체와 결사체(퇴니스)

② 구성원 간의 상호작용(접촉방식)에 따른 분류: 1차 집단과 2차 집단(쿨리)

③ 1.5차 집단 / 비공식조직

④ 3차 집단

⑤ 소속감과 정체성에 따른 집단의 유형: 내집단과 외집단, 준거집단

2. 공동체와 결사체(퇴니스): 구성원들의 결합 의지(집단을 결합하는 의지)에 따른 분류

(1) 공동체(공동사회, Gemeinschaft)의 의미 및 특징

공동체는 본질 의지(자연적 의지, Wesenwille)에 의해 형성된 집단이다. 본질 의지는 인간의 자연적이고 본능적인 욕구에 기반한 의지로, 감정적이고 전인격적인 관계를 중시한다. 공동체는 자연스럽게 형성되며, 구성원 간의 관계가 깊고 지속적이다. 예 가족, 친족, 전통적인 마을 공동체 등

(2) 결사체(이익사회, Gesellschaft)의 의미 및 특징

결사체는 선택 의지(합리적 의지, Kürwille)에 의해 형성된 집단이다. 이는 특정 목적을 달성하기 위해 합리적이고 계산적인 의지로 결합된 집단을 의미한다. 결사체는 인위적으로 형성되며, 구성원 간의 관계가 수단적이고 일시적이다. 예 회사, 시민 단체, 동호회 등

구분	공동체(Gemeinschaft, 공동사회)	결사체(Gesellschaft, 이익사회)
개념과 예	자연적 의지에 입각하여 이루어진 집단이나 조직 예 가족, 이웃, 또래집단	합리적 의지에 입각한 선택을 통해 생겨난 집단이나 조직 예 학교, 회사, 정당
지배적 사회관계	교우, 친족, 근린관계	교환, 합리적 관계
중심제도	가족법, 확대친족 집단	국가, 자본주의 경제
부의 형태	토지	화폐
사회통제(규범)형태	민습, 원규, 종교	협약, 법, 여론

3. 1차 집단과 2차 집단(쿨리): 구성원 간의 상호작용(접촉방식)에 따른 분류

(1) **1차 집단**(Primary Group)

① 의미

1차 집단은 구성원 간의 친밀한 관계와 대면 접촉을 기반으로 하는 집단이다. 이러한 집단은 전인격적인 관계를 형성하며, 구성원들이 서로 깊이 연결되어 있다. 이 집단은 개인의 정체성과 사회화 과정에서 중요한 역할을 한다. 예 가족, 친구 그룹, 놀이 집단 등

② 특징

㉠ 친밀한 관계: 구성원 간의 관계가 깊고, 정서적 유대감이 강하다.

㉡ 대면 접촉: 구성원들이 자주 만나고 직접 상호작용한다.

㉢ 전인격적 관계: 구성원들이 서로의 전인격을 이해하고 존중한다.

㉣ 지속성: 관계가 오랜 기간 지속되며, 구성원 간의 유대가 강하다.

(2) **2차 집단**(Secondary Group)

① 의미

2차 집단은 특정 목적을 달성하기 위해 형성된 집단으로, 구성원 간의 관계가 형식적이고 목적 지향적인 집단이다. 이 집단은 구성원 간의 간접 접촉과 목적 지향적인 관계를 기반으로 한다. 이러한 집단은 주로 특정 목표를 달성하기 위해 형성되며, 관계가 일시적이고 수단적이다. 2차 집단은 사회의 복잡성과 전문화가 증가함에 따라 더욱 중요해진다.

예 회사, 시민 단체, 동호회 등

② 특징

㉠ 목적 지향적 관계: 구성원들이 특정 목표를 달성하기 위해 모인다.

㉡ 간접 접촉: 대면 접촉보다는 간접적이고 형식적인 상호작용이 주를 이룬다.

㉢ 수단적 관계: 관계가 주로 목적 달성을 위한 수단으로 형성된다.

㉣ 일시성: 목적이 달성되면 집단이 해체되거나 구성원 간의 관계가 약해질 수 있다.

구분	1차 집단(전통사회)	2차 집단(현대사회)
개념과 예	구성원 간의 대면 접촉과 친밀감을 바탕으로 결합된 집단으로 개인의 사회적 본성, 자아정체성 형성에 근본적 역할을 한다. 예 가족, 이웃, 놀이집단 등	구성원 간의 간접적인 접촉과 수단적 만남을 바탕으로 결합된 집단 예 학교, 회사, 정당 등, 관료제
규모	대체로 소규모 집단	1차 집단에 비해 대체로 규모가 큼
특징	대면적, 친밀한 대면적 공동생활과 협동	수단적 · 형식적
인간관계	전체적 · 전인격적인 인간 관계	부분적 · 몰인격적 관계

4. 1.5차 집단/비공식조직

(1) 의미

1.5차 집단은 2차 집단으로 시작했지만 시간이 지나면서 1차 집단의 성격을 강하게 띠게 되는 집단을 의미한다. 관료제와 같은 공식조직 내에서 친밀감, 공통의 취미 등을 중심으로 생겨난 자연발생적 조직과 비공식조직을 1.5차 집단이라고 한다. 이 개념은 1차 집단과 2차 집단의 특성을 모두 포함하는 집단을 설명하는 데 유용하다. 이러한 1.5차 집단은 사회적 유대와 협력의 중요성을 보여주는 좋은 예이다.

예 회사의 프로젝트 팀, 학습을 위한 스터디 그룹, 직장 내 동호회

(2) 특징

① 초기 특징
처음에는 2차 집단의 특성을 가진다. 즉, 구성원 간의 관계가 주로 목적 지향적이고 형식적이다. 예를 들어, 회사의 프로젝트 팀이나 학습을 위한 스터디 그룹이 이에 해당할 수 있다.

② 변화 과정
시간이 지나면서 구성원 간의 상호작용이 빈번해지고, 개인적인 유대가 형성된다. 이로 인해 집단 내에서 친밀감과 정서적 유대가 강화된다.

③ 최종 특성
결과적으로 1차 집단의 특성을 띠게 된다. 구성원 간의 관계가 전인격적이고 친밀해지며, 집단의 목적을 넘어서 개인적인 관계가 중요해진다.

(3) 순기능

기능적인 측면에서 볼 때 1.5차 집단은 구성원들에게 정서적 안정감과 만족감 부여, 삶의 활력 부여, 정보 교환, 사기를 높여 과업의 능률과 조직의 효율성을 높여준다.

(4) 역기능

파벌 조성(과도한 경우 비공식조직끼리의 경쟁과 대립 발생), 지나친 개인적 친밀감으로 조직의 공식적 절차나 규칙을 깨뜨리는 등 역기능을 하기도 한다.

5. 3차 집단

(1) 의미

3차 집단은 컴퓨터를 매개로 한 의사소통을 통해 전인격적인 접촉을 하는 집단을 의미한다. 즉 3차 집단은 주로 컴퓨터나 인터넷을 통해 상호작용하는 집단을 의미한다. 이는 전통적인 1차 집단과 2차 집단의 특성을 모두 포함하면서도, 디지털 기술을 활용한 새로운 형태의 집단이다. 3차 집단은 현대사회에서 디지털 기술의 발전과 함께 중요한 사회적 역할을 하고 있다.

예 온라인 커뮤니티, 소셜 미디어 그룹(페이스북 그룹, 트위터 해시태그 모임 등), 포럼

(2) 특징

① 디지털 상호작용
3차 집단은 주로 온라인 플랫폼을 통해 상호작용한다. 이는 물리적 거리에 구애받지 않고 전 세계 어디서나 참여할 수 있게 한다.

② 전인격적 상호작용
디지털 환경에서 이루어지지만, 구성원 간의 상호작용은 전인격적이고 친밀할 수 있다. 예를 들어, 온라인 커뮤니티나 소셜 미디어 그룹에서 깊은 유대감을 형성할 수 있다.

③ 다양한 목적
3차 집단은 다양한 목적을 가질 수 있다. 예를 들어, 취미 공유, 정보 교환, 사회적 지지 등을 위해 형성될 수 있다.

④ 유연성
3차 집단은 구성원들이 자유롭게 참여하고 탈퇴할 수 있는 유연성을 가지고 있다. 이는 전통적인 집단보다 더 개방적이고 접근성이 높다.

6. 내집단과 외집단 : 소속감과 정체성에 따른 집단의 유형

(1) 의미

① 집단은 개인의 정체성과 유대에 영향을 줌
내집단과 외집단은 개인이 자신을 어떻게 인식하고, 다른 사람들과의 관계를 어떻게 형성하는지를 이해하는 데 도움이 된다.

② 소속감
내집단은 자신이 소속된 집단이며 외집단은 자신이 소속되지 않은 집단을 의미한다. 여기서 중요한 점은 특정 집단에 소속된 구성원 간 일정한 특성을 공유하며 이를 통해 소속감을 가지게 된다는 것이다. 그래서 집단 성원들끼리는 우리라는 동질감을 가지게 되어 내집단은 '우리 집단'이라고도 한다. 반대로 외집단은 '그들 집단'이라고 한다.

③ 결속력

내집단과 외집단의 구분은 한편으로는 동일한 집단에 소속된 성원들 사이에서 결속력을 강화시키지만, 다른 한편으로는 집단이기주의적인 성격을 형성시킬 수 있다. 예를 들면 국수주의, 인종차별주의, 지역주의 등이 바로 이런 경우에 해당한다.

(2) 내집단(In-group)

① 의미: 내집단은 개인이 자신을 소속된다고 느끼는 집단이다.

예 가족, 친구 그룹, 학교 동아리, 스포츠 팀 등

② 특징

㉠ 소속감: 내집단에 속하면 소속감을 느끼고, 그 집단의 일원으로서 정체성을 형성한다.

㉡ 긍정적 감정: 내집단에 속하면 편안함과 안정감을 느끼며, 긍정적인 감정을 갖게 된다.

(3) 외집단(Out-group)

① 의미: 외집단은 개인이 자신을 소속되지 않는다고 느끼는 집단이다.

예 다른 학교의 학생들, 경쟁 회사, 다른 종교나 문화를 가진 사람들 등

② 특징

㉠ 이질감: 외집단에 대해 이질감을 느끼고, 때로는 거부감이나 적대감을 가질 수 있다.

㉡ 부정적 감정

외집단에 대해 부정적인 감정을 가질 수 있으며, 경쟁이나 대립의 감정을 유발할 수 있다.

㉢ 정체성: 내집단은 개인의 정체성과 일치하지만, 외집단은 그렇지 않다.

㉣ 감정: 내집단은 긍정적인 감정을, 외집단은 부정적인 감정을 유발할 수 있다.

7. 머튼(Robert K. Merton)의 준거집단 이론

(1) 준거집단의 개요

준거집단은 개인이 자신의 행동이나 태도를 결정할 때 기준으로 삼는 집단을 말한다. 쉽게 말해, 어떤 집단의 가치나 규범을 참고하여 자신의 행동을 조정하는 것이다. 준거집단은 사회적 비교와 관련이 있으며, 개인이 자신을 다른 사람들과 비교하면서 자신의 위치를 이해하고 행동을 조정하는 과정을 설명하는 중요개념이다.

(2) 준거집단의 의미와 역할

① 의미: 준거집단은 개인이 자신의 행동, 태도, 가치 등을 평가할 때 기준으로 삼는 집단이다.

② 역할

준거집단은 개인의 생각, 감정, 행동 등에 사회적 기준을 제공하고, 그 기준에 따라 자신의 행동을 조정하게 한다.

(3) 준거집단의 특징

① 기준 제공

준거집단은 개인이 어떻게 행동해야 할지, 어떤 가치를 가져야 할지에 대한 기준을 제공한다.

② 영향력

준거집단은 개인의 의사결정에 큰 영향을 미친다. 예를 들어, 친구 그룹이 준거집단이라면 그들의 의견이나 행동을 따라 하려는 경향이 있다.

(4) 소속집단과 준거집단의 관계

① 일치할 때

개인의 소속집단과 준거집단이 동일할 경우, 개인은 그 집단에 대해 높은 만족감을 느끼고, 집단의 규범과 가치를 적극적으로 따르게 된다.

② 불일치할 때

소속집단과 준거집단이 다를 경우, 개인은 소속집단에 대해 불만을 느끼거나 상대적 박탈감을 경험할 수 있다. 이 경우, 개인은 준거집단의 규범을 따르려고 노력하면서 소속집단과의 갈등을 겪을 수 있다.

(5) 준거집단의 유형

① 표준준거집단과 비교준거집단(머튼)

㉠ 표준준거집단(Normative Reference Group)

표준준거집단은 개인이 자신의 행동과 태도를 결정할 때 기준으로 삼는 집단이다. 표준준거집단의 기능은 개인에게 행동의 규범과 기준을 제공한다. 개인은 이 집단의 규범을 따르려고 노력한다.

예 종교 단체, 직장 내 규범을 따르는 동료 그룹 등이 있다. 예를 들어, 특정 종교 단체의 규범을 따르는 사람은 그 단체를 표준준거집단으로 삼는다.

㉡ 비교준거집단(Comparative Reference Group)

비교준거집단은 개인이 자신의 성취나 지위를 평가할 때 비교 대상으로 삼는 집단이다. 비교준거집단의 기능은 개인이 자신의 위치를 평가하고, 만족도나 불만족을 느끼게 한다. 개인은 이 집단과 자신을 비교하여 자신의 성취를 판단한다.

예 동료 학생들, 경쟁 회사의 직원들 등이 있다. 예를 들어, 학생이 자신의 성적을 다른 학생들과 비교할 때, 그 다른 학생들이 비교준거집단이 된다.

② 긍정적 준거집단과 부정적 준거집단

㉠ 긍정적 준거집단(Positive Reference Group)

긍정적 준거집단은 개인이 동경하거나 본받고 싶어 하는 집단이다. 긍정적 준거집단은 그 집단에 대한 '우리 집단'의 동일감을 갖고 그곳에서 정체감을 느끼도록 하여 자신의 판단과 행동의 기준을 정하는 데 긍정적인 기준으로 작용하는 집단을 의미한다. 예를 들어, 성공한 기업가 그룹이나 존경하는 선생님 그룹이 이에 해당한다.

ⓛ 부정적 준거집단(Negative Reference Group)

부정적 준거집단은 개인이 피하고 싶어하거나 반대하는 집단이다. 부정적 준거집단은 그 집단에 대한 충성심을 잃고 그 집단을 배척, 거부, 의심함으로써 오히려 사람들이 그 성원들과 다르게 행동하도록 영향을 주고, 표준을 제공해주는 집단이다. 예를 들어, 비행 청소년 그룹이나 범죄 조직이 이에 해당한다.

③ 회원집단과 비회원집단 : 집단의 구성원으로 포함될 수 있느냐 여부

㉠ 회원집단(Membership Group)

회원집단은 개인이 실제로 소속된 집단이다. 회원집단의 특징은 개인이 일상적으로 상호작용하는 집단으로, 행동과 태도에 직접적인 영향을 미친다는 것이다(직접적 영향).

예 1차 집단과 2차 집단, 비공식집단과 공식집단, 가족, 친구 그룹, 학교 동아리, 직장 동료 등

ⓛ 비회원집단(Non-membership Group)

비회원집단은 개인이 소속되지 않았지만 영향을 받는 집단이다. 비회원집단은 개인이 소속되지 않았지만, 그 집단의 가치나 규범을 참고하여 자신의 행동을 조정한다(간접적 영향).

예 열망집단(기대열망집단, 상징적 열망집단, 회피집단), 연예인이나 스포츠 스타가 속한 집단, 특정 사회적 그룹, 이상적인 직업 그룹 등

Chapter 04 사회조직

01 사회조직의 개념적 특성

1. 사회조직의 의미

사회조직이란 사회집단 중에서 특히 특정한 목적을 달성하기 위하여 공식적인 규범과 절차를 갖춘 집단을 말한다. 사회조직은 집단의 목표와 경계가 뚜렷하고, 조직 내에서의 구성원의 역할이나 지위가 정해져 있다.

2. 사회조직의 요소

(1) 위계질서와 역할체계로 구성

사회조직은 부분적 요소들과 이들 간 짜임새라는 의미를 지니는 것으로 특정한 위계질서와 역할체계로 구성되어 있다.

(2) 규범과 규칙에 따른 상호작용 및 관계

구성원들 사이의 상호작용, 관계, 규범 등을 포함하고 있다.

3. 사회집단과의 구별

(1) 형식적이고 비인격적인 관계

사회조직에서 인간관계는 형식적이고 비인격적인 관계가 형성된다.

(2) 절차와 규범에 따라 행동

모든 구성원들은 주어진 절차와 규범에 따라 행동한다.

(3) 규범에 따른 개인적 행동

엄격한 집단 규범을 만들어 개인적 행동을 상당히 제한하기도 한다.

02 관료제와 조직의 변화

1. 관료제

(1) 관료제의 등장 배경

관료제의 등장 배경은 산업화로 인해 거대화된 조직의 효율적 관리운영 방식의 필요성이다.

(2) 관료제의 의미(베버 : 합법적, 합리적 지배의 조직형태)

관료제는 명시적인 규범과 절차에 따라 대규모의 조직을 합리적으로 관리 · 운영하는 권위적 위계체제를 갖춘 사회조직체를 의미한다. 따라서 관료제는 합리성과 비인격성을 기반으로 하고 기술적 우월성을 가진 전문적, 효율적 조직이다. 또한 관료제 조직의 토대가 되는 기본원리는 합리성과 효율성이다.

(3) 관료제의 특성

① 분업화 및 전문화
관료제는 기능에 따라 조직의 일을 나누고, 각각의 업무는 그에 적합한 전문가가 수행하도록 분업화하고 있다. 분업화와 전문화로 관료제는 높은 효율성을 얻을 수 있다.

② 위계서열체계 구비
관료제 조직은 피라미드식의 권위의 서열 구조로 이뤄져 있다. 각각의 담당자는 자신의 하급자에게 권위를 가지며, 상층에 대해서는 복종한다. 상급자들은 자신의 일뿐만 아니라 하급자의 잘못에 대한 책임도 진다. 하지만 이 같은 구조는 하급자의 의사결정 참여를 제한하며 구성원들의 창의력을 제한하기도 한다.

③ 문서화된 규칙 체계
관료제는 성문화된 규칙과 규정에 의해 운영된다. 규칙에 의한 운영은 조직의 안정성을 확보할 수 있다. 하지만 규칙에 대한 강조는 개인의 창의성과 솔선수범을 약화시킨다. 또한 규칙은 목표를 달성하기 위한 수단임에도 불구하고 규칙을 지키는 것 자체를 목표로 삼는 현상이 나타나기도 한다.

④ 몰인격성
관료제 내에서 의사소통은 공식적이고 몰인격적이다. 그들은 일반공중과의 접촉에서도 비인격적인 태도와 행동을 하게 된다. 조직의 구성원들은 다른 성원들과의 상호작용에 있어서도 그들의 공식적인 역할에 의해 행동함으로써 편견 없는 공정한 태도를 가진다. 또한 개인적 감정은 공식적 업무와 결정에 개입되지 않도록 한다.

⑤ 기술적 자질에 근거한 채용과 승진
관료제 조직에서 채용과 승진은 능력에 근거하며, 성과는 보편적 기준에 따라 측정된다. 따라서 관료제의 채용과 승진은 기술적 자질이며, 정실이나 연고에 의해 되지 않는다. 이로 인해 조직 내의 특수한 업무를 수행하고 해고로부터 보호될 수 있다. 하지만 자신의 전문적 영역을 넘어서는 다른 분야의 업무를 익힐 기회를 갖지 못하고, 조직 전체의 입장에서 사고하지 못하게 될 수 있다.

(4) 관료제의 문제점

① 규칙준수로 인한 문제점

㉠ 의례주의(비효율성): 생소한 문제에 직면하는 경우 신속하고 효과적인 처리가 불가능하다.

㉡ 목표와 수단의 전치현상(관료제적 병리현상)
수단인 규칙을 중시하고 조직구성원들의 퍼스낼리티가 경직화된다.

㉢ 레드 테이프 현상
행정 관료들이 형식과 절차만을 중시하여 서류를 복잡하게 갖추도록 하면서 일의 처리를 지연시키는 비능률적인 현상이 일어난다.

② 권력의 집중: 미헬스의 과두제의 철칙
의사결정권이 상위 직급에 집중됨으로써 발생하는 권력집중 현상이 발생한다.

③ 무사안일주의와 변화에 대한 저항

④ 파킨슨의 법칙
근무 시간을 채우기 위해 불필요하게 일을 늘려서 처리하여 결과적으로 불필요한 직원의 수가 필연적으로 증가하게 되는 현상이 일어난다.

⑤ 피터의 법칙: 경력에 따른 승진으로 무능한 자가 능력 이상의 자리를 맡게 되는 현상이 일어난다.

2. 새로운 조직의 등장과 관료제의 변화

(1) 탈관료제화 현상의 등장 배경

① 관료제의 역기능 발생: 인간소외 현상, 목적전치 현상 등

② 급격한 사회 환경의 변화: 컴퓨터의 발달을 비롯한 과학 기술의 혁명적 변화

③ 효율성 저하: 조직 내 중간 관리층의 가치와 비중 감소

④ 전문가 수와 역할의 증대로 지시형 의사결정구조는 더 이상 적합하지 않게 됨
■ 정보화 사회에서는 오히려 비합리적인 사회조직으로 전락

(2) 새로운 조직의 대두: 수평적 사회조직

① 탈관료제화 현상
서구 사회는 1970년대부터 붕괴되기 시작하였으나, 한국 사회는 1990년대 이후부터 탈관료제화가 나타난다.

② 유용성과 보상체계의 변화

㉠ 유용성: 적은 인력을 가지고 최대한의 능력 발휘와 사회의 변화에 능동적으로 대응 가능

㉡ 실적과 능력에 따른 보상 체계: 성과급, 개인별 연봉제 등
■ 조직 구성원의 사기 진작

③ 새로운 조직 형태: 변화가 빠르고 현장 적응 능력이 높은 사회조직

㉠ 팀조직: 일시적인 업무를 위해 신속하게 조직되고 해체되는 조직

㉡ 네트워크형 조직: 각각의 전문가들이 평등한 구성원으로서 점과 점으로 이어지는 조직

④ 관료제와 네트워크 조직의 비교

구분	관료제	네트워크 조직
조직 형태	상하 위계질서가 분명한 관리 조직	업무 처리를 중심으로 한 수평적 조직
개인과 조직의 관계	조직의 힘 중시	개인의 창의성과 전문성 중시
조직 구성의 원리	대중화, 획일화, 표준화, 중앙집권화, 대규모화	탈대중화, 다원화, 분산화, 분권화, 소규모화
요구되는 리더십	카리스마를 가지고 조직을 이끌어 가는 사람	구성원의 참여와 동기를 유발하는 데 능한 사람

3. 생활공동체 조직

(1) 의미

생활공동체 조직은 목표나 가치를 공유하는 사람들이 자발적으로 선택하여 합의나 동의에 운영되는 조직을 말한다.

(2) 사례

두레, 이스라엘의 키부츠(집단농장), 스페인의 몬드라곤 생산협동조합

03 사회조직의 유형: 다양한 기준에 따른 분류

1. 공식조직과 비공식조직: 조직의 구조와 운영 방식에 따른 분류

(1) 공식조직

① 의미
공식조직은 어떤 목적을 위해 인위적으로 조직된 것으로 사회를 구성하는 기본적인 제도적 단위를 말한다. 예 공식적으로 인정받은 회사 내의 동호회

② 성격: 명확한 목표와 구조를 가지고 있으며, 규범과 절차가 체계화된 조직이다.

(2) 비공식조직

① 의미
비공식조직은 공식조직 내에서 친밀감, 공통의 취미 등으로 개인적인 접촉이나 상호작용을 통해 자연적으로 생성되는 자연발생적 조직을 말한다. 예 회사 내에서 자발적으로 결성된 친목 모임 등

② 성격: 자발적으로 형성된 조직으로, 공식적인 규범과 절차가 없는 경우

③ 순기능

㉠ 구성원들에게 정서적 안정감과 만족감 부여

㉡ 삶의 활력 부여

㉢ 정보 교환

㉣ 사기를 높여 과업의 능률과 조직의 효율성을 높임. ■ 호손실험

④ 역기능

㉠ 파벌 조성(과도한 경우 비공식조직끼리의 경쟁과 대립 발생)

㉡ 지나친 개인적 친밀감은 조직의 공식적 절차나 규칙을 깨뜨릴 수 있음

2. 자발적 결사체

(1) 의미

자발적 결사체는 공통의 이해나 목표를 추구하는 사람들이 자발적으로 만든 집단으로 공식적인 조직체를 갖춘 집단을 말한다.

(2) 유형[11] : 목적에 따른 유형

① 친목을 목적으로 하는 자발적 결사체(친목집단)
각종 동호회, 친목 단체 등(동류 의식과 한정된 의미의 정서적 만족감 제공)

② 특수한 직업적 이익을 실현하기 위한 자발적 결사체(이익집단)
의사회, 약사회, 노동조합 등(직업적 이익의 지속적 실현 ⇨ 공익과의 마찰 가능성)

③ 사회의 공동체적 발전을 위한 자발적 결사체(시민단체)
시민운동단체, 봉사단체 등(시민 스스로의 적극적인 노력 ⇨ 정부의 정책 결정과정에 영향을 끼침)

(3) 등장 배경

현대사회의 다원화와 이해관계의 복잡화, 첨예화로 정당 등과 같은 전통적인 사회조직으로는 다양한 이해관계의 반영이 곤란해짐

(4) 특징

① 공동의 목표와 관심 · 구성원의 자발적이고 능동적인 참여 중시

② 가입과 탈퇴의 자유

③ 형태와 운영의 다양성

④ 규정과 조직의 융통성

11) 결합의지나 성격에 따라 분류할 수도 있다.

(5) 순기능과 역기능

① 순기능

㉠ 구성원들에게 구조적 긴장 해소와 정서적 만족을 줌

㉡ 개인적 관심과 이해를 충족시킬 수 있는 기회를 제공함

㉢ 사회적 프로그램을 시도하는 장을 제공하고 사회운동을 전개하는 통로로 활용됨

㉣ 시민사회의 활성화, 다원화, 민주화에 기여함

② 역기능

㉠ **배타적인 특권의 집단화**: 회원 자격 규정 까다롭고 일부 특권층에만 가입 허용

㉡ 이익 집단화되어 공익과 상충되기도 함

㉢ 정책 결정에 혼란 야기

㉣ 규모가 커질 경우 관료화되기 쉬움

3. 에치오니의 분류: 권력 형태에 따른 분류

(1) 개요

에치오니(Amitai Etzioni)의 조직 분류는 조직이 구성원들을 통제하는 방식과 구성원들이 조직에 참여하는 방식에 따라 조직을 세 가지 유형으로 나누는 이론이다. 이 분류는 조직의 권력 형태와 구성원의 관여 유형을 기준으로 한다. 조직의 유형으로는 강제조직, 공리조직, 규범조직이 있다.

(2) 강제조직(Coercive Organizations): 강제적 권력

① 의미

강제조직은 위협이나 신체적 탄압을 통해 통제하는 조직이다. 예 교도소, 군대, 정신병원 등

② 특성

㉠ **강제적 권력**: 구성원들은 강제적인 수단에 의해 통제된다.

㉡ **소외적 관여**: 구성원들은 조직에 대해 소외감을 느끼고, 강한 부정적 감정을 가질 수 있다.

㉢ 공리조직: 보상적 권력

물질적 보상을 통해 통제하는 조직이다. 예 기업, 은행 등

(3) 공리조직(Utilitarian Organizations)

① **의미**: 공리조직은 물질적 보상을 통해 구성원을 통제하는 조직이다. 예 기업, 은행 등

② 특성

㉠ **보상적 권력**: 금전적 보상이나 물질적 혜택을 통해 구성원들을 통제한다.

㉡ **타산적 관여**: 구성원들은 주로 보상에 관심을 가지며, 조직에 대한 감정적 유대는 적다.

(4) **규범조직**(Normative Organizations)

① 의미

규범조직은 상징적이고 도덕적인 가치를 통해 구성원을 통제하는 조직이다.

예 종교조직, 정치조직, 학교, 비영리단체

② 특성

㉠ 규범적 권력: 지위, 명예, 도덕적 가치 등을 통해 구성원들을 통제한다.

㉡ 도덕적 관여: 구성원들은 조직의 이념이나 규범에 동의하고, 높은 사명감을 가지고 참여한다.

4. 피터 블라우와 윌리엄 스콧의 분류: 클라이언트(주요 수혜자) 유형에 따른 분류, 조직의 수혜자는 누구인가?

(1) 개요

피터 블라우(Peter Blau)와 윌리엄 스콧(William Scott)은 조직을 그로부터 혜택을 받는 주요 수혜자에 따라 네 가지 유형으로 분류했다. 호혜조직, 사업조직, 공공조직, 봉사조직으로 나눴다. 이 분류는 조직의 목적과 기능을 이해하는 데 중요한 틀을 제공한다.

(2) **호혜조직**(상호수혜조직, Mutual Benefit Associations)

① 의미: 호혜조직은 조직 구성원들이 주된 수혜자인 조직이다.

예 노동조합이나 협동조합, 전문가 단체, 사교 클럽, 종교 단체 등

② 특징: 구성원들이 조직에 참여함으로써 직접적인 혜택을 받는다.

(3) **사업조직**(Business Concerns)

① 의미: 사업조직은 사업체의 소유자나 경영자가 주된 수혜자인 조직이다. 예 주식회사나 은행 등

② 특징: 사업조직은 이윤 획득을 주된 목적으로 하며, 소유자들이 경제적 이익을 얻는다.

(4) **공공조직**(Commonwealth Organizations)

① 의미: 공공조직은 시민이나 일반 대중이 주된 수혜자인 조직이다. 예 군대, 경찰, 소방서 등

② 특징: 조직의 구성원이 아닌 일반 대중이 혜택을 받는다.

(5) **봉사조직**(서비스조직, Service Organizations)

① 의미

봉사조직은 조직과 직접 접촉하는 일반 대중이 주된 수혜자인 조직이다. 이 조직은 고객이나 대상자가 주된 수혜자인 조직이다. 예 병원, 학교 등

② 특징: 서비스 제공을 주된 목적으로 하며, 고객이나 대상자가 혜택을 받는다.

예 학교, 병원, 사회복지기관, 형무소, 정신건강 진료소 등

04 사회조직 이론

1. 개요

사회조직 이론은 조직의 구조와 기능, 그리고 조직 내에서의 인간 행동을 이해하고 설명하는 다양한 이론들을 포함한다.

2. 고전적 이론(Classical Theories)

(1) 관료제 이론(Bureaucracy Theory)

막스 베버(Max Weber)가 제안한 이론으로, 조직은 계층적 구조와 명확한 규칙, 업무의 분업을 통해 효율성을 극대화할 수 있다고 본다.

(2) 과학적 관리론(Scientific Management): 테일러주의

① 의의

테일러(Frederick Taylor)가 제안한 관리 이론으로, 작업 과정을 과학적으로 분석하여 효율성을 높이는 방법을 강조한다. 작업 과정을 과학적으로 분석하고 최적화하여 경제적 효율성과 노동 생산성을 극대화하는 것을 목표로 한다.

② 주요 내용

㉠ 시간 및 동작 연구

작업을 세분화하고 각 작업의 시간을 측정하여 불필요한 동작을 제거한다. 이를 통해 작업의 효율성을 높이고, 최적의 작업 방법을 찾는다.

㉡ 표준화

작업 도구와 절차를 표준화하여 일관된 품질과 효율성을 유지한다. 표준화된 작업 지시서를 통해 모든 작업자가 동일한 방법으로 작업을 수행하도록 한다.

㉢ 차별적 성과급 제도: 경제적 동기 강조

작업 성과에 따라 차별적으로 보상하여 노동자의 동기를 유발한다. 높은 성과를 달성한 노동자에게 인센티브를 제공하여 생산성을 높인다.

㉣ 기능적 직장제도

관리와 작업을 분리하여 각자의 역할을 명확히 한다. 관리자는 계획과 감독을, 노동자는 작업을 수행하는 데 집중한다.

③ 장점

㉠ 효율성 증대

작업 과정을 과학적으로 분석하여 불필요한 동작을 제거하고, 최적의 작업 방법을 도입함으로써 효율성을 극대화한다.

㉡ 생산성 향상: 표준화와 성과급 제도를 통해 노동자의 동기를 유발하고, 생산성을 높인다.

④ 단점

㉠ 노동자의 자율성 감소

작업이 세분화되고 표준화되면서 노동자의 자율성과 창의성이 제한될 수 있다.

㉡ 인간적 요소 무시

과학적 관리론은 주로 효율성과 생산성에 초점을 맞추기 때문에, 노동자의 감정이나 사회적 관계를 충분히 고려하지 않을 수 있다.

3. 인간관계 이론(Human Relations Theory)

(1) 의의

인간관계 이론은 엘튼 메이요(Elton Mayo)와 그의 동료들이 1920년대 후반과 1930년대 초반에 진행한 호손 실험(Hawthorne studies)을 통해 발전된 이론이다. 이 이론은 작업 환경에서 인간의 사회적, 심리적 요소가 생산성과 직무 만족에 중요한 영향을 미친다는 것을 강조한다.

(2) 주요 내용

① 호손 실험

㉠ 의미

엘튼 메이요와 그의 동료들이 미국 시카고 인근의 웨스턴 전기회사에서 진행한 일련의 실험으로, 작업 환경이 생산성에 미치는 영향을 연구했다.

㉡ 발견 내용

진행한 실험으로, 작업 환경보다 인간관계와 사회적 상호작용이 생산성에 더 큰 영향을 미친다는 것을 발견했다. 이를 호손 효과(Hawthorne effect)라고 한다.

② 인간적 요소의 중요성

㉠ 사회적 욕구: 인간은 단순히 경제적 동기뿐만 아니라 사회적, 심리적 욕구를 가지고 있다.

㉡ 비공식적 조직: 조직 내 비공식적 집단과 인간관계가 공식적 구조만큼 중요하다.

③ 관리의 역할

㉠ 동기부여: 관리자는 직원들의 사회적 욕구를 충족시켜 동기부여를 높여야 한다.

㉡ 의사소통: 효과적인 의사소통과 상호작용을 통해 직원들의 만족도를 높일 수 있다.

(3) 장점

① 생산성 향상: 인간관계를 중시함으로써 직원들의 동기부여와 생산성을 높일 수 있다.

② 직무 만족도 증가: 직원들이 사회적 욕구를 충족하면 직무 만족도가 높아진다.

(4) 단점

① 비경제적 요소 무시
인간관계 이론은 주로 사회적, 심리적 요소에 초점을 맞추기 때문에 경제적·물리적 작업 조건을 충분히 고려하지 않을 수 있다.

② 과도한 의존 : 인간관계에 지나치게 의존하면 조직의 목표 달성에 어려움을 겪을 수 있다.

4. 현대 조직이론(Modern Organizational Theories)

(1) 시스템 이론(Systems Theory)

시스템 이론은 조직이론 중 하나로, 공동목표를 추구하는 상호 관련된 부분들의 집합을 시스템으로 정의하고, 이를 통해 조직의 일하는 방식을 이해하는 이론이다. 이 이론은 조직 내 다양한 요소들이 상호 작용하며 전체 시스템의 효율성을 결정한다고 본다.

(2) 상황이론(Contingency Theory)

상황이론은 조직과 환경의 관계와 그 영향에 초점을 두는 이론으로 조직의 구조와 관리 방식은 상황에 따라 달라져야 한다고 주장한다. 즉, 조직의 성공은 특정 상황에 얼마나 잘 적응하느냐에 달려 있다. 조직과 조직 구성원을 합리적 존재로 간주하며, 조직 내외의 상황을 나타내는 변수를 통해 조직의 운영을 분석한다.

5. 네트워크 이론(Network Theory)

복잡계 네트워크(complex networks) 이론은 조직을 네트워크로 보고, 조직 내 다양한 관계와 연결이 조직의 성과에 어떻게 영향을 미치는지 분석한다.

Chapter

05 사회화와 퍼스낼리티

01 사회화(문화화)의 특성

1. 사회화란 무엇인가?

(1) 사회화 의미

사회화(socialization)란 한 개인이 자신이 소속된 사회에서 사회적 상호작용을 통해 제도, 규범, 가치, 신념을 학습하고, 지위와 역할을 습득해 나가는 과정이다. 사회화는 인간이 태어날 때부터 죽을 때까지 타인과 상호작용하면서 감정과 정서를 함양하고 생존에 필요한 다양한 기술과 지식을 배우며 욕구를 억제하고 사회적으로 필요한 규칙과 규범을 학습하는 복합적 과정이며, 그 과정에서 서서히 자아와 인성을 형성한다. 또한 사회화는 사회성을 키우는 과정을 수반한다.

(2) 사회화 목적

사회화는 개인이 사회의 규범, 가치, 행동 양식을 배우고 내면화하는 과정이다. 따라서 사회의 일원으로서 기능하고, 사회적 역할을 수행할 수 있도록 준비시키거나 변화시켜 가는 전체적인 과정이라고 할 수 있다.

(3) 사회화 기능

① 개인적 측면: 인성, 자아정체성, 사회적 소속감 형성, 사회적 행동방식의 습득

② 사회적 측면
사회 구성원의 동질화 도모, 각 사회의 규범 및 문화적 유산과 가치 등을 다음 세대로 전승, 한 사회·문화의 독특한 특징 형성

(4) 사회화 방법(과정)

① 언어적 상호작용: 가장 보편적 예 아기에게 엄마라는 말 가르치기

② 보상과 처벌의 경험: 상황과 조건에 적합한 행동 형성

③ 모방이나 동일시

(5) 사회화 기관/사회화 요소

① 1차적 사회화 기관: 인간의 초기 사회화에 많은 영향을 끼치는 사회화 기관
예 가족, 또래집단, 지역사회 등

② 2차적 사회화 기관: 1차적 사회화의 결과를 강화하거나 대체시키는 사회화 기관
예 학교, 직장, 대중매체 등

2. 문화화와 사회화는 어떤 관계인가?

(1) 개요

① 문화화와 사회화의 의미

사회화와 문화화는 개인이 사회와 문화 속에서 어떻게 성장하고 적응하는지를 설명하는 중요한 개념이다. 사회화는 사회 전반의 규범과 가치를 배우는 과정이고, 문화화는 특정 문화의 전통과 관습을 배우는 과정이다. 또한 사회화는 사회적 역할과 기능에 초점을 맞추고, 넓은 범위의 사회적 학습을 포함한다. 그런데 문화화는 문화적 정체성과 전통에 초점을 맞춘다. 사회화와 문화화는 서로 밀접하게 연관되어 있다.

② 상호 영향 및 보완관계

사회화와 문화화는 개인이 사회와 문화 속에서 적응하고 성장하는 데 중요한 역할을 하며, 서로를 보완하고 강화하는 관계에 있다.

(2) 문화화(Enculturation)

① 의미 : 문화화는 개인이 특정 문화의 가치, 규범, 전통을 배우고 내면화하는 과정이다.

② 목적

특정 문화의 일원으로서 정체성을 형성하고, 문화적 전통을 유지하는 것이 문화화의 목적이다.

③ 주요 요소

㉠ 언어 : 언어는 문화적 정체성을 형성하고 전달하는 중요한 수단이다.

㉡ 전통과 관습 : 전통과 관습은 세대 간 전승되는 문화적 요소이다.

㉢ 예술과 문학 : 예술과 문학은 문화적 표현과 창조성을 통해 문화적 이해를 증진시킬 수 있다.

(3) 사회화와 문화화의 관계

① 동시에 경험

한 개인은 사회화와 문화화를 동시에 경험한다. 예를 들어, 가족 내에서 사회적 규범을 배우는 동시에 문화적 전통도 습득하게 된다. 학교나 또래 집단에서도 사회적 규범과 문화적 요소를 함께 배우게 된다.

② 상호 영향

사회화 과정에서 배운 사회적 규범은 문화적 가치와 밀접하게 연관되어 있다. 예를 들어, 특정 사회의 규범은 그 사회의 문화적 배경에 의해 형성된다. 반대로, 문화화 과정에서 습득한 문화적 가치와 전통은 개인의 사회적 행동과 태도에 영향을 미친다.

③ 상호 보완적 관계

사회화는 개인이 사회의 규범과 가치를 배우는 과정으로, 이를 통해 사회의 일원으로서 기능할 수 있게 된다. 문화화는 특정 문화의 전통과 관습을 배우는 과정으로, 이를 통해 문화적 정체성을 형성한다. 두 과정은 개인이 사회와 문화 속에서 조화롭게 살아갈 수 있도록 상호 보완적으로 작용한다.

3. 사회화 유형

(1) **1차 사회화**(Primary Socialization)

① 의미

1차 사회화는 개인이 어린 시절에 가족을 통해 처음으로 사회적 규범과 가치를 배우는 과정을 말한다. 1차 사회화는 자아의 형성과 정서적 안정화에 기여한다.

② 주요 요소

㉠ 예: 가족, 부모, 형제자매, 가까운 친척

㉡ 첫 번째 사회화 기관으로, 기본적인 가치와 규범을 가르친다.

③ 특징: 1차 사회화는 기본적인 언어, 행동 양식, 도덕적 가치 등을 학습한다.

④ 영향: 1차 사회화는 자아의 형성과 정서적 안정화에 큰 영향을 준다.

(2) **2차 사회화**(Secondary Socialization)

① 의미

2차 사회화는 개인이 성장하면서 학교, 직장, 또래 집단 등을 통해 사회적 규범과 가치를 추가로 배우는 과정을 말한다.

② 주요 요소

㉠ 예: 교사, 친구, 동료, 미디어

㉡ 학교: 학교는 공식적인 교육을 통해 사회적 규범과 지식을 전달한다.

㉢ 또래 집단: 또래 집단은 사회적 기술과 집단 내 행동 규범을 학습한다.

㉣ 미디어: 미디어는 다양한 정보와 문화를 접하게 하여 사회적 인식을 형성한다.

③ 특징: 2차 사회화는 전문적인 지식, 사회적 기술, 직업 윤리 등을 학습한다.

④ 영향: 2차 사회화는 인지적 측면과 지적발달에 상대적으로 큰 영향을 준다.

(3) **예기 사회화**(Anticipatory Socialization)

① 의미

예기 사회화는 미래의 역할이나 지위를 준비하기 위해 미리 사회적 규범과 가치를 배우는 과정을 말한다.

② 주요 요소: 교육 과정, 직업 훈련, 인턴십 등

③ 특징: 새로운 역할에 적응하기 위한 준비 과정

예기 사회화는 장래에 획득하고자 하는 이상적인 지위를 설정한 개인이 미리 그 지위에 상응하는 가치·태도·기술 등의 행동 양식을 습득해 가는 과정으로서 청소년의 사회화 내용 가운데 가장 큰 비중을 차지한다.

(4) **재사회화**(Resocialization)

① 의미 : 재사회화는 기존의 사회적 규범과 가치를 버리고 새로운 규범과 가치를 배우는 과정이다.

② 주요 요소 : 교정 시설, 군대, 재활 프로그램

③ 특징 : 재사회화는 기존의 정체성을 변화시키고 새로운 정체성을 형성한다.

(5) **탈사회화**

① 의미

탈사회화는 개인이 기존의 사회적 규범과 가치를 버리고 새로운 환경에 적응하기 위해 기존의 정체성을 포기하는 과정을 말한다.

예 인종상의 편견 제거, 성에 대한 편견 제거, 탈북자가 기존에 학습했던 가치관 제거 등

② 주요 요소(주요 상황) : 교정시설, 군대, 재활 프로그램

③ 특징 : 기존의 사회적 역할과 정체성을 포기하고 새로운 규범과 가치를 학습하는 과정을 말한다.

④ 재사회화와 비교

㉠ 탈사회화와 재사회화 동시 진행

재사회화는 지위와 생활양식의 변화로 다시 새로운 생활양식이나 행동규범을 학습하는 과정을 말하고, 탈사회화는 자신이 전에 몸담고 있던 사회의 규범이나 행동양식에서 벗어나는 과정을 말한다. 이 둘의 특성으로 인해 탈사회화와 재사회화는 거의 동시에 진행된다.

㉡ 탈사회화와 재사회화 비교

재사회화는 새로운 정체성을 형성하고 새로운 사회적 역할에 적응하는 데 중점을 두고, 탈사회화는 기존의 정체성을 포기하는 데 중점을 둔다.

(6) **역사회화**(Reverse Socialization)

① 의미 : 역사회화는 젊은 세대가 나이 든 세대에게 새로운 기술이나 문화를 가르치는 과정을 말한다.

② 주요 요소 : 기술 교육, 문화 교류

③ 특징 : 역사회화의 특징은 세대 간의 상호작용을 통해 새로운 지식과 문화를 전파하는 것이다.

(7) **피해적 사회화**

① 의미

피해적 사회화는 개인이 사회적 규범과 가치를 배우는 과정에서 부정적인 영향을 받는 경우를 말한다. 즉 피해적 사회화는 사회가 일부 사회 구성원들에게 낮은 지위와 불리한 역할로 사회화시키는 과정을 말한다.

예 특정한 사람들, 즉 전형적으로 하층계급이나 여성들의 사회화로 그들이 다른 사람들보다 열등하며 그들의 낮은 지위가 분수에 맞다고 믿게 하는 것 등

② 주요 사례

㉠ 가정 폭력이나 학교 폭력 등 부정적인 환경에서 자라면서 부정적인 행동 양식을 학습하는 경우

㉡ 범죄 조직에 속해 범죄 행위를 정상적인 것으로 배우는 경우

㉢ 부정적인 행동을 장려하는 부정적인 또래 집단에서 사회적 규범을 배우는 경우

③ 특징

사회적 규범과 가치를 배우는 과정에서 부정적인 행동과 태도를 내면화하게 되는 과정을 말한다.

4. 사회화 결과

① 자아개념의 발달과 자아정체감의 형성

② 퍼스낼리티 형성

③ 자신의 지위와 그에 따른 역할 인식

④ 사회에서 인정하는 욕구충족 방법 습득

⑤ 기존사회의 질서와 가치 학습 및 문화의 전승

⑥ 사회화의 피해자 발생

㉠ 사회적 약자 및 사회의 어두운 곳의 구성원: 신체장애인, 여성, 성 소수자 등

㉡ 사회제도의 부족 내지는 제도의 방해로 인한 좌절 경험

5. 퍼스낼리티와 사회화

(1) 퍼스낼리티의 의미

사회학적으로 퍼스낼리티(personality)는 개인의 독특한 행동 양식, 사고 방식, 감정 등을 포함하는 개념으로, 사회적 상호작용과 환경에 의해 형성되고 변화한다. 즉 퍼스낼리티는 개인의 독특한 행동, 사고, 감정의 패턴으로, 일관된 성격 특성을 나타낸다.

(2) 퍼스낼리티의 구성 요소

① 성격 특성(Traits)

㉠ 안정적 특성: 시간과 상황에 걸쳐 일관되게 나타나는 행동 양식

㉡ 구성 요소: 외향성, 성실성, 개방성, 친화성, 신경증 등

② 자아 개념(Self-concept)

㉠ 의미: 개인이 자신을 어떻게 인식하고 평가하는지에 대한 개념

㉡ 구성 요소: 자아 존중감, 자아 효능감, 자아 정체성 등

③ 사회적 역할(Social Roles)

㉠ 의미: 사회적 역할은 사회적 맥락에서 기대되는 행동 양식을 말한다.

ⓛ 예: 가족 내 역할, 직장에서의 역할, 친구 관계에서의 역할 등

(3) 퍼스낼리티에 영향을 주는 요인

① 퍼스낼리티는 유전적 요인과 환경적 요인의 상호작용에 의해 형성된다.

② 유전적 요인: 유전적 요인은 기질, 기본적인 성격 및 특성 등에 영향을 준다.

③ 환경적 요인

㉠ 가족: 초기 사회화 과정에서 중요한 역할을 한다.

㉡ 학교와 교육: 학교와 교육을 통해 지식과 사회적 규범을 배운다.

㉢ 또래집단: 또래집단에서 사회적 기술과 행동 양식을 학습한다.

㉣ 문화: 특정 문화의 가치와 규범을 내면화한다.

④ 사회적 상호작용: 다른 사람들과의 상호작용을 통해 퍼스낼리티가 형성되고 변화한다.

예 친구, 동료, 사회적 네트워크 등과의 관계

(4) 문화의 유형과 퍼스낼리티: 아폴로형 문화와 디오니소스형 문화(베네딕트)

구분	아폴로형 문화	디오니소스형 문화
의미	아폴로형 문화는 인간의 이성적이고 논리적인 측면을 강조하며, 이를 통해 질서와 조화를 추구하는 문화적 특성을 나타내는 것이다.	인간의 본능적이고 감정적인 측면을 강조하며, 이를 통해 삶의 진정성과 자유를 추구하는 문화적 특성을 나타내는 것이다.
퍼스낼리티 특성	• 이성과 논리 중시 • 질서와 조화 중시 • 절제와 중용 중시 • 공동체 중시	• 감정의 자유로운 표현과 열정 중시 • 혼돈과 자유: 창조적 파괴와 자유 • 도취와 축제: 일상에서 벗어나 자유로운 상태를 경험하는 것을 중시 • 개인주의적 문화: 개인의 욕구와 본능을 수용하고, 개인의 자유와 창의성을 중시

(5) 사회유형과 퍼스낼리티

① 사회적 퍼스낼리티(사회적 성격): 한 사회의 개인들에게 가장 흔히 나타나는 성격

② 리스만(D. Riesman) – 『고독한 군중』: 사회의 발전단계에 따른 퍼스낼리티 유형

구분	의미
전통지향형 퍼스낼리티 (전근대적 1차 산업사회)	문화가 제시해 주는 행동규범에 따라 행동
내부지향형 퍼스낼리티 (2차 산업, 초기 공업사회)	개인적인 행동목표의 중시
타자지향형 퍼스낼리티 (2차 대전 이후, 3차 산업 발달)	다른 사람의 감정과 행동에 민감한 반응

02 사회화 이론: 사회화의 실제적 함의는 무엇인가

1. 보편적 성숙 및 사회통합의 과정으로서의 사회화

(1) 쿨리(Charles Horton Cooley, 1864~1929)의 영상(거울)자아 이론(Looking-Glass Self)

① 개요

쿨리의 영상자아 이론은 개인이 자신의 자아를 타인의 시선을 통해 형성하는 과정을 설명하는 사회학 이론이다. 영상자아 이론은 개인이 사회적 상호작용을 통해 자아를 형성하는 과정을 잘 설명한다.

② 주요 개념 및 일반화

㉠ 타인의 시선

개인은 타인이 자신을 어떻게 볼지 상상한다. 이 상상은 타인의 실제 생각과 다를 수 있지만, 개인의 자아 형성에 큰 영향을 미친다.

㉡ 자기 평가

타인의 시선을 통해 자신을 평가한다. 예를 들어, 타인이 자신을 긍정적으로 본다고 생각하면 자아 존중감이 높아지고, 부정적으로 본다고 생각하면 자아 존중감이 낮아진다.

㉢ 감정적 반응: 타인의 시선에 대한 상상은 감정적 반응을 일으킨다.

예 자부심, 행복, 죄책감, 수치심 등의 감정

㉣ 자아 형성의 핵심과정: 상상 ⇨ 판단 ⇨ 감정 단계를 통해 자아에 영향을 준다.

㉤ 개인의 자아는 타인과의 상호작용을 통해 형성된다.

㉥ 타인의 시선과 반응이 개인의 자아 존중감에 큰 영향을 미친다.

(2) 미드(George Herbert Mead, 1863~1931)의 자아발달 이론

① 개요

자아발달 이론은 개인이 사회적 상호작용을 통해 자아를 형성하는 과정을 설명한다. 미드는 자아가 사회적 경험을 통해 발달한다고 주장하며, 이를 세 단계로 나누어 설명한다. 미드는 자아가 사회적 상호작용을 통해 형성된다는 점을 강조하며, 개인이 사회적 맥락 속에서 어떻게 자아를 발전시키는지를 설명한다.

② 자아의 구성요소

㉠ I(주체적 자아)

주체적 자아는 자발적이고 충동적이며 자기 중심적이고 조직화되어 있지 않은 측면을 나타낸다.

㉡ Me(대상적 자아)

사회의 모든 규범과 가치 및 타인의 기대를 의식하고 있는 사회화된 자아로서 I의 행동을 규제하고 일반화된 타자의 입장에 서서 판단하는 사회화된 자아 측면을 나타낸다.

③ 타자이론

㉠ 타자의 의의

타자이론은 자아 형성 과정에서 중요한 역할을 하는 개념이다. 미드는 자아가 사회적 상호작용을 통해 형성된다고 주장하며, 이를 설명하기 위해 중요한 타자(significant others)와 일반화된 타자(generalized other)라는 개념을 도입했다.

㉡ 의미 있는(중요한) 타자

중요한 타자는 개인의 자아 형성에 직접적이고 중요한 영향을 미치는 사람들을 말한다. 예를 들면 부모, 형제자매, 가까운 친구, 교사 등이다. 중요한 타자는 초기 사회화 과정에서 중요한 역할을 하며, 개인이 사회적 규범과 가치를 배우는 데 큰 영향을 미친다.

㉢ 일반화된 타자

일반화된 타자는 사회 전체의 규범과 기대를 대표하는 개념이다. 일반화된 타자의 역할은 개인이 사회적 역할을 이해하고, 사회의 일원으로서 행동할 수 있도록 돕는다.

④ 자아발달 단계: 자아 형성 과정에서의 타자의 역할

㉠ 준비 단계(Preparatory Stage)

준비 단계에서는 의미에 대한 이해 없이 타인의 행동이나 말을 단순히 흉내 내고 모방하는 단계로 기본적인 사회적 상호작용을 학습한다.

㉡ 놀이 단계(Play Stage)

놀이 단계에서는 중요한 타자의 역할을 흉내 내며 타인의 시각에서 자신을 바라보는 능력을 키운다.

예 소꿉놀이, 병원놀이 등에서 엄마, 아빠, 의사 등의 역할을 모방

㉢ 게임 단계(Game Stage)

일반화된 타자의 시각을 내면화하여, 사회적 규범과 기대를 이해하고 준수한다.

예 팀 스포츠나 단체 놀이에서 규칙을 따르고, 다른 사람의 역할을 고려하며 행동

(3) 뒤르켐의 사회통합적 관점의 사회화

① 기능주의적 관점의 사회화

뒤르켐은 사회가 각 부분의 기능적 통합을 통해 유지된다고 보았다. 사회화는 개인이 사회의 일원으로서 기능할 수 있도록 준비시키는 과정이다.

② 사회적 사실

뒤르켐은 사회를 개인의 행동을 초월하는 독립적인 실체로 보았다. 사회적 사실은 개인의 외부에 존재하며, 개인의 행동과 사고를 규제하는 힘을 가진다.

③ 도덕 사회화

뒤르켐은 도덕 교육을 통해 개인이 사회의 규범과 가치를 내면화하는 과정을 강조했다. 그는 도덕성을 규율 정신, 사회집단에 대한 애착, 자율성으로 구성된다고 보았다.

(4) 파슨스의 사회통합적 관점의 사회화

① 역할 사회화
파슨스는 사회화가 개인이 성인이 되어 사회적 역할을 수행하는 데 필요한 자질과 태도를 기르는 과정이라고 보았다. 그는 학교와 같은 기관이 이러한 역할 사회화를 담당한다고 강조했다.

② 구조기능주의적 관점
파슨스는 사회를 상호의존적인 부분들로 구성된 체계로 보았다. 각 부분은 사회의 안정과 질서를 유지하기 위해 기능한다.

③ AGIL 도식
파슨스는 사회 체계를 적응(Adaptation), 목표 달성(Goal Attainment), 통합(Integration), 잠재성 유지(Latency)라는 네 가지 기능으로 설명했다. 사회화는 이러한 기능을 수행하는 데 필요한 역할과 규범을 개인이 학습하는 과정이다.

2. 지배 이데올로기 학습 과정으로서의 사회화

(1) 마르크스의 주장

지배계급이 사회화 과정을 지배하여 지배 이데올로기는 보편적 가치관으로 확산된다. 사회화 과정에서 지배계급의 이데올로기 확산으로 피지배계급의 저항의식이나 비판의식을 약화시킨다.

(2) 알튀세르의 주장

자본주의 사회의 지배계급 및 이 계급의 이익을 대변하는 국가가 학교, 교회, 언론, 대중매체 등과 같은 지배 이데올로기 생산수단을 소유하고 장악하고 있다.

3. 프로이드의 정신분석적 성격형성 이론

(1) 개요

프로이트는 사회화 과정을 통해 개인이 본능적인 욕구를 억제하고, 사회적 규범과 가치를 내면화한다고 보았다. 프로이트의 사회화 이론은 개인이 사회적 규범과 가치를 내면화하는 과정을 설명하며, 본능, 자아, 초자아의 상호작용을 통해 사회적 존재로서의 자아를 형성하는 데 중점을 둔다.

(2) 인간의 성격을 구성하는 요소

① 본능(Id)

㉠ 의미 : 본능은 인간의 원초적이고 본능적인 욕구와 충동을 의미한다.

㉡ 특징 : 쾌락 원리에 따라 즉각적인 만족을 추구한다.

㉢ 사회화 과정에서 역할
사회화 초기 단계에서 중요한 역할을 하지만, 사회적 규범에 의해 통제되어야 한다.

② 자아(Ego)

㉠ 의미: 자아는 현실 원리에 따라 본능의 욕구를 조절하고, 외부 세계와 상호작용한다.

㉡ 특징: 합리적이고 현실적인 사고를 통해 본능과 초자아 사이에서 균형을 유지한다.

㉢ 사회화 과정에서 역할: 사회적 규범과 기대에 맞추어 행동을 조절한다.

③ 초자아(Superego)

㉠ 의미: 초자아는 사회적 규범과 도덕적 기준을 내면화한 부분이다.

㉡ 특징: 이상적인 자아를 추구하며, 도덕적 판단을 내린다.

㉢ 사회화 과정에서 역할: 본능의 충동을 억제하고, 사회적으로 수용 가능한 행동을 하도록 유도한다.

(3) 사회화 과정의 주요 내용

① 본능의 억제: 사회적 규범에 따라 본능적인 욕구를 억제하고 조절한다.

② 자아의 발달
현실 원리에 따라 본능과 초자아 사이에서 균형을 유지하며, 사회적 기대에 맞추어 행동한다.

③ 초자아의 형성: 부모와 사회로부터 도덕적 기준과 규범을 배우고 내면화한다.

(4) 성격 발달 과정

① 구순기(Oral Stage, 0~1세): 입을 통해서 만족을 얻는 시기

② 항문기(Anal Stage, 2~3세): 항문으로 만족을 느끼는 시기(배설의 만족감)

③ 음경기(Phallic Stage, 3~5세)

㉠ 쾌감을 느끼는 만족대가 성기로 옮겨오는 단계

㉡ 오이디푸스 콤플렉스
남자아이가 어머니를 좋아하고 이성적인 애정을 느끼는데, 어머니의 애인이라고 간주되는 아버지의 존재 때문에 그 감정을 표현하지 못하기 때문에 생기는 불만

㉢ 엘렉트라 콤플렉스
여자아이가 아버지를 좋아하고 엄마를 미워하는 증오감을 성적 동일시와 같은 방법으로 승화시키지 못하거나 겉으로 표출하지 못했을 때 생기는 불만

㉣ 성기 전단계(Pregenital Stage)

④ 잠재기(Latency Stage, 6~12세)
성기 전단계까지의 욕구가 만족되었건 만족되지 않았건 간에 당분간 같은 상태로 머물러 있는 상태

⑤ 성기단계(Adolescence Stage, 12세 이후)

㉠ 성적인 완숙

㉡ 음경기까지가 성격 형성에 아주 중요한 단계이며 그 이후는 이전 단계의 반응

MEMO

사회과교사를 위한

사회와 문화

Part

04

문화와 사회

Chapter

01 문화인류학은 어떤 학문인가?

01 문화인류학의 특성

1. 문화인류학의 의미

문화인류학(cultural anthropology)은 인간의 문화와 사회를 연구하는 학문이다. 이 학문은 인간의 생활 방식, 신념, 관습, 사회구조 등을 이해하고 분석하는 데 중점을 둔다. 문화인류학은 인간의 다양한 문화를 이해하고, 문화 간의 상호 이해와 공존을 지향하는 학문이다.

2. 문화인류학의 역사

문화인류학은 19세기 후반에 제국주의 국가들이 식민지 문화를 연구하면서 시작되었다. 초기에는 주로 미개한 문화와 그 문화를 담당하는 사람들을 연구했지만, 현재는 모든 문화와 사회를 연구 대상으로 삼고 있다.

3. 문화인류학의 주요 특징

(1) 문화의 다양성 및 비교 연구

문화인류학은 전 세계 다양한 문화와 그 문화의 차이점을 연구한다. 이를 통해 인간 사회의 다양한 생활 방식을 이해하려고 한다.

(2) 문화 상대주의

문화인류학은 모든 문화를 그 문화 자체의 기준으로 이해하려고 한다. 이는 특정 문화를 다른 문화의 기준으로 평가하지 않는다는 것을 의미한다.

(3) 현지 조사

문화인류학자들은 연구 대상 지역에 직접 가서 현지 조사를 한다. 이를 통해 그 사회의 문화를 깊이 있게 이해하려고 한다. 이 방법을 민족지학이라고도 한다.

(4) 다양한 연구 주제

문화인류학은 종교, 친족, 경제, 정치, 예술 등 다양한 주제를 다룬다. 최근에는 도시인류학, 기업인류학, 의료인류학 등 새로운 분야도 등장하고 있다.

(5) 역사적 및 현대적 관점

문화인류학은 과거의 문화뿐만 아니라 현대사회의 복잡한 문화도 연구한다. 예를 들어, 현대 도시의 생활 방식이나 디지털 문화도 연구 대상이 된다.

4. 문화인류학의 연구 대상

(1) 포괄성

문화인류학의 연구 대상은 매우 광범위하며, 인간의 다양한 문화와 사회를 포괄한다.

(2) 주요 영역

문화, 문화변동, 계급, 혼인·가족·친족, 정치제도, 경제구조, 종교, 예술 등

(3) 주요 연구 대상

① 과거와 현재의 문화
문화인류학은 과거의 전통적인 문화뿐만 아니라 현대사회의 복잡한 문화도 연구한다.
예 고대 문명부터 현대 도시의 생활 방식

② 사회구조와 제도
가족, 친족, 혼인, 경제, 정치, 법률 체계 등 사회를 구성하는 다양한 구조와 제도를 연구한다. 이러한 연구를 통해 사회가 어떻게 조직되고 운영되는지 이해하려고 한다.

③ 종교와 신앙
다양한 종교와 신앙 체계, 의례, 신화 등을 연구하여 사람들이 어떻게 세계를 이해하고 의미를 부여하는지 탐구한다.

④ 언어와 의사소통
언어는 문화의 중요한 부분이므로, 언어인류학을 통해 언어와 의사소통 방식, 언어의 사회적 역할 등을 연구한다.

⑤ 물질문화
사람들이 사용하는 도구, 의복, 주거, 예술품 등 물질적인 문화 요소를 연구한다. 이를 통해 인간의 생활 방식과 기술 발전을 이해할 수 있다.

⑥ 현대사회의 문제
빈곤, 환경문제, 다문화 사회, 디지털 문화 등 현대사회에서 발생하는 다양한 문제를 연구한다. 이를 통해 현대사회의 복잡성을 이해하고 해결 방안을 모색한다.

02 문화인류학의 주요 연구방법

문화인류학의 대표적 연구방법론은 하나는 참여관찰(participation observation)이며 또 하나는 비교방법(comparative method)이다.

1. 참여관찰

(1) 의미 및 특성

① 의미

참여관찰은 연구대상들 속에 들어가 함께 살면서 그들의 행위 제도 법칙, 관습을 관찰하며 그 뜻을 파악하고자 하는 방법이다. 참여관찰법은 문자 없는 사회를 연구하던 방법으로 장기간 연구 대상자와 함께 살면서 그들의 문화를 체험한다.

② 특징

㉠ 학습하는 방법을 통하여 문화 이해

㉡ 신뢰 형성이 중요

㉢ 문화에 대한 총체적 이해, 문화의 번역, 소통을 지향

㉣ 참여관찰의 결과는 민족지(ethnography)로 작성

③ 자료수집 방법

㉠ 친족 계보도 그리기

㉡ 행동 관찰하기

㉢ 면접, 질문하기

㉣ 문화를 체험하기

④ 참여관찰의 어려움

㉠ 언어적 소통

㉡ 풍토병

㉢ 장기간이라는 시간적 제약

㉣ 문화충격

㉤ 윤리적 문제

(2) 현지조사

① 의미

문화인류학의 연구방법 중에서 가장 특징적인 것은 자료를 수집하고 이론이나 가설을 검증하는 수단으로 현지조사를 반드시 해야 하는 것이다. 인간사회 혹은 문화를 자신의 연구목적에 맞도록 미리 통제하거나 실험설계를 할 수 없으므로 문화인류학자는 현지인들 속에 직접 들어가 현지조사를 행한다. 현지조사 방법은 연구자가 현지에 직접 들어가서 그 사회와 문화를 깊이 있게 이해하기 위해 다양한 방법을 사용하는 것을 의미한다. 현지조사란 현지인의 관점으로 타 문화를 이해하기 위한 연구방법이다. 브로니스와프 말리노프스키(Bronislaw Malinowski, 1884~1942)가 말한 것처럼 현지조사의 목표는 현지인의 관점, 즉 삶과 그들의 관계를 그들의 입장에서 파악하고 그들의 세계관을 체험하는 데 있다.

② 대표적 사례

문화인류학이 경험주의적 방법인 현지조사를 본격적으로 시작하게 된 것은 폴란드 출신 영국인 인류학자 말리노프스키가 남태평양 트로브리안드 군도에서 2년간의 현지조사를 실시한 이후였다. 말리노프스키의 트로브리안드 군도 현지조사는 문화인류학의 방법론적 자료수집 방법에 커다란 영향을 주었고 이로 인하여 문화인류학과 그 연구방법에 커다란 발자취를 남겼다.

③ 의의

현지조사 중에 경험하게 되는 오해와 혼란을 포함한 모든 사건이나 일은 현지의 다른 문화를 이해하는 데 중요한 것일 뿐만 아니라 또한 자기 자신의 문화를 객관적으로 바라보기 위해 필요한 경험을 제공하였다. 현지조사를 통해 문화인류학자는 자신의 문화와 개인생활을 보다 깊이 있게 통찰하는 능력을 얻게 된다.

④ 자료수집 방법

㉠ 참여 관찰(Participant Observation)

연구자가 현지인들과 함께 생활하며 그들의 일상생활을 관찰하고 기록하는 방법이다. 이를 통해 연구자는 현지인의 관점에서 그들의 문화를 이해할 수 있다.

㉡ 심층 면접(In-depth Interviews)

연구자가 현지인들과 깊이 있는 대화를 나누며 그들의 경험과 관점을 수집하는 방법이다. 이는 구조화된 질문지나 자유로운 대화를 통해 이루어질 수 있다.

㉢ 생애사 연구(Life History Research)

특정 개인의 생애를 중심으로 그들의 경험과 역사를 기록하는 방법이다. 이로써 개인의 삶을 통해 그 사회의 문화를 이해할 수 있다.

㉣ 민족지 작성(Ethnography Writing)

현지조사를 통해 수집한 자료를 바탕으로 그 사회와 문화를 서술하는 방법이다. 이는 참여 관찰과 면접을 포함한 다양한 방법을 통해 작성된다.

㉤ 사진 및 비디오 기록(Photographic and Video Documentation)

현지의 생활과 문화를 시각적으로 기록하여 연구 자료로 사용하는 방법이다.

(3) 민족지학

① 의미

민족지학(ethnography)은 특정 사회나 문화 집단을 장기간에 걸쳐 심층적으로 연구하는 방법이다. 문화인류학자가 현지조사를 바탕으로 하여 특정 민족, 부족의 생활 전모를 빠짐없이 세밀하고 정확하게 기록한 글을 민속지라고 부른다. 민족지의 작성은 문화인류학적 연구의 가장 기본적인 형식을 이룬다.

② 주요 방법

㉠ 참여 관찰(Participant Observation)

㉡ 심층 면접(In-depth Interviews)

㉢ 현장 노트 작성(Field Notes)
현장 노트 작성은 연구자가 현장에서 관찰한 내용을 상세히 기록하는 방법이다. 이는 나중에 분석과 해석을 위해 중요한 자료가 된다.

㉣ 생애사 연구(Life History Research)
특정 개인의 생애를 중심으로 그들의 경험과 역사를 기록하는 방법이다. 이로써 개인의 삶을 통해 그 사회의 문화를 이해할 수 있다.

㉤ 사진 및 비디오 기록(Photographic and Video Documentation)

3. 비교방법

(1) 의미

문화인류학의 비교연구방법은 서로 다른 문화나 사회를 비교하여 공통점과 차이점을 분석하는 방법이다. 이를 통해 특정 문화현상의 보편성과 특수성을 이해할 수 있다. 문화인류학자들은 비교방법을 통해 다양한 문화와 사회를 비교하고, 그들의 공통점과 차이점을 분석하여 인간 사회의 보편적 원리를 탐구할 수 있다.

(2) 유형

① 문화 비교(Cultural Comparison)
두 개 이상의 문화를 비교하여 그들의 유사점과 차이점을 분석하는 방법이다. 이를 통해 특정 문화적 현상의 보편성과 특수성을 이해할 수 있다.

② 교차문화 연구(Cross-Cultural Studies)
다양한 문화 간의 비교를 통해 인간 행동과 문화의 보편적 패턴을 연구하는 방법이다. 이는 주로 양적 연구 방법을 사용하여 통계적 분석을 통해 이루어진다.

③ 에믹과 에틱 접근(Emic and Etic Approaches)
에믹 접근은 연구 대상자의 관점에서 문화를 이해하려는 방법이고, 에틱 접근은 외부 연구자의 관점에서 문화를 분석하는 방법이다. 두 접근을 병행하여 비교 연구를 수행할 수 있다.

④ 사례 연구(Case Studies)
특정 문화나 사회를 심층적으로 연구하여 다른 문화와 비교하는 방법이다. 이를 통해 특정 문화적 현상의 맥락을 깊이 있게 이해할 수 있다.

⑤ 역사적 비교(Historical Comparison)
역사적 비교는 서로 다른 시기의 문화를 비교하여 문화 변화와 지속성을 분석하는 방법이다. 이를 통해 문화의 진화와 변화를 이해할 수 있다.

03 문화인류학적 관점과 태도: 문화인류학의 패러다임

1. 진화론적 관점

(1) 의의

문화인류학의 진화론적 관점은 인간 문화의 발전과 변화를 진화의 과정으로 이해하려는 접근법이다.

(2) 유용성

① 인류학적 연구
인간의 기원과 진화를 이해하고, 이를 통해 인간의 생물학적, 문화적 발전 과정을 설명할 수 있다.

② 심리학적 연구
진화심리학은 인간의 행동과 심리를 진화의 산물로 이해하려고 한다. 이는 인간의 본성과 행동 패턴을 설명하는 데 유용하다.

③ 사회과학적 응용
진화론적 접근은 사회구조와 문화의 발전을 이해하는 데도 적용된다. 예를 들어, 문화진화론은 문화가 어떻게 변화하고 적응하는지를 설명한다.

④ 생태학적 연구
생태계 내에서 종 간의 상호작용과 환경 적응을 이해하는 데 진화론적 관점이 중요하다.

PART 04

(3) 관련 이론

① 단선적 진화론
19세기 후반에 등장한 이론으로, 모든 사회가 동일한 발전 단계를 거친다고 본다. 예를 들어, 미개사회에서 문명 사회로 발전하는 단계를 상정한다.

② 다선적 진화론
단선적 진화론에 대한 비판으로 등장한 이론으로, 사회와 문화가 다양한 경로를 통해 발전할 수 있다고 본다. 즉, 모든 사회가 동일한 발전 단계를 거치는 것이 아니라, 각기 다른 경로를 통해 발전할 수 있다는 것이다.
문화인류학의 다선적 진화론은 20세기 중반, 특히 1940~50년대에 등장했다. 이 이론은 줄리안 스튜어드에 의해 주도되었으며, 특정 환경에서 발생하는 문화현상에 주목하여 다양한 경로를 통해 문화가 진화한다고 설명한다.

③ 신진화론
20세기 중반에 등장한 이론으로, 진화의 과정을 에너지 사용과 기술 발전의 관점에서 설명한다. 레슬리 화이트와 줄리안 스튜어드가 대표적인 학자로, 문화의 발전을 에너지 효율성의 증가로 설명한다.

④ 진화론적인 관점의 문화생태학
줄리안 스튜어드는 환경이 문화의 발전에 중요한 역할을 한다고 주장하며, 이를 통해 문화의 다양성을 설명한다.

2. 총체론적 관점

(1) 의의

문화인류학의 총체론적 관점은 사회와 문화를 전체적으로 이해하려는 접근법으로, 사회의 다양한 요소들이 어떻게 상호작용하고 통합되는지를 분석한다. 총체적 관점은 정치, 경제, 종교, 법, 예술 등 다양한 사회적 요소들이 서로 밀접하게 연결되어 있다고 본다. 즉 문화현상을 고립적이고 단독적인 현상이 아닌 다른 하위문화 요소와의 유기적 관계를 고려하여 그 사회의 전체적인 맥락 속에서 파악하려는 관점과 태도를 말한다. 총체론적 관점을 통해 사회와 문화를 보다 깊이 있고 포괄적으로 이해할 수 있다.

예 한국의 효 문화의 이해(가족 내의 부자간 윤리 + 정치적 + 경제적 + 철학적 시각), 인도에서 소를 잡아먹지 않는 이유(힌두교 + 경제적으로 유용성)

(2) 유용성

① 총체론적 관점은 문화와 사회를 전체적으로 이해하고 분석하는 데 매우 유용한 접근법이다.

② 문화의 복잡성 이해
총체론적 관점은 사회와 문화를 다양한 요소들이 상호작용하는 복잡한 시스템으로 본다. 이를 통해 문화의 복잡성과 다층적인 구조를 깊이 있게 이해할 수 있다.

③ 편협한 이해 방지
문화의 특정 요소만을 따로 떼어내어 분석하는 것이 아니라, 전체적인 맥락 속에서 이해하려고 하기 때문에 편협하고 왜곡된 이해를 방지할 수 있다.

④ 문화 간 비교 연구
총체론적 관점은 다양한 문화 요소들이 어떻게 상호작용하는지를 분석함으로써, 서로 다른 문화 간의 비교 연구를 용이하게 한다. 이를 통해 문화의 보편성과 특수성을 동시에 이해할 수 있다.

⑤ 사회 변화 분석
사회의 한 부분에서 변화가 일어날 때, 그 변화가 다른 부분에 미치는 영향을 분석할 수 있다. 이를 통해 사회 변화의 원인과 결과를 보다 명확하게 이해할 수 있다.

⑥ 정책 및 프로그램 개발
총체론적 관점은 사회 정책이나 프로그램을 개발할 때, 다양한 사회적 요소들이 어떻게 상호작용하는지를 고려하게 한다. 이는 보다 효과적이고 통합적인 접근을 가능하게 한다.

(3) 주요 내용

① 전체적 이해
총체론적 관점은 사회와 문화를 정치, 경제, 종교, 법, 예술 등 다양한 요소들이 서로 밀접하게 연결된 하나의 전체로 본다. 즉, 각 요소가 독립적으로 존재하는 것이 아니라, 서로 영향을 주고받으며 하나의 통합된 시스템을 형성한다고 본다.

② 복잡한 상호작용

인간의 행동과 사고는 다양한 사회적, 문화적 맥락 속에서 이해되어야 한다. 총체론적 관점은 이러한 복잡한 상호작용을 분석하여 전체적인 그림을 그리려고 한다.

③ 다양한 연구 방법

총체론적 접근은 참여관찰, 민족지학, 비교연구 등 다양한 연구 방법을 사용하여 사회와 문화를 다각도로 분석한다. 이를 통해 특정 현상을 보다 깊이 있고 포괄적으로 이해할 수 있다.

④ 문화의 통합성 강조

총체론적 관점은 문화의 각 요소들이 어떻게 통합되어 작동하는지를 강조한다. 예를 들어, 경제 활동이 정치적 구조와 어떻게 연결되는지, 종교적 신념이 사회적 규범에 어떤 영향을 미치는지를 분석한다.

(4) 관련 이론

① 기능주의(구조기능주의)

브로니스와프 말리노프스키와 A. R. 래드클리프-브라운이 주도한 이론으로, 사회의 각 요소가 전체 사회의 안정과 기능을 유지하는 데 어떻게 기여하는지를 분석한다. 이 이론은 사회의 각 부분이 상호 의존적이며, 전체 시스템의 일부분으로 작동한다고 본다.

② 구조주의

클로드 레비스트로스가 주창한 이론으로, 인간의 사고와 문화가 보편적인 구조를 가진다고 주장한다. 구조주의는 문화의 다양한 요소들이 어떻게 상호 연결되어 있는지를 분석하며, 이를 통해 인간 사회의 보편적 패턴을 이해하려고 한다.

③ 문화생태학

줄리안 스튜어드가 발전시킨 이론으로, 환경과의 상호작용을 통해 문화를 이해하려는 접근법이다. 이 이론은 환경이 문화의 발전과 변화에 중요한 역할을 한다고 본다.

④ 상징적 상호작용론

클리포드 기어츠와 빅터 터너가 대표적인 학자로, 인간의 상징과 의미 체계를 통해 문화를 이해하려고 한다. 이 이론은 문화가 상징과 의미를 통해 구성되고, 이러한 상징이 사회적 상호작용을 통해 유지되고 변화한다고 본다. 상징적 상호작용론은 주로 미시적 수준에서 개인의 상호작용과 의미 형성을 연구하기 때문에, 총체적 관점과는 거리가 있다. 그러나 상징적 상호작용론도 사회의 다양한 요소들이 개인의 상호작용에 어떻게 영향을 미치는지를 분석할 수 있기 때문에, 총체적 관점의 일부 요소를 포함할 수 있다. 상징적 상호작용론은 총체적 관점을 완전히 취한다고 보기는 어렵지만, 개인의 상호작용을 통해 사회의 복잡한 구조와 문화를 이해하려는 시도를 한다는 점에서 총체적 관점과 일부 교차하는 부분이 있다.

3. 상대론적 관점

(1) 의의

문화인류학의 상대론적 관점은 각 문화의 특수성을 인정하고, 해당 사회의 맥락 안에서 문화를 이해하려는 접근 방식이다. 상대론적 관점은 모든 문화를 그 문화 자체의 기준으로 이해하려고 한다. 이는 특정 문화를 다른 문화의 기준으로 평가하지 않는다는 것을 의미한다. 문화상대주의적 관점을 통해 각 문화를 그 사회의 맥락에서 이해하고, 문화의 다양성과 고유한 가치를 존중하는 데 기여한다.

(2) 유용성

① 문화인류학의 상대론적 관점은 다양한 문화와 사회를 깊이 있게 이해하고 존중하는 데 매우 유용하다.

② 문화 다양성 존중
상대론적 관점은 모든 문화를 그 사회의 맥락에서 이해하려고 한다. 이는 문화 간의 우열을 가리지 않고, 각 문화의 고유한 가치를 인정하고 존중하는 태도를 촉진한다.

③ 편견과 고정관념 극복
상대론적 관점은 우리의 고정관념이나 편견을 배제하고, 다른 문화를 열린 마음으로 이해하려고 노력한다. 이를 통해 문화적 오해와 갈등을 줄일 수 있다.

④ 문화 간 이해 증진
상대론적 관점은 다양한 문화의 관행과 믿음을 그 사회의 맥락에서 이해하려고 하기 때문에, 서로 다른 문화 간의 이해를 증진시키는 데 도움이 된다.

⑤ 사회적 통합과 협력
다문화 사회에서 상대론적 관점은 서로 다른 문화적 배경을 가진 사람들이 더 잘 이해하고 협력할 수 있도록 돕는다. 이는 사회적 통합과 평화를 촉진하는 데 기여한다.

⑥ 연구의 깊이와 정확성 향상
상대론적 관점은 연구자가 특정 문화를 그 사회의 역사적, 환경적, 사회적 맥락 속에서 깊이 있게 이해할 수 있도록 한다. 이는 연구의 깊이와 정확성을 높이는 데 기여한다.

(3) 주요 내용

① 맥락적 이해
문화 상대주의적 관점은 각 문화를 그 사회의 맥락에서 이해하려는 접근법이다. 각 문화는 그 사회의 역사적, 환경적, 사회적 맥락 속에서 형성되고 발전한다. 따라서 문화를 이해할 때는 그 문화가 속한 맥락을 고려해야 한다.

② 문화 다양성 존중
상대론적 관점은 문화의 다양성을 존중하며, 모든 문화가 고유한 가치를 지닌다고 본다. 이는 문화 간의 우열을 가리지 않고, 각 문화의 독특한 특성을 인정하는 태도를 포함한다.

③ 편견 배제

상대론적 관점은 우리의 고정관념이나 편견을 배제하고, 다른 문화를 열린 마음으로 이해하려고 노력한다. 이를 통해 다른 문화의 관행이나 믿음이 그들의 환경에서 어떤 의미와 기능을 가지는지 더 잘 이해할 수 있다.

(4) 관련 이론

① 문화 상대주의

프란츠 보아스가 주창한 이론으로, 모든 문화는 그 자체의 맥락에서 이해되어야 한다고 주장한다. 이는 특정 문화를 다른 문화의 기준으로 평가하지 않고, 각 문화의 고유한 가치를 인정하는 접근법이다.

② 역사적 특정주의

프란츠 보아스와 그의 제자들이 발전시킨 이론으로, 각 문화는 고유한 역사적 맥락에서 발전해 왔으며, 이를 이해하기 위해서는 그 문화의 역사적 배경을 고려해야 한다고 본다.

③ 기능주의(구조기능주의)

브로니스와프 말리노프스키와 A. R. 래드클리프-브라운이 주도한 이론으로, 사회의 각 요소가 전체 사회의 안정과 기능을 유지하는 데 어떻게 기여하는지를 분석한다. 이 이론은 각 문화의 요소들이 그 사회의 필요를 충족시키는 방식으로 이해된다.

④ 구조주의

클로드 레비스트로스가 주창한 이론으로, 인간의 사고와 문화가 보편적인 구조를 가진다고 주장한다. 구조주의는 문화의 다양한 요소들이 어떻게 상호 연결되어 있는지를 분석하며, 이를 통해 인간 사회의 보편적 패턴을 이해하려고 한다.

⑤ 해석인류학

클리포드 기어츠가 대표적인 학자로, 문화는 상징과 의미를 통해 구성된다고 본다. 해석인류학은 문화의 상징적 의미를 이해하고 해석하는 데 중점을 둔다.

(5) 문화적 상대주의의 장점과 한계

① 자민족 중심주의에 대한 경계와 비판

어느 민족의 문화이건 각기 역사와 가치 및 신념을 지니고 있기 때문에 타문화에 대한 편견이나 자민족 중심주의의 입장에서 이해하는 것은 문화적 상대주의에 위배된다.

② 문화적 상대주의의 한계

인권을 침해하고 인간에게 고통을 주는 관습이나 신념 및 가치를 인정하고 존중하는 것에 대해서는 반성이 필요하다.

4. 비교론적 관점

(1) 의의

문화인류학의 비교론적 관점은 서로 다른 문화 간의 유사성과 차이점을 분석하여 문화를 이해하려는 접근법이다.

(2) 유용성 및 주요 내용

① 문화의 보편성과 특수성 이해
비교론적 관점은 다양한 문화 간의 공통점과 차이점을 분석하여, 각 문화의 특수성과 보편성을 이해하려고 한다. 이를 통해 특정 문화의 독특한 특징을 더 잘 이해할 수 있다.

② 객관적 이해 증진
자신의 문화를 다른 문화와 비교함으로써, 자문화에 대한 객관적 이해를 높일 수 있다. 이는 문화적 편견을 줄이고, 더 넓은 시야를 가지는 데 도움이 된다.

③ 문화 간 상호 이해
비교론적 관점은 서로 다른 문화 간의 상호 이해를 증진시키는 데 유용하다. 이를 통해 다양한 문화의 관행과 믿음을 더 잘 이해하고 존중할 수 있다.

④ 사회 변화 분석
비교론적 접근은 사회 변화의 원인과 결과를 분석하는 데 유용하다. 서로 다른 사회의 변화를 비교함으로써, 변화의 패턴과 그 영향을 더 잘 이해할 수 있다.

⑤ 다양한 연구 방법 사용
비교론적 관점은 민족지학, 역사적 연구, 언어학적 분석 등 다양한 연구 방법을 사용하여 문화를 비교 분석한다. 이를 통해 보다 포괄적이고 깊이 있는 문화 이해를 추구한다.

5. 문화 상대주의와 대비되는 관점

(1) **자문화 중심주의**(자민족 중심주의)

① 의미
자문화 중심주의는 자기의 문화만을 우수한 것으로 믿는 나머지, 자기 문화의 관점에서 다른 문화를 부정적으로 평가하는 태도를 말한다.
예 독일의 나치즘, 중국의 중화사상, 유대인의 선민사상, 문화 제국주의 등

② 장점
㉠ 사회통합에 기여
㉡ 집단 내의 일체감과 자부심 고취

③ 단점
㉠ 국수주의로 발전하여 국제적 고립 자초

ⓛ 국가 간 문화 이해와 협력에 장애

ⓒ 자문화 발전을 위한 창조적 통찰력을 얻는 것 저해

ⓔ 제국주의적 침략의 정당화

④ 문화 제국주의

㉠ 자문화 중심주의의 대표적인 예

ⓛ 선진국들이 시장 논리를 내세우며 자기들의 문화를 상품화하여 제3세계로 진출하는 것 ⇨ 문화산업에 대한 비판(프랑크푸르트학파)

(2) 문화적 사대주의

① 의미

문화 사대주의는 다른 사회의 문화만을 가장 좋은 것으로 믿고 숭상·동경한 나머지, 오히려 자신의 문화를 업신여기거나 낮게 평가하는 태도를 말한다.

예 우리 역사 속에서의 소중화(小中華), 서구화가 곧 발전이라고 보는 관점 등

② 장점: 다른 문화의 수용이 용이

③ 단점

자기 문화의 가치를 과소평가하고 타문화를 지나치게 숭상하여 문화의 주체성을 상실할 우려가 있음. 자문화에 대한 자긍심 저하 등의 문제를 초래

■ 문화이해의 잘못된 관점: 자문화 중심주의, 문화 제국주의, 문화적 사대주의, 극단적 문화 상대주의

Chapter

02 문화인류학의 주요 이론

01 초기(18세기 후반)부터 19세기 이론

1. 초기 단계

(1) 의의

18세기 후반은 문화인류학의 초기 발전에 중요한 시기였다. 초기 발전을 통해 문화인류학은 다양한 문화와 사회를 과학적으로 연구하고 이해하는 학문으로 자리 잡게 되었다.

(2) 주요 내용

① 프랑스 계몽사상
18세기 후반 프랑스 계몽사상은 문화인류학의 학문적 시초로 여겨진다. 계몽사상가들은 인간 사회와 문화를 합리적이고 과학적으로 이해하려는 노력을 기울였다.

② 문화진화론의 등장
이 시기에는 문화가 단순한 형태에서 복잡한 형태로 진화한다는 문화진화론이 등장했다. 이는 이후 19세기 문화인류학의 이론적 기초가 되었다.

③ 비교 연구의 시작
초기 문화인류학자들은 다양한 문화와 사회를 비교 연구하여 공통점과 차이점을 분석하려는 시도를 했다. 이는 문화의 보편성과 특수성을 이해하는 데 중요한 방법론적 접근이었다.

④ 미개한 문화 연구
초기에는 주로 미개한 문화와 그 문화를 담당하는 사람들을 연구 대상으로 삼았다. 이는 서구 중심의 시각에서 벗어나 다양한 문화를 이해하려는 노력이었다.

⑤ 문헌 연구와 현지 조사
초기 문화인류학자들은 문헌 연구와 현지 조사를 통해 자료를 수집하고 분석했다. 이는 문화인류학의 중요한 연구 방법으로 자리 잡았다.

2. 단선적 진화론(문화진화론) : 19세기

(1) 의미

찰스 다윈의 진화론이 영향을 미쳐, 모든 사회가 동일한 발전 단계를 거친다는 단선적 진화론이 등장했다. 단선적 진화론은 문화인류학에서 중요한 초기 이론 중 하나로, 모든 문화가 동일한 발전 단계를 거쳐 진화한다고 주장한다. 이 이론은 19세기 후반에 주로 발전했으며, 대표적인 학자로는 에드워드 타일러와 루이스 헨리 모건이 있다.

(2) 주요 개념 및 일반화

① 단선적 발전
모든 문화는 동일한 단계를 거쳐 발전하며, 이는 원시 단계에서 시작해 문명 단계로 나아간다고 본다.

② 인간이성의 규칙성(타일러): 심적 단일성(심적·정신적 동일성)
모든 인간은 동일한 심적 또는 정신적 단일성을 가지고 있으며, 유사한 자극에 대해 유사한 반응을 보인다고 주장한다.

③ 문화 단계: 문화는 일반적으로 세 가지 주요 단계를 거친다고 본다.
㉠ 야만 단계: 초기 인류 사회의 단계로, 사냥과 채집을 주로 하는 사회
㉡ 미개 단계: 농업과 목축이 시작되는 단계
㉢ 문명 단계: 문자와 도시가 발달한 단계(일부일처제, 유일신, 발달된 사회조직)

(3) 모건의 연구

① 인류의 발전단계: 야만 ⇨ 미개 ⇨ 문명

② 이로쿼이족 관찰: 보편법칙
혈연혼(집단혼) ⇨ 푸날루아혼(형제자매혼 제외) ⇨ 대우혼(1 : 1짝짓기) ⇨ 일부다처혼 ⇨ 일부일처혼

(4) 비판과 한계

① 문화의 다양성과 독특성을 충분히 설명하지 못함
단선적 진화론은 모든 문화가 동일한 경로를 따라 발전한다고 가정하기 때문에, 문화의 다양성과 독특성을 충분히 설명하지 못한다는 비판을 받는다.

② 서구 중심적인 시각과 자문화 중심주의
서구 중심적인 시각에서 비서구 문화를 평가하는 경향이 있어, 현대 인류학에서는 비판적으로 재검토되고 있다.

3. 문화전파론(19세기 말~20세기 초): 프란츠 보아스

(1) 의미

문화전파론은 문화가 한 지역에서 다른 지역으로 어떻게 확산되고 영향을 미치는지를 설명하는 이론이다. 이 이론은 문화적 요소들이 특정 지역에서 시작되어 다른 지역으로 전파된다고 주장한다.

(2) 역사적 배경

문화전파론은 19세기 말과 20세기 초에 고고학적 자료가 축적되면서 발전했다. 이 이론은 단선적 진화론에 대한 대안으로 등장했으며, 문화의 변동을 전파에 기인한다고 보았다.

(3) 주요 학파

① 영국학파

리버스(W. H. R. Rivers), 스미스(G. Elliot Smith), 페리(W. J. Perry) 등이 대표적이다.

이들은 이집트 문명이 전 세계로 확산되었다고 주장했다.

② 독일-오스트리아학파

라첼(F. Ratzel), 그래브너(F. Graebner), 쉬미트(Wilhelm Schmidt) 등이 대표적이다. 이들은 여러 문화복합체가 존재하며, 이러한 복합체가 전파된다고 주장했다.

(4) 주요 개념 및 일반화

① 전파의 종류

㉠ 직접전파

문화 요소가 직접적으로 다른 지역으로 이동하는 경우다. 예를 들어, 무역이나 정복을 통해 문화가 전파된다.

㉡ 자극전파

문화 요소의 개념이나 아이디어가 다른 지역으로 전파되어 새로운 형태로 나타나는 경우이다.

② 문화권

문화전파론은 세계를 여러 문화권으로 나누고, 각 문화권에서 중심지로부터 주변으로 문화 요소가 확산된다고 본다.

③ 혁신의 희소성

중요한 문화적 혁신은 역사상 드물게 발생하며, 이러한 혁신이 한 번 발생하면 여러 지역으로 전파된다고 주장한다.

(5) 비판과 한계

문화전파론은 문화의 확산과 변화를 이해하는 데 중요한 이론이지만, 각 지역의 자생적인 문화 발전 과정을 경시한다는 비판도 받는다.

02 20세기 초반 이론

1. 역사적 특정주의(역사적 특수주의)

(1) 의미

역사적 특수주의(historical particularism)는 20세기 초 미국 인류학자 프란츠 보아스(Franz Boas)에 의해 발전된 이론이다. 각 문화는 고유한 역사적 맥락에서 발전해 왔으며, 이를 이해하기 위해서는 그 문화의 역사적 배경을 고려해야 한다고 주장한다.

(2) 주요 개념 및 일반화

① 문화의 독특성

각 문화는 고유한 역사적 배경과 환경에 의해 형성되며, 이를 이해하기 위해서는 그 문화의 특수한 맥락을 고려해야 한다.

② 문화 상대주의

보아스는 문화적 특질을 평가할 때, 그 문화를 그 자체의 기준으로 이해해야 한다고 주장했다. 그의 주장은 문화적 편견을 줄이고, 다양한 문화를 존중하는 데 기여했다.

③ 단선적 진화론 거부

역사적 특수주의는 단선적 진화론을 거부하며, 모든 문화가 동일한 발전 단계를 거친다는 가정을 비판한다. 대신 각 문화는 독자적인 발전 경로를 가진다고 본다.

(3) 방법론

① 민족지 연구

보아스와 그의 제자들은 현지 조사를 통해 각 문화의 특수성을 기록하고 분석했다. 이를 통해 문화의 다양성과 복잡성을 이해하려고 했다.

② 역사적 접근

각 문화의 역사적 맥락을 중시하며, 문화적 변화를 이해하기 위해 그 문화의 과거를 연구한다.

(4) 영향

역사적 특수주의는 현대 인류학에 큰 영향을 미쳤으며, 문화 상대주의와 민족지 연구의 중요성을 강조했다. 이 이론은 문화의 다양성과 복잡성을 이해하는 데 크게 기여했다.

2. 기능주의와 구조기능주의(1920~30년대)

(1) 브로니스와프 말리노프스키의 기능주의

① 의미

브로니스와프 말리노프스키(Bronisław Malinowski, 1884~1942)는 기능주의 인류학의 창시자로, 문화와 사회의 현상을 기능적으로 설명하려고 했다. 그의 이론은 각 문화 요소가 사회 전체의 기능을 유지하는 데 어떻게 기여하는지를 분석한다.

② 주요 개념

㉠ 기본적 욕구

말리노프스키는 모든 문화 요소가 인간의 기본적 욕구를 충족시키기 위해 존재한다고 주장했다. 예를 들어, 음식, 주거, 안전 등의 욕구가 있다.

ⓛ 통합된 전체

문화는 통합된 전체로서, 각 요소가 상호작용하며 사회의 안정과 통합을 유지한다. 따라서 하나의 요소를 그 맥락에서 분리하여 이해할 수 없다.

③ 현지조사(참여 관찰)

말리노프스키는 현지조사를 통해 직접 문화를 경험하고 기록하는 방법을 강조했다. 그는 현지 언어를 배우고, 장기간 현지에 머물며 참여 관찰을 수행했다.

④ 주요 연구 : 트로브리안드 제도 연구

말리노프스키는 남태평양의 트로브리안드 제도에서 장기간 현지조사를 수행하며, '쿨라'라는 의례적 교환 체계를 연구했다. 쿨라는 무역거래제도와 문화적 요인들의 상호관련성을 보여준다. 경제는 단순히 경제영역에 머무르는 것이 아니라 종교적 의례 등과 관련되면서 사회화 기능, 공동체 의식 기능, 정치적 응집력의 기능, 심리적 안정감을 주는 기능의 합이 될 수 있음을 제시하였다.

⑤ 영향

말리노프스키의 기능주의는 문화의 각 요소가 사회 전체의 기능을 유지하는 데 어떻게 기여하는지를 이해하는 데 중요한 틀을 제공했다. 그의 연구 방법론은 현대 인류학 연구에 큰 영향을 미쳤다.

(2) 래드클리프 브라운의 구조기능주의

① 의미

래드클리프 브라운(A. R. Radcliffe-Brown)은 구조기능주의의 주요 학자로, 사회구조와 그 기능을 분석하는 데 중점을 두었다. 그의 이론은 사회의 다양한 제도와 관습이 어떻게 사회 전체의 안정과 연속성을 유지하는지 설명하려고 한다.

② 주요 개념

㉠ 사회구조

래드클리프 브라운은 사회구조를 사회적 관계의 패턴으로 정의했다. 이는 개인 간의 상호작용과 사회적 제도들이 어떻게 조직되고 유지되는지를 설명한다.

ⓛ 기능

사회의 각 요소는 전체 사회의 기능을 유지하는 데 기여한다. 예를 들어, 가족, 교육, 종교 등의 제도는 사회의 안정과 통합을 촉진한다.

ⓒ 사회적 제도

사회적 제도는 사회구조의 일부로, 특정한 기능을 수행하며 사회의 요구를 충족시킨다. 예를 들어, 법과 규범은 사회 질서를 유지하는 기능을 한다.

③ 연구 방법

㉠ 현지조사(참여 관찰)

래드클리프 브라운은 현지조사를 통해 사회구조와 기능을 분석했다. 그는 다양한 사회에서의 관습과 제도를 비교하여 공통된 패턴을 찾으려고 했다.

㉡ 비교 연구

다양한 사회를 비교하여 공통된 사회구조와 기능을 분석했다. 이를 통해 사회적 제도가 어떻게 유사한 기능을 수행하는지 이해하려고 했다.

④ 영향

래드클리프 브라운의 구조기능주의는 사회의 안정성과 통합을 이해하는 데 중요한 틀을 제공했다. 그의 연구는 현대 사회학과 인류학 연구에 큰 영향을 미쳤으며, 사회구조와 기능의 중요성을 강조했다.

3. 심리인류학(20세기 초 · 중반)

(1) 의미

문화인류학에서 심리인류학 이론은 문화와 심리적 과정의 상호작용을 연구하는 중요한 분야이다. 이 분야는 인간의 정신적, 정서적, 인지적 측면이 문화적 맥락에서 어떻게 형성되고 표현되는지를 탐구한다. 또한 이 심리인류학은 사회화 과정이나 육아과정이 인성에 어떤 영향을 미치는지를 연구하면서 궁극적으로 집단인성과 사회문화적 제도 사이의 관계를 연구하였다. 즉 심리인류학 이론은 인간의 심리적 경험을 더 깊이 이해하기 위해 문화적 맥락을 고려하는 중요한 이론이다.

(2) 대표적 학자 및 연구 분야

① 대표적 학자: 루스 베네딕트(Ruth Benedict), 마거릿 미드(Margaret Mead)

② 이론 분야

㉠ 문화와 인격

㉡ 문화와 심리

㉢ 상징적 상호작용론

(3) 발전 배경

① 심리학과 인류학의 융합

② 문화적 상대주의의 영향

20세기 초반, 프란츠 보아스(Franz Boas)와 같은 인류학자들이 문화적 상대주의를 강조하면서, 각 문화의 고유한 맥락을 이해하는 것이 중요하다는 인식이 확산되었다. 이는 심리인류학이 각 문화의 심리적 특성을 연구하는 데 중요한 기초가 되었다.

③ 정신분석학과 행동주의의 발전

지그문트 프로이트(Sigmund Freud)의 정신분석학과 존 왓슨(John Watson)의 행동주의는 인간의 심리적 과정을 이해하는 데 중요한 기여를 했다. 이러한 이론들은 인간의 무의식과 행동을 설명하는 데 중점을 두었으며, 이는 심리인류학이 인간의 심리적 특성을 문화적 맥락에서 연구하는 데 영향을 미쳤다.

④ 인지주의의 등장
20세기 중반, 인지주의가 등장하면서 인간의 인지적 과정과 정보 처리 방식을 연구하는 데 중점을 두게 되었다. 이는 심리인류학이 인간의 인지적 특성과 문화적 영향을 함께 연구하는 데 기여했다.

(4) 주요 개념 및 일반화

① 문화와 심리의 상호작용
심리인류학은 문화가 인간의 심리적 과정에 어떻게 영향을 미치는지, 반대로 인간의 심리적 특성이 문화에 어떻게 반영되는지를 연구한다.

② 문화적 모델
특정 문화 내에서 공유되는 심리적 모델이나 스키마를 분석한다. 이는 사람들이 세상을 이해하고 해석하는 방식을 설명하는 데 사용된다.

③ 감정과 문화
감정이 문화에 따라 어떻게 다르게 표현되고 경험되는지를 연구한다. 예를 들어, 특정 감정이 어떤 문화에서는 긍정적으로, 다른 문화에서는 부정적으로 여겨질 수 있다.

④ 정체성과 자아
개인의 정체성과 자아 개념이 문화적 맥락에서 어떻게 형성되고 변화하는지를 연구한다. 이는 자아 인식, 자존감, 사회적 역할 등의 주제를 포함한다.

⑤ 문화와 인격: 문화가 개인의 성격 형성에 어떻게 영향을 미치는지 탐구한다.

⑥ 문화적 상대주의
모든 문화는 그 자체의 맥락에서 이해되어야 한다는 개념이다. 이는 특정 문화의 심리적 특성을 평가할 때, 그 문화의 고유한 가치와 규범을 고려해야 함을 강조한다.

⑦ 심리적 적응
개인이 문화적 환경에 적응하는 과정을 연구한다. 이는 스트레스 관리, 정체성 형성, 그리고 사회적 역할 수행과 관련이 있다.

⑧ 문화적 전이
문화적 요소가 세대 간 또는 다른 문화 간에 어떻게 전이되는지를 연구한다. 이는 학습, 사회화, 그리고 문화적 변화의 과정을 포함한다.

(5) 연구 방법

① 현지조사(참여 관찰)
현지조사를 통해 직접 문화를 경험하고, 그 문화 내에서 심리적 과정을 관찰한다. 이는 연구자가 현지인과 함께 생활하며 그들의 관점을 이해하는 것을 포함한다.

② 심리적 테스트와 인터뷰

심리적 테스트와 심층 인터뷰를 통해 개인의 심리적 특성과 문화적 영향을 분석한다. 이는 정량적 데이터와 정성적 데이터를 모두 포함할 수 있다.

(6) 루스 베네딕트

① 개요

루스 베네딕트(Ruth Benedict, 1887~1948)는 20세기 초반의 저명한 문화인류학자로, 문화의 다양성과 상대성을 강조한 연구로 유명하다. 베네딕트는 문화가 인간의 심리적 특성에 어떻게 영향을 미치는지를 연구했다. 심리적 차원에서 개별문화를 형태화하면서 하나의 문화가 다른 문화와 구별되는 통합성의 성격을 밝히려고 하였다.

② 주요 연구 및 저서

㉠ 문화의 유형(Patterns of Culture, 1934)

이 책에서 베네딕트는 문화가 고유한 패턴을 가지고 있으며, 각 문화는 독특한 방식으로 인간의 행동과 사고를 형성한다고 주장했다. 그녀는 북아메리카의 주니족, 콰키우틀족, 동부 뉴기니의 도부족을 연구하여, 각 문화가 어떻게 다른 가치와 규범을 중심으로 조직되는지를 설명했다.

㉡ 국화와 칼(The Chrysanthemum and the Sword, 1946)

제2차 세계대전 중 미국 정부의 의뢰로 일본 문화를 연구한 결과물이다. 이 책에서 베네딕트는 일본 문화의 복잡성과 독특성을 분석하며, 일본인의 행동과 사고방식을 이해하려고 했다. 그녀는 일본 문화가 '예의'와 '수치'를 중심으로 조직된다고 설명했다.

③ 주요 개념 및 일반화

㉠ 아폴로니안 문화와 디오니소스 문화

베네딕트는 문화 유형을 설명하기 위해 그리스 신화의 아폴로와 디오니소스를 사용했다. 아폴로니안 문화는 질서, 조화, 절제를 중시하는 반면, 디오니소스 문화는 열정, 감정, 혼돈을 강조한다.

㉡ 문화의 통합성

그녀는 각 문화가 일관된 패턴을 가지고 있으며, 이러한 패턴이 개인의 행동과 사고를 형성한다고 보았다. 이는 문화가 단순한 관습의 집합이 아니라, 깊이 있는 구조를 가지고 있다는 것을 의미한다.

㉢ 문화적 상대주의

베네딕트는 문화적 상대주의를 강조하며, 각 문화를 그 자체의 기준으로 이해해야 한다고 주장했다. 이는 문화 간의 우열을 가리는 것이 아니라, 각 문화의 고유한 가치를 인정하는 접근 방식이다.

㉣ 문화의 패턴

그녀는 문화가 일관된 패턴을 가지고 있으며, 이러한 패턴이 개인의 행동과 사고를 형성한다고 보았다. 이는 문화가 단순한 관습의 집합이 아니라, 깊이 있는 구조를 가지고 있다는 것을 의미한다.

④ 주요 연구 사례

㉠ 주니족

베네딕트는 북아메리카의 주니족을 연구하여, 이들이 아폴로니안 문화의 예시라고 설명했다. 주니족은 평화롭고 조화로운 사회를 유지하며, 개인의 감정을 절제하는 문화를 가지고 있다.

㉡ 콰키우틀족

콰키우틀족은 디오니소스 문화의 예시로, 이들은 복잡한 의례와 축제를 통해 감정과 열정을 표현한다. 베네딕트는 이들의 문화가 혼돈과 열정을 중시한다고 분석했다.

⑤ 영향

루스 베네딕트의 연구는 특히 문화적 상대주의와 문화의 다양성을 이해하는 데 중요한 틀을 제공했다.

(7) 마거릿 미드

① 개요

마거릿 미드(Margaret Mead, 1901~1978)는 사모아와 뉴기니 등지에서 현지 조사를 통해 청소년기의 심리적 발달과 문화적 영향을 연구했다. 그녀의 연구는 주로 청소년기, 성 역할, 그리고 문화적 상대성에 초점을 맞추고 있다. 그녀의 연구는 문화가 인간의 발달 과정에 미치는 영향을 이해하는 데 중요한 기여를 했다.

② 사모아에서의 성장(Coming of Age in Samoa) 연구

㉠ 연구 내용

1925년 사모아에서 청소년기의 행동과 발달을 연구했다. 미드는 사모아 청소년들이 서구 청소년들보다 갈등이 적고, 성숙 과정이 더 평화롭다는 결론을 내렸다.

㉡ 영향

이 연구는 사춘기의 행동이 생물학적 요인보다는 문화적 요인에 의해 더 크게 영향을 받는다는 주장을 제시했다. 이는 당시 미국의 육아와 교육 방법에 큰 영향을 미쳤다.

③ 뉴기니 연구

㉠ 연구 내용

뉴기니의 여러 부족을 연구하여 성 역할과 문화의 관계를 탐구했다. 특히 아라페시족, 문두구머족, 챔블리족을 연구하여 각 부족의 성 역할이 매우 다르다는 것을 발견했다.

㉡ 영향

이 연구는 성 역할이 생물학적 결정론에 의해 고정된 것이 아니라, 문화적 요인에 의해 가변적이라는 것을 보여주었다.

④ 문화적 상대성 연구

㉠ 연구 내용

미드는 다양한 문화가 각기 다른 행동, 가치, 믿음을 가지고 있음을 강조했다. 그녀는 문화적 차이를 존중하고 이해하는 것이 중요하다고 주장했다.

ⓛ 영향

이는 문화적 상대주의 개념을 대중화하는 데 기여했으며, 다른 문화의 행동을 평가할 때 그 문화의 고유한 기준과 가치를 고려해야 한다는 점을 강조했다.

⑤ 남성성과 여성성 연구

미드는 인성으로 표현되는 남성성이나 여성성이 생물학적인 것인지 문화적인 것인지에 대해 연구하면서, 순수한 남성성이나 여성성은 보편적으로 존재하지 않는다는 사실을 증명하려고 노력하였다.

03 20세기 중반 이론

1. 다선적 진화론(1940~50년대)

(1) 의미

문화인류학의 다선적 진화론은 20세기 중반, 특히 1940~50년대에 등장했다. 다선적 진화론은 문화가 단일한 경로를 따라 발전하는 것이 아니라, 다양한 경로를 통해 진화한다고 주장하는 이론이다. 이 이론은 줄리안 스튜어드(Julian Steward)에 의해 발전되었으며, 특정 환경에서 발생하는 문화현상에 주목하여 다양한 경로를 통해 문화가 진화한다고 설명하면서 문화의 다양성과 환경적 요인을 강조한다.

(2) 주요 개념 및 일반화

① 다양한 진화 경로

문화는 단일한 발전 경로를 따르지 않고, 다양한 환경과 역사적 맥락에 따라 여러 경로로 진화한다. 이는 단선적 진화론과 달리, 모든 문화가 동일한 단계를 거친다는 가정을 거부한다.

② 문화생태학

스튜어드는 환경이 문화 진화에 중요한 역할을 한다고 보았다. 그는 특정 환경에 적응하는 과정에서 문화가 어떻게 변화하고 발전하는지를 연구했다.

③ 특수 진화와 일반 진화: 스튜어드는 진화를 두 가지로 나눴다.

㉠ 특수 진화: 특정 사회의 문화가 환경에 적응하면서 변화하는 과정

ⓛ 일반 진화: 인류 전체의 문화가 복잡성과 다양성을 증가시키며 발전하는 과정

(3) 연구 방법

① 비교 연구

다양한 사회와 문화를 비교하여, 각 문화가 어떻게 환경에 적응하고 진화했는지를 분석한다.

② 현지 조사

현지 조사를 통해 각 문화의 특수한 맥락과 환경을 이해하고, 이를 바탕으로 문화 진화 과정을 설명한다.

(4) 영향

다선적 진화론은 문화의 다양성과 복잡성을 이해하는 데 중요한 틀을 제공했다. 이 이론은 현대 인류학에서 문화생태학과 환경적 요인의 중요성을 강조하는 데 기여했다.

2. 신진화론(1940~50년대)

(1) 의미

신진화론(neoevolutionism)은 20세기 중반에 등장한 이론으로, 문화의 발전을 진화적인 관점에서 설명한다. 신진화론은 레슬리 화이트(Leslie White, 1900~1975)와 줄리안 스튜어드(Julian Steward)에 의해 주도되었으며, 문화의 발전을 진화적인 관점에서 설명하려는 시도로, 환경과 기술의 상호작용을 강조했다. 이 이론은 19세기 단선적 진화론의 한계를 극복하고, 보다 복잡하고 다양한 문화 발전 경로를 제시한다.

(2) 주요 개념 및 일반화

① 에너지 소비 이론

㉠ 화이트는 문화 발전의 주요 동력을 에너지 소비로 보았다. 그는 인류가 사용하는 에너지의 양과 효율성이 증가함에 따라 문화가 발전한다고 주장했다. 예를 들어, 인력에서 가축력, 식물력(농업), 화석연료, 원자력으로의 전환이 문화 발전을 이끌었다고 본다.

㉡ 문화진화의 기본법칙
E(에너지)×T(기술) ⇨ C(문화)

② 다선적 진화
스튜어드는 문화가 단일한 경로를 따라 발전하는 것이 아니라, 다양한 환경과 역사적 맥락에 따라 여러 경로로 진화한다고 주장했다. 그는 이를 다선적 진화론이라고 불렀으며, 환경과 기술의 상호작용을 강조했다.

(3) 연구 방법

① 비교 연구
다양한 사회와 문화를 비교하여, 각 문화가 어떻게 환경에 적응하고 진화했는지를 분석한다.

② 현지 조사
현지 조사를 통해 각 문화의 특수한 맥락과 환경을 이해하고, 이를 바탕으로 문화 진화 과정을 설명한다.

(4) 영향

신진화론은 문화의 다양성과 복잡성을 이해하는 데 중요한 틀을 제공했다. 이 이론은 현대 인류학에서 문화생태학과 환경적 요인의 중요성을 강조하는 데 기여했다.

3. 문화생태학(1950년대)

(1) 의미

문화생태학(cultural ecology)은 문화와 환경 간의 상호작용을 연구하는 이론이다. 이 이론은 줄리안 스튜어드(Julian Steward)에 의해 발전되었으며, 문화가 특정 환경에 어떻게 적응하고 변화하는지를 분석한다. 환경과의 상호작용을 통해 문화를 이해하려는 접근법이다. 줄리안 스튜어드는 환경이 문화의 발전에 중요한 역할을 한다고 주장하며, 이를 통해 문화의 다양성을 설명한다. 생태학적인 접근이진화론적인 함의를 갖는다고 하더라도 바스(Barth 1967)와 기어츠(Geertz 1963)에서 보이는 것처럼 비진화론적인 관점으로도 발전되어질 수 있다(Kaplan & Manners 1972 : 75).

PART 04

(2) 주요 개념 및 일반화

① 환경 적응
문화생태학은 문화가 환경에 적응하는 과정을 중점적으로 연구한다. 스튜어드는 유사한 환경 조건에서 유사한 적응 형태가 나타난다고 주장했다.

② 문화핵
특정 환경에 적응하기 위해 필수적인 문화적 요소들을 의미한다. 이는 생존과 번영을 위해 필요한 기술, 사회구조, 경제 활동 등을 포함한다.

③ 문화적 적응
문화는 환경의 변화에 따라 지속적으로 적응한다. 이는 자원의 이용 효율성, 사회구조의 복잡성, 기술 발전 수준 등을 통해 평가할 수 있다.

(3) 연구 방법

① 비교 연구
다양한 사회와 문화를 비교하여, 각 문화가 어떻게 환경에 적응하고 진화했는지를 분석한다.

② 현지 조사
현지 조사를 통해 각 문화의 특수한 맥락과 환경을 이해하고, 이를 바탕으로 문화 진화 과정을 설명한다.

(4) 영향

문화생태학은 문화의 다양성과 복잡성을 이해하는 데 중요한 틀을 제공했다. 이 이론은 문화인류학에서 문화생태학과 환경적 요인의 중요성을 강조하는 데 기여했다.

4. 구조주의(1950년대)

(1) 의미

구조주의는 문화인류학에서 중요한 이론 중 하나로, 클로드 레비스트로스(Claude Lévi-Strauss)에 의해 발전되었다. 레비스트로스는 인간의 사고와 문화가 보편적인 구조를 가진다고 주장한다. 이 이론은 문화의 근본적인 구조를 이해하고자 하며, 문화적 현상들이 어떻게 상호 연관되어 있는지를 분석한다.

(2) 주요 개념 및 일반화

① 심층구조

구조주의는 문화가 표면적인 현상들 뒤에 숨겨진 깊은 구조에 의해 형성된다고 본다. 이러한 구조는 모든 인간 사회에 공통적으로 존재하며, 이를 통해 다양한 문화적 관행을 이해할 수 있다.

② 이항 대립

레비스트로스는 인간의 사고가 이항 대립(예 자연 vs. 문화, 생 vs. 사)이라는 기본적인 구조를 통해 이루어진다고 주장했다. 이러한 대립 구조는 신화, 의례, 사회적 규범 등에서 발견될 수 있다.

③ 신화 분석

레비스트로스는 신화를 분석하여, 신화가 특정 사회의 구조적 원리를 반영한다고 보았다. 그는 신화가 인간의 보편적인 사고 방식을 드러내는 중요한 자료라고 여겼다.

(3) 연구 방법

① 비교 연구

다양한 사회의 신화, 의례, 언어 등을 비교하여 공통된 구조를 찾아내고, 이를 통해 인간 사회의 보편적인 원리를 이해하려고 했다.

② 기호학적 접근

언어학에서 발전된 기호학적 방법을 사용하여, 문화적 현상을 기호로 분석하고 그 의미를 해석했다.

(4) 영향

구조주의는 문화인류학뿐만 아니라 언어학, 문학, 사회학 등 다양한 학문 분야에 큰 영향을 미쳤다. 레비스트로스의 연구는 문화의 복잡성과 다양성을 이해하는 데 중요한 기여를 했으며, 현대 인류학 연구의 중요한 기초를 마련했다.

5. 문화유물론(1960년대 후반)

(1) 의미

문화유물론(cultural materialism)은 물질적 조건이 문화의 발전과 변화를 결정짓는다고 본다. 문화유물론은 마빈 해리스(Marvin Harris)에 의해 발전된 이론으로, 문화적 현상을 물질적 조건과 경제적 요인에 의해 설명하려고 한다. 이 이론은 문화의 발전과 변화를 이해하는 데 있어 환경적, 기술적, 경제적 요인의 중요성을 강조한다.

(2) 주요 개념 및 일반화

① 인프라스트럭처
문화유물론은 사회의 물질적 기반, 즉 인프라스트럭처가 문화의 다른 측면을 결정한다고 본다. 여기에는 생산 방식, 기술, 환경 조건 등이 포함된다.

② 구조
인프라스트럭처 위에 사회의 구조가 형성된다. 이는 가족, 정치, 경제 제도 등 사회적 관계와 조직을 포함한다.

③ 상부구조
상부구조는 사회의 이념적 측면을 의미하며, 종교, 예술, 과학, 법률 등이 포함된다. 문화유물론은 상부구조가 인프라스트럭처와 구조에 의해 결정된다고 주장한다.

(3) 연구 방법

① 물질적 조건 분석
문화유물론은 특정 문화의 물질적 조건과 경제적 요인을 분석하여, 그 문화의 특성을 설명하려고 한다. 예를 들어, 특정 환경에서의 자원 이용 방식이 그 사회의 경제 구조와 사회적 관계를 어떻게 형성하는지를 연구한다.

② 비교연구
다양한 사회와 문화를 비교하여, 물질적 조건이 문화적 차이에 어떻게 영향을 미치는지를 분석한다.

(4) 영향

문화유물론은 문화의 물질적 기반을 강조함으로써, 문화적 현상을 보다 과학적이고 체계적으로 이해하는 데 기여했다. 이 이론은 현대 인류학에서 환경적, 경제적 요인의 중요성을 강조하는 데 중요한 역할을 했다.

04 20세기 후반 이후 현대 이론

1. 해석인류학(1970~80년대)

(1) 의미

이 이론은 클리포드 기어츠(Clifford Geertz)에 의해 발전되었으며, 문화는 상징과 의미를 통해 구성된다고 본다. 해석인류학(interpretive anthropology)은 문화적 의미와 상징을 이해하고 해석하는 데 중점을 두는 이론이다. 이 이론은 문화적 현상을 텍스트로 보고 이를 해석하는 접근 방식을 취한다.

(2) 주요 개념 및 일반화

① 두꺼운 설명
기어츠는 문화적 행위를 단순히 기술하는 것이 아니라, 그 행위의 맥락과 의미를 깊이 있게 이해하는 “두꺼운 설명”을 제안했다. 이는 표면적인 행동 뒤에 숨겨진 상징적 의미를 해석하는 것을 의미한다.

② 문화는 텍스트다

해석인류학은 문화를 하나의 텍스트로 보고, 이를 해석하는 과정을 통해 그 의미를 이해하려고 한다. 이는 문학적 분석 방법을 차용하여, 문화적 현상을 읽고 해석하는 방식이다. 기어츠의 연구는 문화적 의미와 상징을 깊이 있게 이해하는 데 중점을 두었으며, 이는 현대 인류학 연구에 큰 영향을 미쳤다.

③ 상징과 의미

해석인류학은 상징과 의미가 문화의 핵심이라고 본다. 기어츠는 상징이 사회적 행동과 관습을 통해 어떻게 의미를 형성하고 전달하는지를 연구했다.

(3) 연구 방법

① 현지조사(참여 관찰)

현지조사를 통해 직접 문화를 경험하고, 그 문화를 구성하는 상징과 의미를 깊이 있게 이해하려고 한다. 이는 연구자가 현지인과 함께 생활하며 그들의 관점을 이해하는 것을 포함한다.

② 기호학적 접근

기호학적 방법을 사용하여, 문화적 현상을 기호로 분석하고 그 의미를 해석한다. 이는 언어학과 문학에서 발전된 방법론을 차용한 것이다.

2. 포스트모더니즘(1980년대)

(1) 의미

포스트모더니즘(postmodernism)은 20세기 후반에 등장한 이론으로, 기존의 전통적이고 보편적인 이론에 대한 비판과 해체를 중심으로 한다. 문화인류학에서 포스트모더니즘은 문화의 복잡성과 다양성을 강조하며, 단일한 진리나 보편적 설명을 거부한다. 즉 문화의 복잡성과 다원성을 강조하며, 기존의 보편적 이론에 대한 비판적 접근을 시도한다. 이러한 이론들은 문화인류학의 발전에 중요한 역할을 하였으며, 각 시대의 사회적, 학문적 배경에 따라 다양한 이론들이 등장하고 발전해 왔다. 포스트모더니즘 이론은 기존의 전통적 이론에 대한 비판적 시각을 제공하며, 다양한 문화적 관점을 수용하는 데 중점을 둔다.

(2) 주요 개념 및 일반화

① 탈중심화

포스트모더니즘은 중심이 되는 권위나 진리를 부정하고, 다양한 관점과 목소리를 인정한다. 이는 기존의 서구 중심적 시각을 비판하고, 다양한 문화와 사회의 독특성을 강조한다.

② 텍스트로서의 문화

문화는 하나의 텍스트로 간주되며, 이를 해석하는 과정에서 다양한 의미가 생성된다. 이는 기호학적 접근을 통해 문화적 현상을 분석하고 해석하는 방법을 포함한다.

③ 상호텍스트성

모든 텍스트는 다른 텍스트와의 관계 속에서 의미를 형성한다. 이는 문화적 현상이 독립적으로 존재하는 것이 아니라, 다른 문화적 요소들과의 상호작용 속에서 이해되어야 함을 의미한다.

(3) 연구 방법

① 해체

기존의 이론과 개념을 해체하고, 그 이면에 숨겨진 권력 구조와 이데올로기를 분석한다. 이는 문화적 현상을 보다 비판적으로 이해하는 데 도움을 준다.

② 다양한 관점 수용

다양한 문화적 관점과 목소리를 수용하며, 이를 통해 문화의 복잡성과 다양성을 이해하려고 한다. 이는 현지 조사를 통해 다양한 문화적 경험을 기록하고 분석하는 것을 포함한다.

Chapter 03 문화란 무엇인가?

01 문화의 개념과 유형

1. 문화란 무엇인가?

(1) 문화의 일반적 의미: 생활양식의 총체로서의 문화

문화는 인간 사회의 다양한 생활 양식과 상징 체계를 포함하는 복잡한 개념이다. 일반적 정의로서 문화는 한 사회의 구성원들이 공유하는 지식, 신념, 예술, 도덕, 법, 관습 등을 포함하는 생활 양식의 총체이다.

(2) 에드워드 버넷 타일러의 정의

타일러는 문화를 "지식, 신앙, 예술, 도덕, 법, 관습, 그리고 사회 구성원으로서 인간에 의해 얻어지는 또 다른 능력과 습관들을 포함하는 복잡한 통합"으로 정의했다.

2. 문화의 개념을 어떻게 이해할 것인가?

(1) 유형론(통합체론)

① 정의
유형론은 문화의 보편적 측면을 강조하며, 문화를 추상적이고 통합된 이미지로 규정한다. 이는 문화 내에 존재하는 심층적 규칙이나 질서를 이해하고 파악하는 데 중점을 둔다(크로버, 베네딕트, 레비스트로스).

② 특징

㉠ **보편성 강조**: 문화의 공통적이고 일반적인 특성을 찾으려 한다.

㉡ **추상적 접근**: 구체적인 사례보다는 문화의 일반적인 패턴과 구조를 분석한다.

㉢ **심층적 규칙 탐구**: 문화의 근본적인 규칙과 질서를 이해하려고 한다.

(2) 맥락론

① 정의
맥락론은 문화가 일상생활에서 나타나는 구체적이고 상황적인 삶의 모습에 관심을 둔다. 맥락적·상황적인 다양한 일상적 생활문화를 연구하는 입장이다. 즉 특정 상황과 맥락에서 문화가 어떻게 나타나는지를 연구한다.

② 특징

㉠ **구체성 강조**: 일상생활에서의 구체적인 문화적 표현과 실천에 주목한다.

ⓛ 상황적 접근: 특정 상황과 맥락에서 문화가 어떻게 형성되고 변화하는지를 분석한다.

ⓒ 다양성 존중: 다양한 문화적 표현과 실천을 이해하고 존중한다.

(3) 두 접근법의 관계

현실적으로 보면 문화는 보편성과 특수성을 모두 지니기 때문에 두 가지 입장을 종합적으로 이해할 필요가 있다. 이 두 접근법은 문화를 이해하는 데 서로 보완적인 역할을 한다. 유형론은 문화의 보편적 특성을 이해하는 데 도움을 주고, 맥락론은 문화의 구체적이고 상황적인 표현을 이해하는 데 유용하다.

3. 문화의 내용(볼드리지의 견해)

(1) 문화 유형 사례

물질문화(재화와 기술), 규범문화(제도 및 관습), 관념문화(학문, 예술, 사상, 철학)

(2) 볼드리지 유형

① 경험적 문화
자연적, 사회적 환경에 적응하면서 얻어진 지식과 기술의 축적 그리고, 사회적 상황을 규정해 주는 문화

② 심미적 문화: 아름다운 것의 기준을 제공해 주는 문화

③ 규범적 문화
무엇이 옳고 그른가 하는 행동 판단의 기준을 제공해 주는 문화이다. 규범은 마땅히 지켜야 할 가치가 있다고 집단성원들이 그 당위성과 정당성을 인정한 행동에 대해 합의에 의한 사회적 제재가 뒷받침되고 내면화될 때 사회규범으로서 지속된다. 규범의 종류에는 민습, 원규, 법 등이 있다. 민습은 일반적으로 상식 또는 에티켓이라고 부르는 정도의 행동규칙을 의미한다. 원규는 일상적인 개인생활을 중심으로 그 사회가 추구하고 있는 가치가 실현될 수 있도록 구체화한 행동규범이다. 법은 개인의 권리와 사회의 질서를 유지하기 위해서 합법적인 기관에 의해 합법적인 방법으로 공식화되고 명문화된 사회통제 수단이다.

구분	민습과 원규	법
공식적이고 명문화된 통제수단 여부	×	○
징계 범위	행위 + 행위자의 모든 것	구체적 행위 자체
규범의 집행자	공동체 전체	전문가

02 문화의 기능과 특성

1. 문화의 기능

(1) 문화화(=사회화)

사회화는 자신이 태어난 사회 속에서 의식주를 누리며 안정적으로 살기 위해 그 사회의 보편적 지향인 사회적 규범, 규칙, 행동 양식을 습득하는 것이며 사회적 상호작용 과정에 초점을 둔다. 문화는 인간에게 사회생활의 적응에 필요한 일련의 생활양식을 제공하며 가치, 규범, 신앙 등 일련의 관념체계를 통해 사회가 필요로 하는 자아와 인성을 형성하는 기능을 한다. 이런 기능을 통해 개인이 문화를 습득해가는 과정을 문화화라고 말한다. 문화화는 사회적 상호작용 과정의 내용에 초점을 둔다.

(2) 사회의 안정적 재생산

① 다양한 기능: 문화는 사회의 안정적 재생산을 위해서 다양한 기능을 수행한다.

② 주요 기능

㉠ 구성원들의 의식주 등 생리적 욕구를 비롯하여 다양한 이차적 욕구들을 충족시키기 위한 사회제도들과 행동양식들을 제공한다.

㉡ 구성원들 간의 지속적 상호작용과 사회통합이 이뤄질 수 있도록 일련의 보편적인 규칙·규범·가치들을 제공한다.

2. 문화의 특성

(1) 공유성

문화는 한 사회의 구성원들이 공통적으로 가지고 있는 생활양식이나 행동방식을 말한다. 이는 특정 문화가 그 사회의 구성원들 사이에서 널리 퍼져 있고, 이를 통해 구성원들이 서로 이해하고 소통할 수 있게 한다.

예 인사방식, 명절과 전통, 언어, 식사예절, 의복

(2) 학습성

문화의 학습성은 문화가 선천적으로 타고나는 것이 아니라 후천적으로 학습되는 생활 양식이라는 의미다. 사람들은 태어나면서부터 주변 환경과 상호작용을 통해 문화를 습득하고 발전시킨다. 즉, 문화는 사회화의 결과로 형성된다.

예 언어습득, 식사예절 학습, 인사법 학습

(3) 축적성

문화의 축적성은 문화가 세대를 거쳐 지속적으로 축적되고 발전하는 특성을 의미한다. 이는 문화가 단순히 한 세대에서 끝나는 것이 아니라, 다음 세대로 전달되면서 새로운 요소가 추가되고 더욱 풍부해지는 과정을 포함한다. 문화는 세대를 거쳐 축적되며, 새로운 지식과 기술이 추가되면서 점점 풍부해지고 발전한다.

예 세대 간 전승, 지식과 기술의 축적, 문화의 발전(김치)

(4) 전체성

문화의 전체성은 문화가 여러 구성 요소들이 유기적으로 결합된 하나의 전체로서 의미를 갖는 생활 양식임을 의미한다. 이는 문화가 단순히 개별 요소들의 집합이 아니라, 각 요소가 서로 연관되고 상호작용하여 형성된 통합체로 이해된다는 것을 의미한다. 즉 문화는 여러 요소들이 유기적으로 결합된 하나의 체계다. 한 요소의 변화는 다른 요소에도 영향을 미친다.

예 한국의 음식(김치), 의복문화, 축제와 의례, 인터넷의 발달로 인한 생활의 변화

(5) 변동성

① 의미
문화의 변동성은 시간이 지나면서 문화가 변화하고 발전하는 특성을 의미한다. 이는 새로운 요소의 도입, 기존 요소의 소멸, 또는 기존 요소의 변형을 통해 이루어진다. 문화의 변동은 다양한 요인에 의해 촉발되며, 사회적, 경제적, 정치적 변화와 같은 외부 요인뿐만 아니라 내부적인 혁신과 창의성에 의해 영향을 받는다.

② 글로벌화
한국식 패스트푸드, 기존의 한국 음식문화와 서양 음식문화가 결합하여 새로운 형태의 음식문화 탄생

③ 기술 발전: 인터넷과 스마트폰의 보급 ⇨ 활발한 문화교류 ⇨ 새로운 사회현상

④ 사회적 변화: 여성의 사회적 지위 향상 ⇨ 가족문화

Chapter

04 문화변동

01 문화변동의 의미와 원인

1. 문화변동의 의미 및 유형

(1) 문화변동의 의미

문화인류학에서 문화변동은 한 사회의 문화가 시간에 따라 변화하는 과정을 의미한다. 이는 다양한 요인에 의해 발생하며, 문화의 전파, 접변, 지체 등의 양상으로 나타난다.

(2) 문화변동의 유형

① 내재적 변동
내재적 변동은 한 사회 내부에서 발생하는 변화로, 주로 발명과 발견을 통해 이루어진다.

예 PC의 발명, 스마트폰의 발명

② 외재적 변동

㉠ 문화전파 : 다른 문화와 접촉하는 과정에서 문화가 전달되는 과정 예 직접전파, 간접전파, 자극전파

㉡ 문화접변 : 서로 다른 문화가 변화를 일으키는 과정 예 강제적 접변, 자발적 접변

2. 문화변동의 내재적 요인

(1) 발명

① 발명의 의미 : 발명은 새로운 문화 요소나 원리, 기술, 사물 등을 만들어 내는 것을 말한다.

② 1차적 발명

㉠ 의미
1차적 발명은 이전에 존재하지 않았던 새로운 문화 요소나 원리를 창조하는 것을 의미한다. 이는 무(無)에서 유(有)를 창조하는 과정이다.

㉡ 사례 : 최초의 법이나 정치, 최초의 정부형태, 활의 발명, 바퀴 등

③ 2차적 발명

㉠ 의미
2차적 발명은 이미 존재하는 문화 요소나 원리를 응용하여 새로운 것을 만들어내는 것을 의미한다. 이는 기존의 것을 변형하거나 조합하여 새로운 기능이나 목적을 가진 요소를 창조하는 과정이다.

㉡ 사례 : 혼합민주주의, 혼합정부형태, 이원정부제, 현악기, 수레

(2) 발견

① 의미
발견은 이미 존재하고 있었지만 아직 세상에 알려지지 않았던 문화적 요소를 찾아내거나 알아내는 것을 말한다.

② 사례: 신대륙의 발견, 불·비타민·태양의 흑점·새로운 병원균의 발견 등

3. 문화변동의 외재적 요인

(1) 문화전파

문화전파는 한 사회의 문화 요소들이 다른 사회와의 접촉을 통해 다른 사회로 전해져서 그 사회의 문화에 통합되어 정착되는 과정이다. 이는 직접전파, 간접전파, 자극전파로 나뉜다.

(2) 직접전파

① 의미
직접전파는 한 사회의 문화 요소가 다른 사회로 직접적인 접촉을 통해 전달되는 과정을 의미한다. 이는 주로 혼인, 교역, 전쟁, 이주 등의 활동을 통해 이루어진다. 직접전파는 문화변동의 중요한 메커니즘 중 하나로, 다양한 방식으로 나타날 수 있다. 직접전파는 문화가 고립되지 않고, 서로 영향을 주고받으며 발전하는 중요한 과정이다.

② 직접전파 주요 방식

㉠ 혼인

예 국제결혼을 통해 음식, 의상, 언어 등의 문화가 서로 영향을 주고받는다.

㉡ 교역

예 실크로드를 통해 동서양의 다양한 문화 요소가 교환되었다.

㉢ 전쟁

예 로마 제국의 확장은 로마문화가 유럽 전역에 퍼지는 계기가 되었다.

㉣ 이주

예 유럽 이민자들이 미국으로 이주하면서 유럽의 다양한 문화 요소가 미국에 전파되었다.

③ 사례

㉠ 한자의 전래: 중국에서 한자가 한국과 일본으로 전파된 것은 직접전파의 대표적인 사례이다.

㉡ 불교의 전파
인도에서 시작된 불교가 중국, 한국, 일본 등으로 전파된 것도 직접전파의 예다. 이는 주로 승려들의 여행과 교류를 통해 이루어졌다.

(3) 간접전파

① 의미

간접전파는 한 사회의 문화 요소가 다른 사회로 직접적인 접촉 없이 전달되는 과정을 의미한다. 이는 주로 매체, 문서, 예술 작품 등을 통해 이루어진다. 간접전파는 현대사회에서 특히 중요한 역할을 하며, 다양한 방식으로 나타난다.

② 간접전파 주요 방식

㉠ 매체를 통한 전파: 영화와 TV, 인터넷과 SNS 등

㉡ 문서를 통한 전파: 서적과 잡지, 학술 논문

㉢ 예술 작품을 통한 전파: 음악, 미술과 건축

③ 사례

㉠ 한류, K컨텐츠의 전파

㉡ 서양 패션의 전파

(4) 자극전파

① 의미

자극전파는 한 사회의 문화 요소가 다른 사회에 자극을 주어 새로운 문화 요소를 창조하게 하는 과정을 의미한다. 이는 직접적인 문화 요소의 전파가 아니라, 다른 문화의 아이디어나 개념을 받아들여 새로운 것을 창조하는 방식이다.

② 자극전파 주요 방식

㉠ 아이디어의 수용

다른 문화의 아이디어나 개념을 받아들여 이를 바탕으로 새로운 문화 요소를 창조한다.
예를 들어, 특정 기술이나 예술적 개념을 보고 영감을 받아 새로운 발명을 하거나 예술 작품을 창조하는 경우이다.

㉡ 창조적 변형

기존의 문화 요소를 변형하거나 조합하여 새로운 형태로 발전시킨다. 이는 단순한 모방이 아니라, 창조적이고 독창적인 변화를 포함한다.

③ 사례

㉠ 체로키 문자

체로키족의 지도자 세쿼이아는 영어 알파벳을 보고 영감을 받아 체로키 문자를 창조했다. 이는 영어를 직접적으로 받아들인 것이 아니라, 영어의 개념을 바탕으로 새로운 문자를 만든 예이다.

㉡ 일본의 메이지 유신

일본은 서구의 과학 기술과 제도를 보고 영감을 받아 메이지 유신을 통해 일본 사회를 근대화했다. 이는 서구의 문화를 직접적으로 받아들인 것이 아니라, 일본식으로 변형하여 발전시킨 사례다.

㉢ 한국의 한글 창제
세종은 한자를 비롯한 중국어와 다른 언어들의 원리를 바탕으로 한국어에 적합한 새로운 문자를 만들었다.

02 문화변동의 양상과 과정

1. 문화접변

(1) 의미

문화접변은 서로 다른 문화가 접촉하여 변화를 일으키는 과정을 의미한다. 이는 강제적 접변과 자발적 접변으로 나눌 수 있으며, 다양한 방식으로 나타난다.

(2) 유형

① 강제적 접변: 물리적 강제력이나 외부압력에 의해 문화가 변형되는 경우
예 일제 강점기 신사 참배 강요, 식민지 시대의 언어정책(프랑스와 알제리)

② 자발적 접변: 자발적으로 다른 문화 요소를 받아들이고 융합하는 경우
예 서구의 과학 기술을 수용, 음식문화의 융합

2. 문화접변의 결과

(1) 문화융합

① 의미
문화융합은 서로 다른 문화 요소가 결합하여 새로운 문화를 형성하는 과정을 의미한다. 이는 각 문화의 특성을 유지하면서도 새로운 형태로 융합되는 것을 강조한다.
예 다양한 음식문화가 융합되어 새로운 퓨전 요리가 탄생하는 경우, 불고기 버거

② 특징

㉠ 상호작용: 서로 다른 문화가 상호작용하며 새로운 문화를 형성한다.

㉡ 문화적 정체성 유지: 각 문화의 고유한 특성을 유지하면서도 새로운 문화 요소를 받아들인다.

③ 문화융합과 문화동화 비교
문화융합은 각 문화의 특성을 유지하면서 새로운 문화를 형성하는 반면, 문화동화는 새로운 문화에 완전히 흡수되어 기존의 문화적 정체성을 잃는 과정을 의미한다.

구분	문화융합	문화동화
문화적 정체성	유지	상실
상호작용	서로 다른 문화가 상호작용하여 새로운 문화 형성	기존문화가 새로운 문화에 완전히 흡수
예	퓨전 요리	이민자들의 전통 포기

(2) 문화적응

① 의미

문화적응은 새로운 문화 요소를 받아들여 기존 문화와 조화를 이루는 과정을 말한다. 문화적응은 기존의 문화적 정체성을 유지하면서 새로운 문화에 적응하는 과정이다.

예 외국에서 온 이민자들이 현지 문화에 적응하면서도 자신의 문화를 유지하는 경우

② 특징

㉠ 문화적 정체성 유지

㉡ 새로운 문화와 기존 문화가 상호작용하며 조화를 이룬다.

(3) 문화동화

① 의미

문화동화는 한 사회의 구성원이 새로운 문화 환경에 완전히 동화되어 자신의 원래 문화적 정체성을 잃고 새로운 문화에 동화되는 과정을 의미한다. 이는 기존의 문화적 특성을 포기하고 새로운 문화에 완전히 흡수되는 것을 강조한다.

② 특징

㉠ 문화적 정체성 상실

㉡ 동질화

③ 문화적응과 문화동화 비교

구분	문화적응	문화동화
문화적 정체성	유지	상실
상호작용	기존 문화와 새로운 문화가 상호작용	새로운 문화에 완전히 흡수
전통유지 여부	전통 유지	전통 포기 또는 상실

(4) 문화병존

① 의미

문화병존은 여러 문화가 한 사회 내에서 각각의 정체성을 유지하면서 공존하는 상태를 의미한다. 이는 다양한 문화가 서로 영향을 주고받으면서도 독립적으로 존재하는 것을 강조한다.

② 특징

㉠ 문화적 정체성 유지

㉡ 공존: 새로운 문화 요소와 기존 문화 요소가 동시에 존재하는 현상

③ 문화적응과 문화병존 비교

구분	문화적응	문화병존
문화적 정체성	유지	유지
상호작용	기존 문화와 새로운 문화가 상호작용	여러 문화가 독립적으로 공존
전통유지 여부	전통 유지	집단의 고유문화 공존

(5) 문화소멸

① 의미

문화소멸은 특정 문화 요소가 사라지거나 더 이상 사용되지 않는 과정을 의미한다. 이는 주로 외부 압력, 사회적 변화, 또는 자연 재해 등의 요인에 의해 발생한다.

예 전통적인 농업 방식이 현대화된 농업 기술로 대체되는 경우

② 특징

㉠ 문화적 정체성 상실

㉡ 영구적 소멸

③ 사례: 언어소멸

④ 문화동화와 문화소멸 비교

구분	문화동화	문화소멸
문화적 정체성	상실	상실
상호작용	새로운 문화에 흡수	특정 문화 요소의 소멸
전통유지 여부	전통 포기	문화와 전통 소멸

(6) 문화갈등

① 의미

문화갈등은 서로 다른 문화가 충돌하거나 적대시하는 현상을 의미한다. 이는 다양한 요인에 의해 발생하며, 종교, 민족, 언어, 국경선의 불일치 등에서 비롯될 수 있다.

② 문화갈등의 주요 요인

㉠ 종교적 차이: 팔레스타인과 이스라엘의 갈등, 인도와 파키스탄 간의 갈등

㉡ 민족적 차이: 스리랑카에서 불교를 믿는 싱할라족과 힌두교를 믿는 타밀족 간의 갈등

㉢ 언어적 차이: 벨기에에서 북부의 네덜란드어 사용 지역과 남부의 프랑스어 사용 지역 간의 갈등

③ 문화 갈등의 해결 방안

㉠ 문화 상대주의 태도 함양

㉡ 다양한 형태의 교류와 대화

㉢ 법적 보장

(7) 문화저항(Cultural Resistance)

① 의미

문화저항은 새로운 문화 요소나 외부의 문화적 영향에 대한 반발과 거부를 의미한다. 이는 기존의 문화적 정체성을 지키기 위한 노력으로 나타나며, 복고운동이나 저항운동의 형태로 나타날 수 있다.

② 특징

㉠ 기존 문화의 보호

새로운 문화 요소에 대한 반발로 기존의 문화적 정체성을 지키려는 노력이 포함된다.

㉡ 저항운동

외부의 문화적 영향에 대한 저항으로 나타나며, 이는 정치적, 사회적 운동과 결합될 수 있다.

③ 사례: 전통문화를 지키기 위한 복고운동, 외국문화의 유입에 반대하는 저항운동 등

④ 전통문화복고운동

㉠ 의미

강제적 접변 과정에서 나타난 전통문화복고운동은 외부의 강제적인 문화 변화에 대한 반발로, 기존의 전통문화를 재조명하고 복원하려는 움직임을 의미한다. 이러한 운동은 주로 식민지 지배나 외부 압력에 의해 기존 문화가 위협받을 때 발생한다.

㉡ 한국의 반일 전통문화복고운동

일제 강점기 동안 일본은 한국의 전통문화를 억압하고 일본문화를 강요했다. 이에 대한 반발로 한국에서는 전통문화를 지키고 복원하려는 다양한 운동이 일어났다.

예 창씨개명 저항, 한글 보존 운동, 전통 의상과 풍습의 유지

㉢ 인도의 반영운동(Swadeshi Movement)

영국 식민지 시기 동안 인도는 영국의 경제적 착취와 문화적 억압에 직면했다. 이에 대한 반발로 인도에서는 전통문화를 복원하고 자립하려는 반영운동이 일어났다.

예 국산품 애용 운동, 전통 의상 착용

㉣ 아프리카의 전통문화복고운동

식민지 시대 동안 아프리카 여러 나라들은 유럽 열강의 지배를 받으며 전통문화가 억압되었다. 독립 이후 많은 아프리카 국가들은 전통문화를 복원하고 재조명하려는 노력을 기울였다.

예 전통 언어 부활, 전통 예술과 음악의 부흥

㉤ 전통문화복고운동의 시사점

강제적 접변 과정에서 나타난 전통문화복고운동은 외부의 강제적인 문화 변화에 대한 반발로, 기존의 전통문화를 지키고 복원하려는 노력을 의미한다. 이러한 운동은 문화적 정체성을 유지하고 강화하는 데 중요한 역할을 한다.

(8) (사이비) 천년왕국운동

① 천년왕국운동

㉠ 의미

천년왕국운동은 기독교의 종말론적 신앙에서 비롯된 운동으로, 새로운 이상 사회의 도래를 믿고 이를 준비하는 종교적 운동이다. 이는 주로 식민지 시대나 사회적 억압이 심한 시기에 나타났다.

㉡ 문화변동 양상

천년왕국운동은 외부 압력과 사회적 불안에 대한 반응으로 나타난 종교적 운동이다. 이는 외재적 변동의 한 예로, 외부의 억압에 대한 저항과 새로운 사회 질서의 도래를 믿는 신앙 체계가 형성된 것이다.

② 하물(화물)숭배(Cargo Cult)

㉠ 의미

하물숭배는 주로 멜라네시아 지역에서 나타난 현상으로, 제2차 세계대전 동안 미군이 이 지역에 주둔하면서 원주민들이 처음 보는 물건들을 접하게 되면서 시작되었다. 전쟁이 끝난 후에도 원주민들은 이러한 물건들이 다시 돌아오기를 바라며 비행기 모형을 만들고 의식을 행했다.

㉡ 문화변동 양상

하물숭배는 외부 문화의 급격한 유입에 대한 반응으로, 기존 문화와 새로운 문화 요소가 충돌하면서 나타난 종교적 운동이다. 이는 외재적 변동의 한 예로, 외부의 영향을 받아 새로운 신앙 체계가 형성된 것이다.

③ 유령춤운동(Ghost Dance Movement)

㉠ 의미

유령춤운동은 19세기 후반 미국 서부의 아메리카 원주민들 사이에서 일어난 종교 운동이다. 이 운동은 백인 정착민과 미국 정부의 압박에 대한 저항의 상징으로, 원주민들이 전통적인 춤을 통해 영적 부흥과 사회적 변화를 추구했다.

㉡ 문화변동의 양상

유령춤운동은 외부 압력에 대한 저항으로 나타난 문화적 저항 운동이다. 이는 강제적 접변의 결과로, 외부 세력에 의해 강요된 변화에 대한 반발로 나타난 종교적, 사회적 운동이다.

3. 문화지체(W. F. Ogburn)

(1) 문화지체의 의미

문화지체는 물질문화와 비물질문화의 변동 속도 차이로 인해 발생하는 부조화 현상을 의미한다. 이는 주로 기술 발전이 빠르게 이루어지는 반면, 사회적 규범, 가치관, 법률 등의 비물질문화가 그 변화를 따라가지 못할 때 나타난다.

■ 기술지체 현상 : 후진국이나 개발도상국에서 일어난다. 선진국에서 발전된 이념 · 지식이 교육을 통해 널리 퍼지게 되나, 이를 지원하는 기술 체계가 뒤떨어져 사회적으로 큰 문제를 야기한다.

(2) 문화지체의 주요 특징

① 물질문화와 비물질문화의 불균형

㉠ 물질문화: 기술, 도구, 기계 등 물질적인 요소들이 포함된다.

㉡ 비물질문화: 규범, 가치관, 법률, 제도 등 비물질적인 요소들이 포함된다.

㉢ 사례

스마트폰 기술이 빠르게 발전했지만, 이를 사용하는 데 필요한 에티켓이나 법률은 그 속도를 따라가지 못하는 경우가 있다.

② 사회적 부조화

새로운 기술이나 물질문화가 도입되었지만, 이를 적절히 규제하거나 활용할 수 있는 사회적 규범이나 법률이 부족하여 혼란이 발생한다.

예 자율주행차 기술이 발전했지만, 이를 규제할 법률이 미비하여 교통사고나 책임 문제 등이 발생할 수 있다.

(3) 문화지체의 영향

① 사회문제 야기: 가치관의 혼란, 정체성 혼란, 아노미 현상, 사회해체 야기 가능성

② 사례

㉠ 인터넷과 개인정보 보호

㉡ 환경문제

㉢ 교통 기술과 법률: 자율주행차 운행

㉣ 배아 복제와 제도 및 윤리

㉤ 인공지능과 노동의 종말

(4) 해결책

① 법률과 제도의 정비

② 사회적 인식 제고

③ 연구와 정책 개발

Chapter 05 사회의 다양한 문화와 지배 현상

01 전체문화와 하위문화

1. 한 사회의 다양한 문화에 대한 이해

(1) 현대의 한 사회는 통합적인 문화와 다양한 문화를 가진다.

수렵이나 채집사회와 같은 단순한 사회는 모든 사람이 공유하는 단일하고 통합적인 문화를 갖고 있다. 산업사회와 같은 복잡한 사회는 다양한 문화를 가지고 있으며 다양한 하위문화를 갖고 있다. 하위문화는 지배문화와 구별되지만, 지배문화의 상징, 가치, 신념을 차용 또는 왜곡, 과장, 삽입하여 다른 문화를 만들기도 한다.

(2) 전체문화와 하위문화를 통해 한 사회의 문화를 이해한다.

전체문화와 하위문화는 한 사회 내에서 존재하는 대표적 문화와 다양한 문화적 집단을 구분하는 개념이다. 이 두 개념은 문화적 다양성을 이해하는 데 중요한 역할을 한다.

2. 전체(지배)문화와 하위(부분)문화

(1) **전체문화**(Dominant Culture)

① 의미

㉠ 전체문화는 한 사회에서 가장 널리 퍼져 있고, 사회의 주요 규범과 가치를 대표하는 문화를 의미한다. 이는 사회의 다수 구성원이 공유하고, 사회적 제도와 정책에 큰 영향을 미치는 문화다.
예 국어, 사회적 가치(보수>진보), 민주주의

㉡ 연관개념: 헤게모니[12)]

② 특징

㉠ 주류문화: 사회의 다수 구성원이 공유하는 문화적 규범과 가치

㉡ 사회적 영향력: 법률, 교육, 미디어 등 사회의 주요 제도에 큰 영향을 미침

---

12) 그람시가 강조한 개념으로 헤게모니(hegemony)는 한 사회나 국가가 다른 사회나 국가에 대해 정치적, 경제적, 군사적, 문화적으로 우위를 점하고 지배하는 상태를 의미한다. 이 개념은 주로 국제 관계나 사회학에서 사용되며, 특정 집단이나 국가가 다른 집단이나 국가에 대해 영향력을 행사하는 과정을 설명한다.

(2) **하위문화**(Subculture)

① 의미

하위문화는 전체문화 내에서 특정 집단이 공유하는 독특한 문화적 규범과 가치를 의미한다. 이는 전체문화와는 다른 생활 방식, 신념, 관습 등을 포함하며, 특정 연령대, 직업, 취미, 민족 등에 의해 형성될 수 있다.

② 특징

㉠ 독특한 정체성: 특정 집단이 공유하는 독특한 문화적 규범과 가치

㉡ 전체문화와의 차이: 전체문화와는 다른 생활 방식이나 신념을 가짐

(3) **전체문화와 하위문화위 구별 기준**

① 사회적 영향력

전체문화는 사회의 주요 제도와 정책에 큰 영향을 미치는 반면, 하위문화는 특정 집단 내에서만 주로 영향을 미친다.

② 규모와 범위

전체문화는 사회의 다수 구성원이 공유하는 반면, 하위문화는 특정 집단이나 소수 구성원이 공유한다.

③ 문화적 규범과 가치

전체문화는 사회의 주류 규범과 가치를 대표하는 반면에, 하위문화는 전체문화와는 다른 독특한 규범과 가치를 가진다.

3. 대항문화(Counterculture)

(1) **의미**

대항문화는 사회의 지배적인 문화에 반대하고 적극적으로 도전하는 문화현상을 의미한다. 이는 주류문화에 대한 반발로 나타나며, 새로운 가치관과 생활 방식을 추구하는 집단에 의해 형성된다. 대항문화는 주로 사회적, 정치적, 경제적 불만을 반영하며, 다양한 형태로 나타날 수 있다.

(2) **특징**

① 주류 문화에 대한 반발

대항문화는 기존의 지배적인 문화와 가치관에 반대하며, 새로운 사회적 규범과 생활 방식을 추구한다. 예 1960년대 미국의 히피 운동

② 사회적·정치적 저항: 대항문화는 종종 사회적·정치적 저항 운동과 결합되어 나타난다.

예 한국의 386으로 대변되는 청년문화, 1960년대 미국의 흑인 민권 운동, 여성 해방 운동, 동성애 해방 운동

③ 새로운 문화적 표현

대항문화는 음악, 예술, 패션 등 다양한 문화적 표현을 통해 주류 문화에 도전한다. 예 펑키

4. 문화복고운동

(1) 의미

문화복고운동은 과거의 문화 요소를 재해석하고 현대적으로 재현하는 과정을 의미한다. 이는 주로 패션, 음악, 예술 등 다양한 분야에서 나타나며, 과거의 것을 그리워하거나 새로운 방식으로 재해석하는 경향을 포함한다. 예 레트로

(2) 특징

① 과거의 재해석: 과거의 문화 요소를 현대적으로 재해석하여 새로운 트렌드를 형성한다.
예 레트로 트렌드, 뉴트로 음악 등

② 향수와 감성: 과거에 대한 향수와 감성을 자극하여 사람들에게 친숙함과 새로움을 동시에 제공한다.
예 빈티지 스타일의 인테리어, 클래식 영화의 재개봉

③ 문화적 정체성 강화
과거의 문화 요소를 재현함으로써 문화적 정체성을 강화하고, 전통을 유지하려는 노력이 포함된다.

PART 04

02 문화적 지배와 차별

1. 문화적 구별의 함의: 문화적 지배현상

문화의 다양성은 서로 구별되는 다양한 문화가 존재하는 것을 의미한다. 이러한 구별은 수평적 또는 수직적 차이를 의미할 수 있다. 이 경우 문화적 구별은 차별과 배제라는 지배현상을 내포한다.
예 유교문화(남성 > 여성)

2. 계급과 문화구별짓기

(1) 구별짓기의 의미

계급과 문화적 구별짓기는 어떤 것일까? 문화는 경제적 불평등을 변형된 형태로 반영한다. 계급 형태에 따라 부유층 문화, 중산층 문화, 노동자/서민 문화 등을 형성한다. 부르디외에 따르면 부유층이 자신들의 문화를 중산층·서민층과 차별화하려는 것을 '구별짓기'라고 하였다. 부유층은 세련된 문화적 규칙을 준수하지만 서민층은 세련된 문화적 규칙을 일탈한다는 것이다.

(2) 구별짓기와 취향의 차별화를 통해 계급적 구분과 차별의 은폐 및 정당화

구별짓기와 취향의 차별화는 어떤 의미를 가지는 것일까? 문화의 차이는 경제적 불평등의 산물인 경우가 많다. 그럼에도 불구하고 문화의 차이를 취향의 차이로 사람들이 간주하게 하여 경제적 불평등성이 낳은 문화의 계급적 차이를 정당화한다. 이와 같은 지배계급의 문화적·이데올로기적 정당화는 대중매체나 학교와 같은 문화적·이데올로기적 기구들을 통해 안정적으로 이뤄지는 경향이 있다. 그렇다고 해서 문화적 차이와 계급적 차이가 늘 정당화되거나 은폐되는 것은 아니며, 하위문화·반문화·대항이데올로기와 같은 저항을 낳기도 한다.

3. 지배문화가 존재하느냐? 다양한 문화가 공존하고 있는 것이냐?

(1) 마르크스의 지배 이데올로기와 문화

19세기에 카를 마르크스는 한 사회의 지배 이데올로기는 지배계급의 이데올로기라고 주장하였다. 지배계급의 이데올로기는 피지배계급에게 허위의식을 갖게 해 지배계급의 이익에 봉사하게 만들어 지배계급의 헤게모니를 강화한다고 보았다. 그러나 지배계급의 문화가 반드시 사회의 지배적 문화가 되는지에 대해서는 많은 논쟁이 제기되었다.

(2) 그람시의 헤게모니

그람시에 따르면 사회의 상부구조가 국가가 아닌 민간 차원에서 헤게모니를 갖는다고 주장하였다. 헤게모니는 물리력에 의한 지배와는 달리 피지배계급의 동의를 전제로 한다. 국가 기구 외에도 교회, 학교, 미디어 등을 통해 창조되는 헤게모니는 동의를 제조하고 자본주의 질서를 유지하는 기본적인 수단이 된다. 하지만 피지배계급의 문화는 일정한 자율성을 가지고 있기 때문에 헤게모니는 여러 차원에서 도전에 직면하기도 한다.

(3) 프랑크푸르트학파의 문화산업

아도르노와 같은 프랑크푸르트학파는 문화산업이 대중이 스스로 요구하지도 않는 대중문화를 만들어 자본주의 지배를 강화한다고 보았다. 하지만 문화산업이 지배문화의 이데올로기에 부합하는 문화만 생산하는 것이 아니라 때로는 자본주의와 모순되거나 심지어는 자본주의에 저항하는 문화를 만들기도 한다.

(4) 부르디외의 지배문화론과 문화자본

부르디외는 교육체계에서 성공적으로 학습이 이뤄지는 것은 개인이 지배문화를 얼마나 습득하였는지, 개인이 얼마나 많은 문화자본을 가지고 있는지에 따라 달라진다고 보았다.

(5) 베버주의

베버주의 이론은 현대 산업사회에서 사회적 차이, 인종적 다양성, 계급구조, 지역적 변수로 생기는 파편화로 인해 다양한 문화가 공존하고 있다고 주장한다.

Chapter

06 현대문화 양상과 세계화

01 현대문화의 양상

1. 문화 개념의 재구성

윌리암스, 한국산업사회학회 등의 정의를 종합해 보면 문화는 일반적 의미로서의 생활양식, 문화수용자들에게 전달되는 다양한 감정, 정보, 이미지 등을 전달하는 과정으로서의 문화, 가치·신념·의식·세계관 등을 포함하는 이데올로기로서의 문화를 내용으로 하는 것이다.

2. 문화와 경제 그리고 정치는 무관하지 않다.

자본주의, 산업구조의 고도화 발전은 문화와 경제가 결합되어 나타난다. 스크린, 섹스, 스포츠 등 일면 3S 문화가 정치적으로 이용되기도 한다. 문화, 정치, 경제는 밀접히 연관되지만 서로 구분되는 영역이다.

02 소비 대중문화와 대중매체

1. 현대 소비사회와 문화

(1) 자본주의는 문화를 상품화했다.

① 문화산업과 문화의 상품화

② 여가시간 확대를 위한 상품화와 여가의 상품화

현대사회는 남들이 노는 만큼 놀고, 남들이 쓰는 만큼 쓰는 것이 하나의 규범처럼 되었다. 보드리야르는 "자유시간과 소비는 하나의 제도, 내재화된 사회규범으로서의 성격을 지니게 되었다."라고 하였다.

(2) 소비의 성격 변화

① 필요에 의한 소비에서 즐김을 위한 소비로 변화되었다.

② 문화상품화: 소비와 문화의 결합

㉠ 하우크의 상품미학: 상품은 인간의 감성을 만든다.

㉡ 보드리야르의 소비이데올로기: 인간은 상품의 이미지에 지배된다.

㉢ 소비이데올로기와 광고

소비사회에서 대중은 상품 소비를 통해 자신의 욕구를 충족시킬 수 있다고 생각하면서 끊임없이 소비를 추구하는 성향을 띤다(보드리야르). 대중의 욕구를 충동질하여 소비를 유도하는 것이 광고이다.

③ 현대사회에서 소비는 문화적 행위

현대사회에서 소비는 단순한 경제적 행위가 아니라 자신을 표현하는 문화적 삶 내지는 실천이 되었다.

④ 소비의 부작용

㉠ 소비의 부추김은 자본가에게는 이윤을, 대중에게는 충동적 소비를, 환경오염을 심화시키는 결과를 낳는다.

㉡ 비판의식 마비(프랑크푸르트학파)

⑤ 소비행위는 구별짓기와 취향의 자연화에 정당성을 제공

소비에서의 계급적 차이를 문화적 취향으로 취급하여 취향의 자연화로 만드는 것은 문화적 구별짓기를 정당화하는 것이다. 하지만 문화적 취향 자체가 경제적 · 계급적 위치를 반영하고 있다.

2. 대중문화의 특성

(1) 대중문화의 탄생

노동자 중심의 민중문화로 초기의 대중문화는 태생적으로 자생적이고 저항적이며 민주적이라고 할 수 있다.

(2) 대량문화로서의 대중문화

① 포드주의로 자본주의는 대량생산, 대량소비 양식이 가능하게 되었다.

② 오늘날 대량문화로서의 대중문화는 자본주의를 배경으로 한 대중매체의 발달과 문화의 상품화를 기반으로 하고 있다.

(3) 대중문화의 기능에 대한 다양한 시각

① 대중문화는 이데올로기를 내포하고 있다.

② 대중문화가 문화의 민주화에 기여했다.

③ 대중문화의 순기능

문화적 다원주의의 제공(다양한 문화 선택의 기회 제공), 고급문화의 대중화, 대중의 적극적이고 폭넓은 사회 참여를 가능하게 하여 사회의 민주화에 기여

④ 대중문화의 역기능

인간의 획일화(개성과 창의성 무시), 지배층의 대중 조작 수단으로 이용(대중의 주체성 상실), 상업주의로 인해 문화의 질적 저하 초래, 전통적 민족문화의 파괴

3. 대중매체

(1) 대중매체의 의미

대중매체는 정보를 대중에게 전달하는 다양한 매체를 의미한다. 여기에는 텔레비전, 라디오, 신문, 책, 잡지, 인터넷, 위성방송, 각종 디지털 매체 등 등이 포함된다.

(2) 대중매체의 기능(성격, 역할)

① 정보 전달: 대중매체는 뉴스, 교육, 오락 등 다양한 정보를 빠르고 광범위하게 전달한다.

② 여론 형성

㉠ 대중매체는 사회적 이슈에 대한 논의를 촉진하고, 여론을 형성하는 데 중요한 역할을 한다. 뉴스 보도와 시사 프로그램은 사람들의 의견과 태도에 영향을 미친다.

㉡ 공론장, 이데올로기 투쟁의 장을 제공한다.

③ 문화전파

㉠ 대중매체는 다양한 문화 콘텐츠를 제공하여 문화적 교류를 촉진한다. 영화, 드라마, 음악 등은 다른 문화에 대한 이해를 높이고, 문화적 다양성을 확산시킨다.

㉡ 오락과 정보의 제공

④ 사회적 통합

㉠ 대중매체는 공통의 관심사와 경험을 제공하여 사회적 통합을 촉진한다. 예를 들어, 인기 있는 TV 프로그램이나 스포츠 이벤트는 사람들 사이의 대화 주제가 되고, 공동체 의식을 강화한다.

㉡ 지배 이데올로기의 확산, 대항 이데올로기의 전파 억제

⑤ 경제적 역할

㉠ 대중매체는 광고를 통해 경제 활동을 촉진한다. 기업은 제품과 서비스를 홍보하고, 소비자는 다양한 선택의 기회를 얻게 된다. 이는 미디어 산업의 성장과 유지에 중요한 요소다.

㉡ 매체산업의 이윤획득과 자본축적, 자본 일반의 확대재생산, 매체 관련 산업의 발전에 기여한다.

⑥ 자본에 의한 문화상품화와 지배이데올로기 형성 및 전파의 도구로서의 역할
자유 시장 논리 강화, 자신들의 기득권 옹호, 소비주의 이데올로기 확산을 통한 충성스러운 소비자 형성

(3) 세계화와 대중매체

① 대중매체와 세계화의 관계
대중매체의 세계화는 기술의 발전과 정치·경제의 세계화에 기초하면서 정치·경제의 세계화를 촉발시키는 요인이기도 하다.

② 대중매체와 매체제국주의

㉠ 의미

매체의 세계화는 초국가적 커뮤니케이션의 구축을 의미한다. 매체제국주의는 특정 국가나 문화가 대중매체를 통해 다른 국가나 문화에 영향을 미치고 지배하는 현상을 의미한다. 이는 주로 서구 국가들이 미디어 콘텐츠를 통해 전 세계에 자신들의 문화와 가치를 전파하는 방식으로 나타난다.

㉡ 매체제국주의의 주요 특징

특정문화 우월성 인식을 심어 주면서 문화적 지배 확립, 정보 독점, 경제적 이득 획득, 문화적 동질화 현상 등이다.

(4) 문화민주주의 확립방안

① 자본과 권력으로부터 자유로운 문화를 만들어나가려는 대중매체의 주체적인 노력

② 문화제국주의의 폐해로부터 벗어나기
문화상대주의와 문화다원주의 입장에서 문화적 다양성을 인정하는 자세 필요

③ 문화 다양성 협약
정식 명칭은 '문화콘텐츠와 예술적 표현의 다양성 보호를 위한 협약'이다. 이 협약의 목적은 세계 각국의 문화 다양성을 보호하기 위한 것이다. 문화 다양성 협약은 다른 국제협정 및 협약에 대하여 종속되지 않으며 특히 자유무역협정에 저촉되지 않는 동시에 기타 국제협정 및 협약에 관해 상호지속 및 보완의 원칙을 준수한다.

4. 포스트모더니즘

① 지배와 피지배의 해체를 의미하는 실제인가?, 지배를 정당화하고 은폐하는 도구인가?

② 모던과 포스트모던은 본질적으로 다른 것인가? 같은 것인가?

③ 포스트모더니즘은 지배를 정당화할 수 있다.
일상적 세계의 경계가 완화되고 파편화되어도 자본 상품화와 중앙집권적 정보통제가 있으며 이들은 파편화된 세계를 배후조종하고 지배한다. 포스트모더니즘의 경계 해체, 보편적 기준 완화, 객관적 인식 불가능과 같은 담론은 지배·억압·중심 해체 효과보다는 자본지배의 정당화, 자본주의의 부정적 효과를 은폐하는 것으로 나타날 수 있다.

5. 현대문화는 정체성에 어떤 영향을 미치는가?

(1) 소비사회와 정체성

대중매체, 소비주의, 쾌락주의 등의 영향으로 소비주체로서 대중의 정체성이 형성되고 소비를 통해 자신의 정체성을 확인한다.

(2) 대중매체와 광고가 중심이 되는 영상시대

대중매체와 광고가 중심이 되는 영상시대에서 이미지와 외양이 부각되고 자기 표현(개성 표현)을 중시하게 되었다.

(3) 대중문화의 영향

대중문화의 긍정성은 문화의 대중화를 가져왔다는 점이다. 부정성은 문화의 개별적 소비는 대중의 삶을 파편화시키고 개인주의를 강화시켜 개인을 소외시킨다. 또한 상품화 되지 못한 자발적 문화 및 여가의 향유, 인격적 상호작용에 장애가 된다는 점이다. 대중문화에 대한 비판적 거리두기는 감소하고 대중의 수동성은 증가한다.

(4) 정보화로 인한 사이버 공간의 영향

정보화로 인한 사이버 공간의 삶은 인격적 상호작용보다는 수단적이고 일시적인 상호작용을 조장하고 사회성 발달 장애 및 정체성 혼란을 야기한다. 또한 오락도구들은 개인주의적이고 파편화된 놀이문화를 확산시키고 특히 청소년들에게는 사회성 발전 장애 및 정체성의 위기를 낳게 한다.

(5) 포스트모던 사회는 전통적인 정체성을 약화시킨다.

사회과교사를 위한 **사회와 문화**

Part

05

사회계층

Chapter 01 사회불평등과 사회계층

01 사회불평등

1. 사회불평등의 의의

(1) 사회불평등의 의미

사회불평등은 자원, 기회, 권력 등과 같은 사회적 가치가 차별적으로 분배되는 사회현상을 말한다.

(2) 사회불평등의 근원

사회적 현상과 자원에 대한 차별적인 사회적 평가가 지속되면 사회불평등 체제를 만들게 되고, 이 체제는 다시 사회불평등을 야기한다. 사회적 현상과 자원에 대한 차별적인 사회적 평가는 사회적 불평등의 근원이 된다.

(3) 사회적 불평등의 순환

사회적 불평등 체제가 형성되면 차별적 배분이 따르게 되고, 사회적 불평등은 더욱 고착화된다. 사회적 불평등이 고착화되면, 개인의 자유와 생활은 제한받는다. 만약 사회적 불평등이 다음 세대로 연결될 경우 사회적 불평등의 악순환의 고리가 만들어진다.

2. 사회불평등의 역사

(1) 개요

① 역사적으로 불평등은 어떤 형태로든 계속 존재했다.

② 대부분의 사회에서 재산과 권력의 분배의 차이로 인한 불평등이 존재했다.

③ 이론적 차이 존재
- ㉠ 수렵-채취 사회에서도 사냥한 동물에 대한 분배에서 여자와 어린이에 대한 불평등이 있었다는 주장
- ㉡ 농업 혁명을 통한 생산력 증대로 사유재산이 형성되면서 불평등이 등장한 것으로 보는 사회주의 주장

(2) 불평등의 역사적 전개

① **노예제(고대 유럽)**: 노예는 소유물

② **농노제(중세 유럽)**: 영주와 농노 간 권리 의무가 존재

③ **자본주의제**: 자본가 대 노동자, 신분이 아닌 생산수단 소유 여부 기준

3. 사회불평등이 야기하는 사회현상

(1) 차별 형성

사회구성원 간에 차별이 형성된다.

(2) 계층화 현상

사회계층화 현상을 만들어 낸다. 사회적 불평등은 사회계층을 형성하는 핵심요인이 된다.

(3) 사회발전 저해 가능성

4. 사회불평등에 관한 주요 논의들

(1) 아리스토텔레스 이후 18세기 이전까지: 자연적 불평등

① 주된 관심: 주로 인간들이 태어날 때부터 평등한지의 여부

② 인간불평등의 기원: 자연적 불평등

③ 자연적 불평등은 사회적 불평등의 원인
선천적 소질의 차이에 따라 사회적 불평등이 발생하고 타고난 성질과 재능에 따라 각각 다른 지위를 맡아 일하는 것이 마땅하다고 보았다.

(2) 루소(18세기 이후)

① 개요
장 자크 루소(Jean-Jacques Rousseau)는 그의 저서 『인간 불평등 기원론』에서 사회불평등에 대한 깊이 있는 논의를 전개했다. 루소는 불평등을 두 가지 형태로 구분했다.

② 주요 개념과 일반화

㉠ 자연적 불평등은 인간이 통제할 수 없다.
자연적 불평등은 신체적 차이에서 비롯된 불평등으로, 예를 들어 힘, 나이, 건강 등의 차이를 의미한다. 이러한 불평등은 자연 상태에서 존재하는 것으로, 인간이 통제할 수 없는 부분이다.

㉡ 정치적 불평등은 인간이 만든 사회구조와 규범, 제도 등에 의해 형성된 것이다.
정치적 불평등은 사회적 계약과 제도에서 비롯된 불평등으로, 재산, 권력, 명예 등의 차이를 의미한다. 이러한 불평등은 인간이 만든 사회구조와 법률에 의해 형성된 것이다. **예** 특정계급의 특권

㉢ 인간불평등의 기원은 사유재산이다.
■ 마르크스에 영향

㉣ 평등은 존재가 아니라 당위이며, 불평등은 당위가 될 수 없다.

(3) 19세기 말엽 이후: 짐멜, 뒤르켐 등

① 불평등의 기원: 사회분업 혹은 사회분화

② 사회분화의 가장 원초적인 원인: 성별, 연령, 직업의 분화 등

③ 불평등체제 구조화

직업의 분업화로 인한 사회의 분화 ⇨ 지능, 능력, 기술, 영향력 등과 같은 기준에 따라 서열화 ⇨ 사회적 평가(사회적 위세, 개인별 선호도, 인기 등) ⇨ 차별적 보상 ⇨ 사유재산(소유권과 상속 인정)

(4) 불평등의 불가피성 여부에 대한 세 가지 입장

① 극복 가능하다는 입장

불평등은 후천적으로 만들어진 것이기 때문에 분업과 사유재산 제도 등 불평등 발생의 원인을 제거할 경우 극복될 수 있다고 한다.

② 완화할 수 있지만 근본적으로는 불가능하다는 입장

자원은 희소하고 사람들의 능력은 차이가 있기 때문에 사회적 불평등은 완화할 수 있지만 해소될 수는 없다는 입장이다.

③ 불평등이 필요하다는 입장: 구조기능주의, 신자유주의

이 입장은 불평등이 사회의 원활한 기능을 위해서 필요하다고 본다. 능력과 업적에 따른 차별적 보상은, 힘들고 어려운 일을 할 사람들을 확보하고 사회 전체적으로 능률과 경쟁력을 가져다준다. 따라서 사회적 불평등은 사회의 유지와 발전을 위해서 필요한 것이다. ■ 신자유주의

5. 사회불평등 현상의 역기능(부정적 영향)

① 사회불평등 현상은 한 사회의 인재를 발굴, 충원할 수 있는 기회를 제한한다.

기득권층은 현재의 사회구조 유지를 위해 주요 지위에 대한 다른 집단의 접근 기회를 제한시켜 사회 발전을 저해한다.

② 사회불평등 현상은 지금 현재의 상황을 그대로 합리화시켜 받아들이게 하는 보수적인 이데올로기의 역할을 한다.

자신이 가난한 것은 사회구조적인 문제가 아니라 단지 가난한 부모 밑에서 태어났기 때문이라는 운명론적 가치관, 자신의 능력이 부족한 탓이라는 체념적인 태도를 내면화시킨다.

③ 사회구조의 문제를 개인의 문제로 환원시켜 현존하는 불평등 구조 개선, 변화에 악영향을 끼친다.

④ 사회불평등 현상은 사회계층에 따라 사람들의 자신감, 사명감 또한 불평등하게 각인시킨다.

사회 구성원 각자의 창의력을 떨어뜨리고 사회에 대한 소속감을 약화시켜 사회 발전 및 통합에 악영향을 끼친다.

⑤ 사회불평등 현상은 사람들 간의 대립과 갈등을 유발해 사회적 분열을 야기할 수 있다.

02 사회계층

1. 사회계층(Social Stratification)의 의미

(1) 정의

사회계층이란 사회적 지위 수준의 서열에 맞춰 동질적인 사회적 배경을 가진 사람들을 서열화시켜 놓은 것을 말한다. 구체적으로 말하자면 사회계층은 사회 내에서 사람들이 경제적, 사회적, 정치적 지위에 따라 나뉘는 계층을 의미한다. 이는 주로 소득, 직업, 교육 수준, 재산 등의 기준에 따라 구분된다. 사회계층은 개인의 생활 방식, 기회, 사회적 네트워크 등에 큰 영향을 미치며, 사회적 이동성(계층 간 이동 가능성)과도 밀접한 관련이 있다.

(2) 사회계층은 제도화된 사회불평등이다

사회계층은 사회집단이 구조적으로 불평등하게 분화된 사회구조의 형태를 말한다. 직업, 재산, 소득 등 경제적 측면뿐만 아니라 성별, 인종, 종교, 연령 등에 따라 구분되기도 한다. 이러한 계층구조는 사회 내에서 자원과 기회의 분배에 큰 영향을 미친다. 예를 들어, 상위 계층은 더 많은 경제적 자원과 교육 기회를 가지며, 이는 그들의 사회적 지위를 더욱 공고히 한다. 반면, 하위 계층은 제한된 자원과 기회로 인해 사회적 이동성이 낮아지고, 이는 불평등을 더욱 심화시킨다.

PART 05

2. 현대 사회계층의 주요 지표(기준)

현대 사회계층의 주요 기준으로는 재산과 소득, 직업, 학력, 가문, 생활양식 등이 있다.

3. 사회계층 연구방법

(1) 객관적 방법: 사회경제적 지위접근

이 방법은 사회구성원의 객관적인 속성에 따라 개인 또는 집단의 계급위치 또는 계층적 지위를 규정하는 방법이다. 이 방법은 주로 직업, 학력, 수입 또는 소득 등과 같은 세 가지 변수를 사용하여 개인 또는 집단의 위치나 지위를 규정한다. 오늘날 많은 사회학자들이 하는 대로 직업, 교육 및 수입 등을 나눠 각 등급에 따라 일정 점수를 주고 그 합계점으로 소위 말하는 '사회경제적 지위(SES)'의 지표로 삼고, 점수의 차이에 따라 계층적 위치를 규정한다.

(2) 주관적 방법

주관적 방법이란 사람들이 자신의 위치를 어떻게 인식하고 있는지를 알아봄으로써 계층구조를 연구하는 방법이다. 주관적 방법은 주로 상층, 중층 및 하층 또는 상류계급, 중류계급, 노동자계급 및 하류계급 등을 피조사자들에게 질문지를 통해 미리 제시해 놓고 그들이 귀속된다고 인식하는 계층이나 계급을 지적하도록 한다. 주관적 방법은 대규모 조사가 가능하다는 점과 사람들의 정치적 행동을 파악하기 쉽다는 점에서 장점이 있다. 하지만 자신들의 위치를 말한다기보다 원하는 위치를 답할 가능성이 있고, 자신들의 위치를 전체적인 규모에서는 모르고 답할 가능성이 있다는 문제점이 있다.

예 당신은 어떤 계층에 속한다고 생각하십니까?

(3) 평가적 방법(평판법)

평가적 방법은 사람들이 다른 사람들의 지위나 위치를 어떻게 보는지를 가지고 계층을 규정하는 방법이다. 이 같은 방법은 사회집단을 동류의식과 사회적 상호작용으로 이뤄진다고 가정하고 있다. 따라서 이 방법은 공동체에 적용하는 것은 용이하지만 2차 집단에서는 활용하기 어렵다는 문제점이 있다.

예 헌터, 밀즈의 연구: 우리 사회를 실질적으로 지배하는 권력은 무엇입니까?

Chapter 02 계층체제 및 계층구조 유형과 사회이동

01 계층체제

1. 의의

(1) 의미

사회계층체제는 사회 내에서 사람들을 경제적, 사회적, 정치적 지위에 따라 나누는 구조를 의미한다.

(2) 사회계층체제는 사회에 따라 다양하다.

사회계층체제는 각기 다른 사회적, 경제적, 역사적 배경을 가지고 있으며, 사회 내에서 자원과 기회의 분배에 큰 영향을 미친다.

(3) 계층체제의 유형 기준

① 사회불평등의 유형이 체제의 성격에 영향을 준다
계층체제는 출생기준, 소득, 직업, 교육 수준, 재산 등의 기준에 따라 구분되며, 각 계층은 특정한 권리와 의무, 생활 방식, 기회 등을 가진다.

예 경제적 기준 : 상류층, 중산층, 하류층

② 계층체제가 사람들의 계층이동을 얼마나 허용하는가
계층이동에 대해 개방적인지, 폐쇄형인지에 따라 계층제제를 형성한다. 이런 개방형과 폐쇄형에 영향을 주는 것은 사회적 규범과 제도이다.

예 카스트제도, 신분제도, 계급제도

2. 사회학자들의 일반적 계층체제 유형(이념형)

(1) 카스트 제도(Caste System)

① 의미
폐쇄형의 계층체제를 카스트 제도라고 부른다. 이러한 체제에서는 한 개인의 사회적 지위가 완전히 출생에 의해 결정되기 때문에 개인의 지위는 부모의 지위와 항상 동일하다.

② 원형 : 인도의 카스트 제도

③ 사례
남아프리카의 유럽백인식민지 개척자들이 배타적인 인종집단으로 군림하였던 사례, 노예제도 철폐 이전 미국 남부의 인종격리제도

④ 특징

㉠ 전통과 의식에 의한 폐쇄성 보장

㉡ 출생에 따라 계층이 결정(족내혼)

(2) 신분제도

① 의미

㉠ 신분

신분은 사회 내에서 개인에게 규정되어 있는 개인의 사회적 위치를 말한다. 명백히 서로 다른 권리와 의무를 갖는 여러 개의 계층으로 구성된다. 예 영주-농노, 양반-상민-노비

㉡ 신분제도

신분제도에서 사람들의 사회적 지위는 일반적으로 토지에 대한 관계, 출생 그리고 군사력에 의해 결정된다. 중세 유럽에서 주로 볼 수 있는 체제이다. 이 체제에서 귀족, 성직자, 농민 분류는 사회적 및 법적인 집단들이었다. 이 체제에서 귀족이 누리는 경제적 이득은 권력에 의해 결정되었다.

② 원형: 중세 유럽 봉건사회(귀족, 성직자, 농민)

③ 사례: 라틴아메리카의 라티푼디움(대규모 농업단지, 농장소유자와 농민)

④ 특징

㉠ 사회적 이동이 가능한 폐쇄형 체제

신분은 출생으로 결정되지만 사회적 지위의 상승이 가능했다. 다만 최고의 사회적 지위로의 상승은 법과 제도에 의해 막혀 있다.

㉡ 신분제도에서는 법적 권리와 의무가 계층에 따라 다르다.

(3) 계급제도(Class System)

① 의미

㉠ 계급: 계급은 주로 사회의 경제적 차이(소유관계)에 따른 구별을 말한다.

예 upper class, middle class, lower class

㉡ 계급제도

계급제도는 개방형의 계층제도를 말한다. 계급은 어떤 공통되는 경제적 상황을 공유하는 사람들의 범주로 인식된다. 계급제도에서 계층의 주요자원은 경제적 자원이다.

② 사례: 대부분의 농경사회와 공업사회

㉠ 농경사회(저개발국가): 매우 부자인 지주와 매우 가난한 농민

㉡ 공업사회

상층계급, 전문직·기술직·사무직 종사자들로 구성되는 중간계급, 특수한 기술이 없는 노동자 계급

③ 특징

㉠ 개방형

㉡ 계층 간의 구분이 모호

(4) 현실적인 계층체제 유형

완벽하게 폐쇄적이거나 개방적인 계층체제는 존재하지 않는다. 폐쇄형의 경우에도 예외적으로 이동이 가능한 경우도 있다. 또한 개방형이라고 하지만 폐쇄적 영역이 존재하기도 한다.

3. 계층체제 유형 정리: 사회이동의 가능성과 조건에 따른 분류

구분	폐쇄적 계층체제	개방적 계층체제
지위 이동 유형	수평 이동은 가능, 수직 이동은 극히 제한, 세대 간의 이동은 세습의 형태를 보이게 됨 ⇨ 전근대적 계층체제	수평 이동이나 수직 이동이 자유로움(제도적 허용), 세대 간 세습 최소화 ⇨ 근대 이후의 계층체제
지위 유형 및 사례	귀속 지위 중심 ⇨ 고대의 노예제도, 인도의 카스트 제도, 조선의 신분제도	성취 지위 중심(개인의 능력, 노력이 사회이동의 중요 요인) ⇨ 현대 산업사회의 계층구조
계층 결정 요인	신분, 혈통	부, 지위, 권력

02 계층구조

1. 계층구조의 의의

계층구조는 사회 내에서 자원과 기회의 분배에 큰 영향을 미치며, 각 유형은 사회적 이동성과 불평등의 정도를 반영한다.

2. 계층구조의 유형

(1) 완전계층형

① 의미

완전계층형은 모든 사회구성원의 계층적 지위가 하나의 수직선 위에 존재하는 구조이다. 이론적으로만 존재하며, 현실에서는 나타나기 어렵다.

② 사례

실제 사례는 없지만, 이론적으로 모든 개인이 각기 다른 계층에 속하는 사회를 상상할 수 있다.

(2) 부분계층형

① 의미

부분계층형은 계층적 위치가 높아질수록 구성원의 비율이 줄어드는 피라미드형 구조를 말한다. 하류층의 비율이 가장 높으며, 신분제 사회에서 일반적으로 나타난다.

② 사례
전통적인 신분제 사회, 예를 들어 중세 유럽의 봉건제도나 인도의 카스트 제도가 이에 해당한다. 상위 계층은 소수의 귀족이나 브라만 계층으로 구성되고, 하위 계층은 다수의 농민이나 수드라 계층으로 구성된다.

(3) 부분평등형

① 의미
부분평등형은 중류층의 비중이 다른 계층에 비해 높은 다이아몬드형 구조를 말한다. 현대사회에서 가장 일반적으로 나타나는 구조로, 중산층이 두터운 사회를 말한다. 이러한 계층구조는 사회 내에서 자원과 기회의 분배에 큰 영향을 미치며, 각 유형은 사회적 이동성과 불평등의 정도를 반영한다.

② 사례
많은 서구 국가들이 이에 해당한다. 예를 들어, 미국이나 유럽의 복지국가들은 중산층이 두터운 사회구조를 가지고 있다.

(4) 완전평등형

① 의미
완전평등형은 사회의 모든 구성원이 동일한 계층을 형성하는 구조를 말한다. 이론적으로만 존재하며, 공산주의나 유토피아적 사회를 지향하는 집단에서 추구한다.

② 사례
실제 사례는 없지만, 이론적으로 모든 사람이 동일한 경제적, 사회적 지위를 가지는 사회를 상상할 수 있다.

3. 계층구조의 유형 정리

구분	비율 구성	사회
수직 계층구조 (완전계층형)	사회적 가치 소유의 완전 서열화 ⇨ ‖	비현실적 계층구조
피라미드형 계층구조 (부분계층형)	하류 계층의 구성원 > 중류층 > 상류층 ⇨ △	봉건사회의 계층구조
다이아몬드형 계층구조 (부분평등형)	중류 계층의 구성원 > 상류층 · 하류층 ⇨ ◇	산업화가 고도로 진전된 사회의 계층구조
수평 계층구조 (완전평등형)	사회적 가치의 완전 평등 ⇨ ═	비현실적 계층구조

03 사회이동

1. 사회이동의 의미

사회이동은 개인이나 집단이 사회적 지위나 계층을 변화시키는 과정을 의미한다. 이는 주로 경제적, 사회적, 교육적 요인에 의해 영향을 받으며, 다양한 형태로 나타날 수 있다.

2. 사회이동의 원인

(1) 개요

사회이동은 개인의 노력뿐만 아니라 사회구조, 경제 상황, 교육 기회 등 다양한 요인에 의해 영향을 받는다. 이러한 요인들은 상호작용하며, 개인의 사회적 지위 변화에 복합적으로 영향을 미친다. 높은 사회적 이동성은 사회의 개방성과 공정성을 나타내며, 개인의 삶의 질과 기회에 중요한 역할을 한다.

① 산업 및 직업구조의 변화
산업화, 기술 발전, 경제 구조의 변화 등은 새로운 직업과 기회를 창출하며, 기존 직업의 중요성을 변화시킨다. 예를 들어, 산업화 초기에는 농업에서 제조업으로의 이동이 많았고, 최근에는 정보기술 분야로의 이동이 두드러진다.

② 교육 기회의 확대
교육 제도의 발전과 교육 기회의 확대는 개인이 더 나은 직업을 얻을 수 있는 기회를 제공한다. 이는 사회적 이동성을 높이는 중요한 요인이다.

③ 정책 및 제도적 변화
정부의 사회복지 정책, 노동 법규, 경제 정책 등은 사회이동에 큰 영향을 미친다.

④ 인구이동
이주와 도시화는 사회이동의 중요한 원인이다. 농촌에서 도시로의 이주는 더 많은 직업 기회와 교육 기회를 제공하며, 이는 사회적 지위의 변화를 가져온다. 또한, 국제 이주도 새로운 기회를 제공하여 사회이동을 촉진한다.

⑤ 출산력의 차이
계층별 출산력의 차이는 다음 세대의 인구 분포에 영향을 미친다. 상류층의 출산율이 낮고 하류층의 출산율이 높을 경우, 시간이 지나면서 하류층의 인구 비율이 증가하게 된다. 이는 사회적 이동성을 변화시키는 요인이 된다.

(2) **개인적 원인**: 개인의 노력과 능력, 그리고 개인이 처한 환경

① 교육

② 직업 경험

③ 개인의 노력과 능력

④ 사회적 네트워크

PART 05

⑤ 가정 배경

부모의 사회적 지위, 경제적 자원, 교육 수준 등 가정 배경은 개인의 사회이동에 큰 영향을 미친다. 예를 들어, 부모가 높은 교육 수준과 경제적 자원을 가지고 있을 경우, 자녀도 더 나은 교육과 직업 기회를 얻을 가능성이 크다.

(3) 문화적 요인

사회적 가치관과 문화적 규범도 사회이동에 영향을 미친다. 예를 들어, 특정 문화에서는 교육과 직업 성공을 중시하여 사회이동을 촉진할 수 있다.

3. 사회이동의 유형

(1) 수직 이동(Vertical Mobility)

① 상향 이동(Upward Mobility)

개인이나 집단이 더 높은 사회적 지위나 계층으로 이동하는 경우다. 예를 들어, 교육을 통해 더 나은 직업을 얻어 소득이 증가하는 경우가 이에 해당한다.

② 하향 이동(Downward Mobility)

개인이나 집단이 더 낮은 사회적 지위나 계층으로 이동하는 경우다. 예를 들어, 경제적 위기로 인해 직업을 잃고 소득이 감소하는 경우가 이에 해당한다.

(2) 수평 이동(Horizontal Mobility)

개인이나 집단이 동일한 사회적 지위 내에서 다른 직업이나 역할로 이동하는 경우다. 예를 들어, 같은 수준의 직업에서 다른 회사로 이직하는 경우가 이에 해당한다.

(3) 세대 간 이동(Intergenerational Mobility)

부모 세대와 자녀 세대 간의 사회적 지위 변화다. 예를 들어, 부모가 농부였지만 자녀가 교육을 통해 의사가 되는 경우가 이에 해당한다.

(4) 세대 내 이동(Intragenerational Mobility)

개인의 생애 동안 발생하는 사회적 지위 변화다. 예를 들어, 한 사람이 직업 경력을 쌓아가며 점차 더 높은 직위로 승진하는 경우가 이에 해당한다.

(5) 구조적 원인과 관련된 사회이동[13)]

① 구조적 이동(Structural Mobility)

㉠ 의미

구조적 이동은 개인의 노력이나 능력보다는 사회의 구조적 변동으로 인해 발생하는 사회이동이다.

---

13) 이러한 이동 유형들은 사회 내에서 자원과 기회의 분배에 큰 영향을 미치며, 개인의 삶의 질과 기회에 중요한 역할을 한다.

이는 경제적 변화, 기술 발전, 산업 구조의 변화 등 사회 전체의 변화로 인해 나타난다.

㉡ 사례

산업화 초기 농업 사회에서 제조업 사회로 전환되면서 많은 농민들이 공장 노동자로 이동한 경우가 이에 해당한다. 또 다른 예로는 정보기술(IT) 산업의 발전으로 인해 많은 사람들이 IT 관련 직업으로 이동한 경우를 들 수 있다.

② 교환 이동(Exchange Mobility)

㉠ 의미

교환 이동은 구조적 변화로 인해 사회 내에서 상승 이동과 하강 이동이 동시에 발생하지만, 전체적으로는 계층의 비율이 변하지 않는 이동이다.

㉡ 사례

경제 불황으로 인해 일부 사람들이 실직하여 하강 이동을 겪는 반면, 다른 사람들이 새로운 직업을 얻어 상승 이동을 하는 경우가 이에 해당한다. 이러한 경우, 사회 전체의 계층구조는 크게 변하지 않지만, 개인 간의 위치 교환이 일어난다.

(6) 사회이동 요약 정리

구분		의미
이동 방향에 따른 구분	수직 이동	한 계층 범주에서 다른 계층 범주로 옮아가는 사회이동
	수평 이동	동일한 계층 내에서의 위치 변화
이동의 세대 범위에 따른 구분	세대 내 이동	한 개인의 생애 동안에 나타나는 계층적 위치의 변화
	세대 간 이동	한 세대와 다음 세대 사이에 나타나는 계층적 위치 변화
이동 원인에 따른 구분	개인적 이동	주어진 계층 체계 내에서의 개인의 위치 변화
	구조적 이동	전쟁·혁명과 같은 사회변동에 따라 기존의 계층구조가 변화됨으로써 나타나는 위치 변화: 구조적 이동과 교환이동

Chapter

03 사회계층의 이론

01 기능론적 관점

1. 기본 전제

(1) 사회불평등(사회계층)은 자연스럽고 필요한 현상이다.

사회불평등이란 사회에서 가장 '중요하다고' 생각하는 자리들을 그 사회에서 가장 '자격 있고 능력 있는' 사람들로 채우기 위해 자연스럽게 형성된 사회적 현상이다.

(2) 파슨스를 비롯한 구조기능주의 사회학자들의 기본 주장

① 한 사회가 작동하기 위해서 사회적 불평등은 필요한 현상

② 더 훈련받고 교육받은 사람들이 사회적으로 더 중요한 위치를 차지하고 더 높은 보상을 받아야 사회가 작동한다.

③ 사회적 불평등은 개인의 근로 동기 강화

④ 사회불평등은 사회발전에 긍정적 영향을 준다.

2. 데이비스 & 무어(Davis & Moore)의 기능론적 계층이론

(1) 사회 유지를 위한 적절한 인력 배치

사회가 정상적으로 유지되려면 사회의 존속에 필요한 모든 분야에 골고루 인력이 배치되어야 함 (의사, 판검사 ~ 약사, 변호사 ~ 영양사, 병원 청소부 등)

(2) 가장 중요한 역할을 수행할 수 있는 유능한 인재는 희소하다.

역할 수행을 위해 받아야 할 교육과 훈련의 정도는 역할마다 차이가 있으며, 가장 중요한 역할을 수행할 수 있는 능력을 갖춘 유능한 인재는 많지 않다. 예컨대 사람의 병을 고치거나 사회의 법을 다루는 일은 대단히 중요하지만 아무나 쉽게 하기 어려운 일이다. 많지 않은 능력 있는 사람들이 오랜 교육과 훈련을 받아야 가능한 일이다.

(3) 유능한 인재가 오랜 시간 교육과 훈련을 참을 수 있는 보상이 필요하다.

유능한 인재가 중요한 역할을 맡고 이를 위한 오랜 교육과 훈련을 감수하려면 이들의 동기 유발을 위한 응분의 보상이 필요하다.

(4) 사회계층은 불평등한 보수가 분배되기 때문에 발생하는 불가피한 현상이다.

계층이란 역할의 중요성과 역할수행능력의 차이에 따라 불평등한 보수가 분배되기 때문에 발생하는 불가피한 현상이다. 복잡한 분업을 가진 사회에서는 불평등한 보상이 기능적으로 반드시 필요하다.

02 갈등론적 관점

1. 기본 전제

(1) 사회는 희소가치를 둘러싼 투쟁의 장이다.

사회는 경제적 재화와 정치적 권력, 사회적 명성 등 희소가치를 쟁취하기 위한 투쟁의 장이다.

(2) 특권집단은 자신들이 기득권을 지키기 위해 노력한다.

특권을 갖고 있는 집단은 자신의 기득권을 지키기 위해 끊임없이 노력한다.

(3) 사회불평등(사회계층) 현상은 특권 유지와 강화 현상이다.

사회불평등 현상은 타인/타 집단을 착취하고 지배할 수 있는 권력을 가진 집단이 자신들의 특권을 유지하고 강화하는 현상이다.

(4) 기능론적 관점은 특권 집단을 정당화하는 주장이다.

기능론적 관점은 현재 권력과 부를 갖고 있는 집단이 자신의 기득권을 정당화하기 위한 주장에 불과하다.

2. 튜민(Tumin, 1919~1994)의 기능론적 관점에 대한 비판

(1) 역할의 기능적 중요성을 위계적으로 나누는 기능론의 주장은 자의적이다.

① 사회의 다양한 역할들을 '기능적 중요성'에 따라 위계적으로 파악하는 것은 위험한 발상이다.

② 직업에 귀천은 없다.
기능론자들의 기능적 중요성이라는 기준은 대단히 자의적. 오히려 낮은 사회적 지위의 역할이 사회 체제 유지에 더 중요 예 병사 없는 장군, 노동자 없는 사장?

(2) 유능한 인재는 희소하다는 가정은 틀렸다.

① 인재가 희소해 보이는 것은 기회의 불평등 때문이다.
"능력 있는 인재는 희소하다"라는 기능론의 전제는 틀렸다. 희소해 보이는 이유는 기회의 불평등 때문이다. 예컨대 가난한 가정의 경우 출발 지점부터 능력 발휘의 기회를 구조적으로 박탈당한다.

② 비슷한 조건과 환경이 모두에게 주어질 경우 인재의 희소성은 줄어든다.
모든 사람에게 비슷한 조건과 환경이 주어진다면 유능한 인재의 희소성은 줄어들 것이다.

(3) 현실에서 능력과 자질을 갖춘 사람이 중요한 위치를 차지하고 있는 것은 아니다.

실제 현실에서 능력과 자질을 갖춘 사람이 중요한 위치를 차지하고 있지 않다. 능력 여부보다는 높은 귀속 지위에 있는 사람(부잣집, 재벌 자녀 등)이 보다 중요한 위치를 차지하는 경우가 더 많다.

(4) 중요한 역할을 수행하고 있는 사람이 합당한 보상을 받지 못하는 경우도 많다.

사회적으로 중요한 역할을 수행하고 있는 사람이 그에 합당한 보상을 받지 못하는 경우가 많다. 예컨대 유명 연예인과 소방관의 사회-경제적 지위를 비교해 보면 알 수 있다.

(5) 기능론적 관점의 왜곡된 인간관 및 사회관

기능론적 관점은 인간의 이기심만 강조하고 고차원적 욕구를 무시한다.

⊙ 기능론과 갈등론 관점 비교[14]

구분	기능론	갈등론
계층화 인식	• 보편적, 필연적 현상 • 공유하는 사회적 가치관의 표현	• 보편성 인정, 필연성 불인정 • 권력집단의 가치관의 표현
조직과 계층체계의 함수관계	사회조직 ⇨ 계층체계	계층체계 ⇨ 사회조직
계층 발생 연유	계층은 통합·조정·결속 등의 사회체계의 필요에서 연유	계층은 집단 간 정복·경쟁·갈등에서 연유
계층 발생 원인	사회적 희소가치의 차등 배분 결과	지배집단의 기득권 유지를 위한 노력의 결과
가치 배분 기준	개인의 자질과 능력	권력이나 가정 배경
가치 배분 절차	구성원들의 합의된 가치가 합법적 절차를 통해 배분	지배 집단의 의사를 권력과 강제를 통해 강요
평등	일과 보상은 평등하게 할당됨	일과 보상은 불평등하게 할당됨
권력배분의 정당성	사회적으로 정당화	대체로 정당화되지 않은 채로 되어 있음
계층이 사회에 기여하는 점(영향)	동기 부여, 인재 충원 ⇨ 개인의 발전과 사회 유지에 긍정적 기능	사회적 박탈감 초래, 집단 간 대립 유발 ⇨ 개인과 사회 발전에 장애
법에 대한 입장	합의 산물, 질서 유지	지배집단이 제정, 억압 및 착취의 도구
교육에 대한 입장	사회화, 인재 충원	지배집단의 가치 주입, 사회적 불평등 재생산

14) 김경동(2007), 현대의 사회학, 박영사, p.311, 재구성

03 진화론적 관점

1. 기능주의적 관점과 갈등론적 관점을 종합적으로 활용

렌스키(Gerhard Lenski)는 사회계층을 설명하는 데 있어 기능주의적 관점과 갈등론적 관점을 종합적으로 활용했다. 그는 계층체제의 진화과정을 서술하면서 갈등과 기능의 요소를 모두 강조하였다. 즉, 사회가 생존을 위해 요구하는 기본 자원들은 기능주의가 주장하는 바와 같이 중요한 역할과 희소한 재능이 부합하는 방식으로 배분되지만, 사회생존에 꼭 필요하지 않은 사회적 잉여자원들은 경쟁하는 집단들 간의 갈등을 통해 분배된다는 것이다.

2. 주요 개념 및 일반화

(1) 잉여 자원과 불평등

렌스키는 사회적 불평등이 잉여 자원의 축적에서 시작된다고 보았다. 잉여 자원이 생기면서 이를 소유하고 통제하는 사람들이 더 많은 권력과 부를 가지게 되며, 이는 사회적 불평등을 초래한다.

(2) 권력의 역할

그는 권력이 사회적 불평등을 유지하고 강화하는 데 중요한 역할을 한다고 주장했다. 권력을 가진 사람들은 자신들의 지위를 유지하기 위해 자원을 불평등하게 분배한다.

Chapter 04 사회계층의 차원

01 마르크스의 계급이론

1. 개요: 경제적 차원, 단일 차원

마르크스는 생산수단의 소유를 기준으로 하여 가진 집단인 유산계급과 가지지 못한 집단인 무산계급으로 나눠 계급이라는 개념을 제시하였다.

2. 주요 개념 및 일반화

(1) 생산수단의 소유

마르크스는 사회를 생산수단의 소유 여부에 따라 두 주요 계급으로 나누었다. 자본가 계급(bourgeoisie)은 생산수단을 소유하고, 노동자 계급(proletariat)은 생산수단을 소유하지 못해 자신의 노동력을 판매해야 한다.

(2) 계급투쟁

마르크스는 인류 역사가 계급투쟁의 역사라고 보았다. 자본가 계급과 노동자 계급 간의 갈등은 필연적이며, 이는 사회 변혁의 원동력이 된다.

(3) 경제적 토대와 상부구조

마르크스는 경제적 관계(토대)가 정치, 법률, 문화 등의 상부구조를 결정한다고 주장했다. 즉, 경제적 불평등이 다른 모든 형태의 불평등을 규정한다.

(4) 계급의식

① 즉자적 계급: 객관적으로 동일한 계급 위치에 있지만, 계급의식이 없는 상태

② 대자적 계급: 계급의식을 가지고 있으며, 자신의 계급적 이해를 자각하고 행동하는 상태

3. 계급과 계층 개념 비교

(1) 계급

계급은 봉건적 신분 개념과는 달리 변경이 가능하고 자유로운 서열을 표시하는 개념이다. 이 개념은 경제적 개념으로 경제적인 불평등이 그 구분기준이 된다.

(2) 계층

계층은 불평등과 서열을 분석적인 필요에 따라 통계적으로 파악하기 위해서 구분한 범주로 다차원적인 불평등의 기준이다. 하지만 계급과 달리 사회집단이라는 의미가 들어있지 않고 관계적 의미도 포함하지 않는 개념이다.

구분	계급	계층
의미	경제적인 요소(생산수단의 소유 여부)에 따라 서열화된 위치	다양한 사회적 희소가치(계급, 지위, 권력)에 따라 서열화된 위치
구분 기준	생산수단의 소유(일원론)	계급, 지위, 권력 등(다원론)
계층 구분	부르주아(자본가 계급)와 프롤레타리아(노동자 계급)로 구분	상류층, 중류층, 하류층으로 범주화
특징	• 구성원들의 계급의식이 강함 • 두 계급은 지배와 피지배의 관계(착취 관계)에 있으므로 대립과 갈등이 불가피함	• 구성원들의 소속감이 약함 • 사회적 희소가치의 불평등한 분배 상태를 범주화하여 이해한다는 분석적 의미를 지님
견해	마르크스(K. Marx)의 일원론	베버(M. Weber)의 다원론

02 베버의 다차원적 설명

1. 개요

(1) 3가지 차원

베버는 계급형성에 있어서 경제적 중요성은 인정하였으나 사회계층을 경제적, 사회적, 정치적 차원에서 다차원적으로 설명했다. 즉 근대사회의 위계질서적 성격은 계급, 지위, 권력의 3가지 차원이 상호작용하여 결정되는 것이다.

(2) 지위집단 이론

베버는 계급과는 별개의 개념으로 지위집단이라는 개념을 설정하였다. 지위집단은 경제적 요인에 의해 결정되는 계급과 달리 생활양식, 도덕, 문화라는 비경제적 기준에 기초하고 있는 집단으로, 이러한 집단들은 자신의 사회적 동료들과 상호작용을 하는 경향이 있다.

2. 다차원 요소

(1) 경제적 차원 : 계급

① 경제적 불평등

계급은 경제적 계층을 의미하며 재산의 소유는 계급의 결정요인이다. 베버는 경제적 불평등을 계급(class)으로 설명했다. 그는 개인이 시장에서 차지하는 위치에 따라 계급이 결정된다고 보았다. 예를 들어, 자본을 소유한 자본가와 그렇지 않은 노동자로 나뉜다.

② 다양한 경제적 요소들로 설명

베버는 마르크스와 달리, 계급을 더 세분화하여 다양한 경제적 요소들로 설명했다. 예를 들어, 자본가 계급 내에서도 공업자본가, 대지주, 금융소득자 등으로 나눌 수 있다.

(2) **사회적 차원**: 지위(신분)

① 사회적 불평등

지위는 사회적 계층을 의미하며 사회에서 받는 존경, 명예, 위신 등으로 결정된다. 비슷한 명예와 위신을 누리는 사람들이 하나의 신분 집단을 형성한다.

② 생활양식이나 소비양식과의 관련성

지위는 생활양식이나 소비양식과 밀접하게 관련되어 있으며, 이는 사회적 지위와 명예를 반영한다.

(3) **정치적 차원**: 권력

① 권력

권력은 정치적 계층을 의미하며 다른 사람의 반대에도 불구하고 자신의 목적을 실현시킬 수 있는 능력이다.

② 정치적 불평등

㉠ 파당

베버는 정치적 불평등을 파당(party)으로 설명했다. 파당은 권력 획득을 목표로 하는 정치적 파벌이나 당파를 의미한다. 이는 정치적 권력과 영향력을 통해 사회적 불평등을 형성한다.

㉡ 다른 차원과의 상호작용: 파당은 권력 추구를 반영하며, 신분과 계급과도 상호 연결될 수 있다.

03 **부르디외의 계급이론**: 문화자본론

1. 개요

부르디외(Pierre Bourdieu)의 문화자본론은 사회적 불평등을 설명하는 중요한 이론이다. 부르디외는 경제자본과 문화자본의 총합으로 계급을 범주화하였다. 사회적 구성물인 아비투스의 존재로 인하여 개인들은 사회적 위치에 따라 서로 다른 취향과 가치관을 지니게 되고, 그 결과 소비행위와 생활양식 등 문화에 있어서 서로 차별성을 보이게 된다는 것이다.

2. 주요 개념 및 일반화

(1) **문화자본**

개인이 사회적 지위를 유지하거나 향상시키기 위해 활용할 수 있는 문화적 자산을 말한다.

(2) 문화자본의 세 가지 형태

① 체화된 문화자본

체화된 문화자본은 개인의 태도, 습관, 언어 능력 등 몸에 배어 있는 문화적 자질을 말한다. 예를 들어, 특정한 말투나 매너, 취향 등이 이에 해당한다.

② 객관화된 문화자본

객관화된 문화자본은 책, 예술 작품, 기념품 등 물질적으로 존재하는 문화적 자산을 말한다. 이는 소유할 수 있는 형태의 문화자본이다.

③ 제도화된 문화자본

제도화된 문화자본은 학위나 자격증처럼 공식적으로 인정받는 문화적 자산을 의미한다. 이는 교육 시스템을 통해 획득할 수 있다.

(3) 아비투스(Habitus)

아비투스는 개인이 사회화 과정을 통해 습득한 지속적인 성향이나 습관을 의미한다. 이는 개인의 행동과 사고방식을 형성하며, 사회적 위치와 밀접하게 연관된다. 이런 아비투스는 특정 계급이나 집단의 문화적 취향과 생활양식을 반영하며, 이를 통해 사회적 구별짓기가 이루어진다.

(4) 문화적 재생산

부르디외는 교육 시스템이 문화자본을 통해 사회적 불평등을 재생산한다고 주장했다. 상류층 가정에서 자란 아이들은 더 많은 문화자본을 가지고 있어 교육에서 유리한 위치를 차지하게 된다. 이는 사회적 지위가 세대를 거쳐 지속적으로 유지되는 메커니즘을 설명한다.

Part

06

일탈과 사회문제

Chapter

01 일탈과 일탈에 대한 설명[15)]

01 일탈행위의 특성 및 제재

1. 일탈행위 의미 및 특성

(1) 의미

일반적으로 일탈행위란 보편적인 사회규범이나 규칙을 벗어나는 행위를 말한다. 일탈은 사회적으로 비난, 낙인, 불명예 등을 받게 되는 행동으로, 사회의 지배적 가치와 규범이 무너질 수 있고, 사회가 불안정해지고 혼란해질 수 있다. 이 같은 일탈행위는 사회질서와 사회통합을 깨뜨리는 행위로 사회화의 실패로 인해 발생한다고 보는 것이 일반적이다.

① 사회맥락적 의미
일탈행위가 구체적으로 무엇이냐 하는 것은 다양한 사회적 맥락에 따라 다르게 규정되므로 일괄적으로 규정하기란 쉽지 않다.

② 기능의 양면성
일탈은 개인의 자유와 창의성을 증진시키는 긍정적 기능도 가지고 있지만, 법적 문제 및 제재 등을 유발하는 부정적 기능도 있다.

(2) 일탈행위에 대한 규정과 권력

동일한 행위라 하더라도 사회적 규범 또는 규칙에 따라 일탈이 되거나 그렇지 않기도 한다. 누가 일탈을 정의내리느냐에 따라, 적용대상이 누구인가에 따라 일탈과 범죄의 개념 정의는 유동적이기도 하다. 따라서 일탈 규정 자체가 일종의 지배방식이 될 수도 있다.

(3) 일탈의 기능적 측면: 사회변동, 변화 유발

① 역기능: 사회적 규범을 위반하여 사회 질서를 해치고, 신뢰를 저하시킨다.

② 순기능: 사회적 규범을 명확히 하고, 집단의 결속력을 강화하며, 사회변동의 원인이 될 수 있다.

2. 다양한 일탈 주요 요인

① 사회화 실패

② 사회적 제재가 부족한 경우

---

15) 본 저에서는 기본적으로 사회학의 기본 관점을 범주화하여 일탈이론들을 제시하고, 이 틀에 포함하기는 어렵지만 청소년 비행을 이해하는 데 필요한 이론을 추가하였다.

③ 법집행이 미약한 경우

④ 불명확한 규범의 적용

⑤ 규범위반의 비밀: 사회통제가 작용하기 전에 규범을 어기는 행위

⑥ 부당하거나 부패한 법의 집행

⑦ 일탈 하위문화를 정당화할 경우

⑧ 일탈집단에 대한 충성심

3. 일탈행위의 종류

(1) 공식적 일탈과 비공식적 일탈

① 공식적 일탈(Formal Deviance)

㉠ 의미: 공식적 일탈은 법이나 공식적인 규칙을 위반하는 행위를 말한다.

㉡ 예: 범죄 행위, 규칙 위반, 부패와 비리

㉢ 제재: 법적 처벌, 사회적 비난, 사회적 활동 제약

㉣ 피해자 없는 범죄(무희생 범죄)
피해자 없는 범죄는 타인과 사회에 직접적인 피해를 주지 않지만 불법행위로 분류되는 일탈행위를 말한다.

㉤ 화이트칼라 범죄
화이트칼라 범죄는 전문지식이나 직책을 사용하여 공공의 자산이나 회사 조직의 재산을 착복하는 것으로 결과적으로 주로 사기 및 횡령에 해당하는 일종의 전문적 범죄를 말한다.

② 비공식적 일탈(Informal Deviance, 비행)

㉠ 의미
비공식적 일탈은 법적으로 처벌받지 않지만, 사회적 규범이나 기대를 위반하는 행위를 말한다.

㉡ 예: 비도덕적 행위, 무례한 행동, 예의 없는 언행, 사회적 금기 위반, 사회적 기대 위반

㉢ 제재: 사회적 비난, 부정적인 평가

(2) 개인적 일탈과 집단적 일탈

① 개인적 일탈(Individual Deviance): 개인적 일탈은 개인이 혼자서 저지르는 일탈행위를 의미한다.
예 개인적인 도박, 약물 남용

② 집단적 일탈(Group Deviance): 집단적 일탈은 집단이나 그룹이 함께 저지르는 일탈행위를 의미한다.
예 갱단 활동, 집단 폭력

(3) **기타**

① 탈선적 행동(Aberrant Behavior)

㉠ 의미

탈선적 행동은 사회적 규범을 위반하지만, 그 목적이 사회적 목표를 달성하기 위한 경우를 의미한다. 이는 일반적인 일탈행위와는 구별되며, 특정 상황에서 사회적으로 용납될 수 있는 경우도 있다. 예 부정행위, 속임수, 비윤리적 행동

㉡ 사회적 영향

특정 상황에서는 사회적 목표를 달성하는 데 기여할 수 있다는 점에서 긍정적 영향을 끼치기도 한다. 하지만 사회적 신뢰를 저하 시킬 수 있으며, 장기적으로는 사회적 규범의 약화를 초래하는 부정적 영향도 준다.

② 비동조적 행동(Nonconforming Behavior)

비동조적 행동은 사회적 규범을 의도적으로 거부하거나 따르지 않는 행동을 말한다.

예 반문화적 행동, 사회적 저항

4. 일탈요인과 제재

(1) **제재의 역할과 목적**

① 제재의 역할

제재는 사회적 규범을 유지하고, 사회의 안정과 질서를 도모하는 데 중요한 역할을 한다.

② 제재의 목적

㉠ 사회 질서 유지: 규범 위반을 방지하고, 사회적 질서를 유지한다.

㉡ 행동 교정: 규범을 위반한 개인이 올바른 행동을 하도록 유도한다.

㉢ 사회적 규범 강화: 규범의 중요성을 강조하고, 사회 구성원들이 이를 준수하도록 한다.

(2) **공식적 제재**(Formal Sanctions)

① 법적 처벌: 형벌, 행정벌, 탄핵

② 징계: 징계는 조직 내 규칙을 위반한 경우, 징계나 해고 등의 처벌을 의미한다.

예 회사 규정을 위반한 직원에 대한 징계, 학교 규칙을 어긴 학생에 대한 정학

(3) **비공식적 제재**(Informal Sanctions)

① 사회적 비난

사회적 비난은 사회적 규범을 위반한 경우, 주변 사람들로부터 비난이나 배척을 받는 경우를 말한다.

예 무례한 행동을 한 사람에 대한 사회적 비난

② 관계 단절: 비윤리적 행동을 한 경우, 친구나 가족과의 관계가 단절될 수 있다.

02 일탈에 대한 생물학적 · 심리적 설명

1. 생물학적 설명: 유전학적 이론

(1) 범죄원인: 유전인자의 구성

① 신체의 특징(롬브로소): 범죄자들의 신체적 특성 발견

② 가계도 검토(덕데일)

③ 염색체 연구: XYY염색체

(2) 평가

① 인과관계가 불분명

② 사례 부족

③ 생물학적 요소들과 범죄 간의 관계를 입증하는 데 용이하지 않다.

④ 일탈행위와 문화의 관계를 간과하고 있다.

2. 심리학적 이론: 비정상적인 심리 내지는 정신 상태

(1) 프로이드 이론

그의 이론에 따르면 일탈행위는 super ego나 ego가 적절하게 발달하지 못하여 id의 충동을 억제하지 못할 경우에 일어나는 현상이다. id가 지나치게 발달하는 경우에는 성범죄를 유발하고 super ego가 지나치게 발달하면 결벽증이나 정신질환이 발생한다.

(2) 욕구좌절 및 공격이론

① 욕구좌절
일탈행위는 욕구좌절에 의해 발생하며 좌절감의 정도는 억압된 욕구의 강도에 따라 결정된다.

② 공격
일탈행위는 사회에 대한 공격적 행위의 한 형태로 발생하며 공격의 강도는 좌절감의 강도에 따라 결정된다.

③ 한스 아이젠크의 설명
정신박약과 도덕적 타락 같은 범죄자들의 독특한 비정상적인 정신 상태가 유전되며, 이러한 요소들이 범죄를 저지르기 쉽게 하거나 사회화 과정에서 문제를 일으킨다고 주장하였다.

(3) 평가

① 사회적 차원의 일탈을 설명하는 데 있어서 한계를 가진다.
개인적 일탈행위에 대한 설명은 쉬울지 모르지만 사회들 간에 일탈률이 왜 차이가 있는지, 동일한

사회에서도 어떤 집단은 다른 집단보다 더 많은 일탈행위를 하는지에 대해서는 적절하게 설명해 주지 못한다.

② 일탈행위와 문화의 관계를 간과했다.

③ 일탈행위는 개인의 특성으로만 설명 가능하다.

03 일탈에 대한 기능론적 설명

1. 뒤르켐의 아노미 이론

(1) 아노미의 의미

아노미란 규범력이 약한 상태이거나 부재 또는 상충하는 상태를 말한다. 주어진 사회생활 영역에서 분명한 행동 기준이 존재하지 않을 때 아노미가 발생한다. 이러한 상황에서 사람들은 방향을 잃고 불안을 느낀다. 뒤르켐은 이 같은 아노미라는 개념을 처음 도입하여 범죄 또는 일탈행위는 모든 인간사회의 보편적인 정상적 현상임을 주장한다.

(2) 아노미의 원인

급속한 사회변동, 경제적 불안정, 사회적 통합의 약화 등이 원인이다.

(3) 일탈의 원인

사회적 규범의 부재나 혼란 상태에서 일탈이 발생한다.

(4) 일탈의 성격

① 일탈은 사회적 사실이다.

② 일탈은 당연한 현상이며, 불가피한 요인이다.
어떤 사회도 사회를 지배하는 규범과 가치에 완전한 합의를 이룬 사회는 없다.

③ 정상과 일탈은 동일한 비중으로 취급되어야 하는 것이다.

(5) 관점의 전환

일탈의 관점을 개인적 차원에서 사회적 차원으로 전환시켰다.

2. 머튼의 아노미 이론

(1) 아노미 개념 수정

규범이 사회적 현실과 갈등할 때 개인의 행동에 가해진 긴장을 지칭하는 것으로 아노미의 개념을 수정하였다. 즉, 아노미 현상은 문화적 목표와 제도적 수단이 괴리되어 있을 때 나타나는 현상을 말한다. 여기서 목표는 물질적 성공, 수단은 자기 규율과 노력을 말한다.

(2) 아노미에 대한 개인의 적응 방식

① **동조형(순응)**: 문화적 목적과 제도적 수단이 일치하는 이들을 말한다.

② **혁신형(범죄)**: 문화적 목표는 수용하나 제도적 수단이 막혀 있는 이들을 말한다.

③ **의례형**: 문화적 목표는 깊이 생각하지 않고 제도적 수단에 의례적으로 매달려 있는 이들을 말한다.

④ **도피형**: 문화적 목표 · 제도적 수단 양자를 거부하는 현실 도피자들을 말한다.

⑤ **반역형(반항)**: 기존의 목적과 수단의 모순에 대해 새로운 사회구조를 조직하려는 자들을 말한다.

일탈양식(종류)	문화적 목표	제도적 수단	예
동조형	+	+	열심히 공부나 저축
혁신형	+	−	뇌물, 탈세, 횡령, 성적조작자
의례형	−	+	관료
도피형	−	−	알코올 중독자, 은둔자, 부랑아
반역형	±	±	혁명가, 급진주의자, 히피

(+: 수용, −: 거부, ±: 현존하는 것을 거부하고 새로운 것으로 대체)

PART 06

(3) 머튼 이론에 대한 평가

① 공헌

일탈의 사회구조적인 원인(제도부재, 사회적 불평등)을 규명하고 사람들이 어떤 특정의 일탈행위를 범하게 되는지 그 이유에 대해서 설명하였다.

② 한계점

㉠ 어느 사회의 문화적 가치와 목표들은 일반적으로 합의가 이루어져 있다고 가정하고 있다. 각 개인들이 지향하는 가치와 목표가 다양하다는 점을 간과하고 있다.

㉡ 일탈행위가 일어나는 사회적 상호작용 과정, 특히 일탈행위가 누구에 의해 어떻게 규정되고 있는가에 대해서는 적절한 설명을 제공하지 못한다.

㉢ 비합법적인 수단에 근접할 수 있기 때문에 발생하는 일탈행위의 경우를 충분하게 설명해 주지 못한다.

3. 하위문화 이론(Subcultural Theory)

(1) 개요

하위문화 이론은 범죄행위를 격려하거나 보상하는 규범을 채택한 하위문화 집단의 관점에서 본다. 하위문화 이론은 특정 집단이 주류 사회와 다른 규범과 가치를 가지고 있으며, 이러한 하위문화 내에서 일탈행동이 발생한다고 설명한다.

(2) **코헨**(Albert Cohen)**의 지위좌절 이론**

① 하위문화의 의미

지위좌절 이론에 따르면 생활 속에서 그들의 지위에 좌절감을 느낀 하층 노동 계급 소년들이 자주 갱 집단과 같은 일탈 하위문화에 가담한다. 즉 하위문화는 주류 사회에서 지위를 얻지 못한 사람들이 형성한 집단을 의미한다. 하위문화 이론은 서덜랜드의 차별적 교제 이론과 머튼의 아노미 이론을 통합하여 제시된 이론이다.

② 하위문화의 특징

하위문화는 중간 계급의 가치를 거부하고 그것을 일탈과 반항을 찬양하는 규범으로 대체한다. 즉 이 하위문화는 주류 사회의 규범을 반대로 뒤집고 일탈행동을 통해 지위를 얻으려 한다.

③ 일탈 원인

주로 노동계층 청소년들이 중산층의 가치와 목표를 달성하지 못해 좌절감을 느끼고, 이를 극복하기 위해 일탈적 하위문화를 형성한다.

(3) **클로워드와 올린**(Cloward and Ohlin)**의 기회구조 이론**

① 하위문화

기회구조 이론은 대부분의 일탈 청소년들이 하층 노동 계급 출신이라는 주장에 동의하면서 하위문화는 다양한 사회적 기회 구조에 따라 형성된다고 주장한다. 그리고 범죄 하위문화, 갈등 하위문화, 퇴행 하위문화 등 세 가지 하위문화를 제시하였다.[16]

② 일탈 원인

㉠ 합법적인 기회가 부족할 때, 불법적인 기회를 통해 목표를 달성하려는 경향이 있다.

㉡ 가장 문제가 되는 소년은 중간계급 가치를 내면화하고 그들의 능력에 기초하여 중간계급의 미래를 열망하는 소년이다. 이들은 자신의 목표를 실현시킬 수 없을 때 비행을 저지른다.

4. **차별적 교제 이론**(차별적 접촉 이론, 서덜랜드)

(1) **개요**: 일탈을 사회에서 학습한다.

① 기능론적 성격과 상호작용론적 성격을 모두 가진다.[17]

---

16) 세 가지 하위문화
- 범죄 하위문화 : 조직화된 범죄 활동을 통해 경제적 이익을 추구
- 갈등 하위문화 : 폭력과 갈등을 통해 지위를 얻으려 함
- 퇴행 하위문화 : 마약이나 알코올에 의존하는 하위문화

17) 차별적 교제 이론에 대해 사회학이나 형사정책학 연구자들 중에서는 차별적 교제 이론의 가정을 고려해서 파슨스의 사회화 논리와 비슷하게 해석을 하면서 기능론의 범주에 포함시키는 경우도 있다. 반면에 중등 교과서에서는 주로 상호작용론의 관점으로 취급하는 것이 일반적이다. 하지만 수능에서는 아직 차별적 교제 이론이 기능론인지 상호작용론인지 출제된 것이 없다. 이것은 여러 가지 함의를 가진다. 따라서 차별적 교제 이론의 범주를 이해할 때 주의가 필요하다. 본 저에서는 기능론의 범주에 포함시킨다.

② 사회문화적인 측면 강조

㉠ 서덜랜드는 '가난한 지역에는 범죄를 조장하는 문화가 있다'는 가정에서 출발한다.

㉡ 인간의 행동은 정상적인 행동이건 일탈적인 것이건 간에 모두 학습된다고 가정할 경우 가난한 지역의 문화가 그 지역의 청소년들에게 학습된다는 것은 당연한 결론이 된다.

㉢ 범죄의 기술도 물론 학습되나 더 중요한 것은 범죄에 대한 태도 및 가치를 배운다는 점에서 사회문화적인 측면을 강조한다. 이런 가치나 태도를 배우게 되는 상황을 서덜랜드는 주로 친밀한 집단 속에서 상호작용을 통한 학습이라는 점을 강조한다.

⑵ 주요 개념 및 일반화

① 핵심 일반화: 범죄와 일탈은 친밀한 집단 내에서 상호작용을 통해 전달된다.

② 일탈행위의 학습성: 일탈자와의 친밀한 접촉과 상호작용을 통해 일탈을 학습한다.

③ 범죄기술뿐만 아니라 범죄동기와 합리화 방법, 태도를 학습한다.

⑶ 공헌(장점)

① 사회적 상호작용과 환경의 영향 강조
사회적 맥락을 강조하여 범죄와 일탈행위를 개인의 문제로만 보지 않고, 사회적 상호작용과 환경의 영향을 강조한다.

② 범죄 예방을 위한 구체적인 전략을 제시
범죄 예방을 위한 구체적인 전략으로 지역 내 복지시설 확충, 긍정적인 사회적 관계 형성 등을 제시한다.

⑷ 한계(단점)

① 우발적인 일탈과 범죄 행동을 설명하기 어려움
이 이론은 계획적이고 반복적인 범죄를 설명하는 데는 유용하지만, 우발적이거나 충동적인 범죄를 설명하는 데는 한계가 있다.

② 개인적 요인 간과
개인의 성격, 심리적 상태, 유전적 요인 등 개인적 요인을 충분히 고려하지 않는다. 동일한 환경에서도 일탈 행동을 하지 않는 사람들에 대한 설명이 부족하다.

③ 사회적 구조의 영향 과소평가
사회적 구조나 제도적 요인, 예를 들어 경제적 불평등이나 제도적 차별 등이 범죄에 미치는 영향을 충분히 설명하지 못한다.

④ 경험적 검증의 어려움
차별적 교제 이론의 개념을 경험적으로 검증하는 것이 어렵다. 특히, 일탈 행동의 학습 과정과 그 영향을 정확히 측정하는 데 한계가 있다.

04 일탈에 대한 상징적 상호작용론적 설명

1. 낙인이론에 대한 개요

(1) 낙인이론의 의의(베커의 설명)

낙인이론은 사회학자 하워드 베커(Howard Becker)가 주창한 이론으로, 사회적 낙인이 범죄와 일탈 행동을 형성하는 데 중요한 역할을 한다고 주장한다. 낙인이론은 일탈 행동이 사회적 상호작용과 낙인 과정에서 어떻게 형성되고 강화되는지를 설명한다. 베커는 그의 저서 『아웃사이더(Outsiders)』에서 이 이론을 체계적으로 설명했다. 이 이론은 일탈 행동이 본질적으로 개인의 특성에 의한 것이 아니라, 사회가 특정 행동을 일탈로 규정하고 낙인을 찍음으로써 형성된다고 본다. 사회집단들은 규범이나 규칙을 만들고 그 규칙들을 특정인들에게 적용시켜 그들을 국외자들(outsiders)이라고 낙인하여 일탈행위를 만들어 낸다.

(2) 이론적 토대

① 갈등론적 관점

② 상징적 상호작용론적 관점

(3) 주요 개념 및 일반화

① 일탈
일탈은 사회적으로 세력이 강한 집단이나 사람들이 자신들의 행동양식이나 태도를 적용시켜 다른 행동양식이나 태도를 가진 집단이나 사람들을 일탈자로 규정한 결과이다.

② 일탈의 원인: 사회적으로 정의되는 낙인
일탈 행동은 사회적 규범과 법에 의해 정의된다. 즉, 어떤 행동이 일탈로 간주되는지는 사회적 맥락에 따라 다르다.

③ 낙인의 효과
특정 행동을 일탈로 규정하고 그 사람에게 낙인을 찍으면, 그 사람은 자신을 일탈자로 인식하게 되고, 이는 추가적인 일탈 행동을 유발할 수 있다.

④ 자아 정체성
낙인은 개인의 자아 정체성에 영향을 미쳐, 그들이 사회적 기대에 부응하는 방식으로 행동하게 만든다.

(4) 공헌(장점)

① 경력 일탈현상을 밝히는 데 기여

② 사회적 맥락 속에서 일탈을 이해하는 데 기여
일탈 행동의 사회적 구성 측면을 강조하여, 범죄와 일탈을 개인의 문제로만 보지 않고 사회적 맥락에서 이해할 수 있게 한다.

③ 범죄 예방 및 개입 전략 설계에 기여

범죄 예방 및 개입 전략을 설계하는 데 중요한 시사점을 제공한다. 예를 들어, 낙인을 줄이고 재사회화를 촉진하는 프로그램 등이 있다.

(5) 한계(단점)

① 개인의 자율성과 선택 간과

㉠ 모든 일탈 행동을 낙인의 결과로 돌린다.

㉡ 사회적 반응을 경험하지 않고 반복하는 일탈행위에 대해 설명하기 어렵다. 즉, 일탈자로 낙인을 받음으로써 더 이상 일탈행위를 하지 않는 경우를 적절하게 설명하지 못한다.

② 일탈자의 책임 무시

㉠ 범죄행위의 원인을 범죄행위의 반응의 결과로 돌려 일탈자의 책임을 간과한다.

㉡ 극단적인 경우는 사회의 낙오자들에 대한 무분별한 동정심을 유발할 가능성이 있다.

2. 고프만의 설명

(1) 개요

어빙 고프먼(Erving Goffman)의 낙인이론은 그의 저서 『낙인: 손상된 정체성 관리에 대한 노트(Stigma: Notes on the Management of Spoiled Identity)』에서 제시되었다. 이 이론은 사회적 상호작용에서 낙인이 개인의 정체성과 행동에 미치는 영향을 탐구하였다.

(2) 핵심 개념 및 일반화

① 낙인

고프먼은 낙인을 사회적으로 부정적으로 평가받는 특성이나 속성으로 정의한다. 이는 신체적 결함, 개인적 성격의 결함, 집단적 정체성의 결함 등으로 분류된다.

② 낙인을 통해 일탈자의 행동과 태도가 형성

낙인은 상호작용 과정에서 형성되면서 정상인과 일탈자로 구분시킨다. 사실 낙인은 개인의 다양한 속성들 중의 하나이다. 하지만 다른 속성들은 쉽게 무시되고 모든 것이 낙인에 따라 판단된다.

③ 정체성 관리

낙인을 가진 개인들이 자신의 손상된 정체성을 관리한다. 이는 자신의 낙인을 숨기거나, 타인과의 상호작용에서 정보를 통제하는 전략을 포함한다.

④ 사회적 상호작용

낙인이 있는 사람들이 다른 사람들과 상호작용할 때 '보통'으로 인식되려고 노력한다.

(3) 시사점

사회적 낙인을 줄이고, 포용적인 사회를 만들기 위한 정책과 프로그램 개발에 중요한 시사점을 제공한다.

3. 레머트의 설명

(1) 개요

에드윈 레머트(Edwin Lemert)의 낙인이론은 일탈 행동이 사회적 상호작용과 낙인 과정에서 어떻게 형성되고 강화되는지를 설명한다. 레머트는 일탈을 일차적 일탈과 이차적 일탈로 구분하여 설명한다.

(2) 핵심 개념

① 일차적 일탈
일차적 일탈은 개인적 또는 상황적 이유로 일시적이거나 경미하게 발생하는 일탈을 말한다.
예 청소년이 호기심으로 저지르는 법 위반

② 이차적 일탈
이차적 일탈은 일차적 일탈이 사회적 처벌이나 낙인을 통해 강화되어, 개인이 자신을 일탈자로 인식하고 지속적으로 일탈 행동을 하게 되는 상태이다. 이는 사회적 반응에 의해 일탈 행동이 반복되고 강화되는 과정을 설명한다.

05 청소년 비행 설명

1. 중화이론

(1) 개요

중화이론(Neutralization Theory)은 사이크스(Gresham Sykes)와 마짜(David Matza)가 제안한 이론으로, 비행 청소년들이 자신의 비행 행위를 정당화하고 양심의 가책을 줄이기 위해 사용하는 심리적 기술을 설명한다.

(2) 주요 개념 및 일반화(중화기술)

① 책임의 부정: 자신의 행위가 고의가 아니며, 외부 요인에 의해 어쩔 수 없이 발생했다고 주장한다.
예 "나는 어쩔 수 없었어"라고 변명하는 경우

② 가해의 부정: 자신의 행위가 실제로 피해를 주지 않았다고 주장한다.
예 "그냥 빌린 것뿐이야"라고 말하는 경우

③ 피해자의 부정: 피해자가 마땅히 그런 일을 당할 만한 사람이라고 주장한다.
예 "그는 그럴 만한 사람이야"라고 말하는 경우

④ 비난자에 대한 비난 : 자신을 비난하는 사람들의 약점이나 비행을 지적하며, 자신의 행위를 정당화한다.
예 "그들도 다 똑같아"라고 말하는 경우

⑤ 고도의 충성심에의 호소 : 더 높은 충성심이나 의무감 때문에 어쩔 수 없이 그런 행동을 했다고 주장한다.
예 "친구를 위해서 한 일이야"라고 말하는 경우

(3) 이론의 의의

중화이론은 비행 청소년들이 내면화된 규범과 가치관을 일시적으로 중화시켜 비행 행위를 저지른다고 설명한다. 이를 통해 비행 행위에 대한 죄책감을 줄이고, 사회적 규범을 위반하는 행동을 정당화한다.

2. 사회유대 이론(사회통제 이론)

(1) 개요

사회유대 이론(social bond theory)은 허쉬(Travis Hirschi)가 1969년에 제안한 이론으로, 개인이 사회와 맺는 유대가 약해질 때 비행이나 범죄가 발생한다고 설명한다.

(2) 네 가지 주요 요소

① 애착(Attachment)
부모, 교사, 친구 등 중요한 타인과의 정서적 유대이다. 강한 애착은 비행을 억제하는 중요한 요인이다.

② 관여(Commitment)
사회적 목표와 활동에 대한 헌신을 의미한다. 학업 성취나 직업적 목표에 대한 헌신이 강할수록 비행 가능성이 낮아진다.

③ 참여(Involvement)
참여는 사회적으로 인정받는 활동에 적극적으로 참여하는 정도를 말한다. 건설적인 활동에 많이 참여할수록 비행 가능성이 낮아진다.

④ 신념(Belief)
신념은 사회적 규범과 법을 존중하고 따르는 정도를 말한다. 사회적 규범에 대한 신념이 강할수록 비행 가능성이 낮아진다.

(3) 이론의 의의

사회유대 이론은 왜 사람들이 비행을 저지르지 않는가에 초점을 맞추며, 강한 사회적 유대가 비행을 억제하는 중요한 역할을 한다고 설명한다.

PART 06

Chapter 02 사회문제

01 사회문제란 무엇인가?

1. 사회문제의 의미

사회문제는 사회 구성원 다수에게 부정적인 영향을 미치는 상황이나 조건을 의미한다. 이는 빈곤, 범죄, 실업, 인종차별, 환경오염 등 다양한 형태로 나타날 수 있다. 이런 점에서 사회문제란 사회적인 규범 및 가치에서 벗어나고 상당수의 사람들이 부정적인 영향을 받으며 그 원인이 사회적인 것으로 다수의 사람들이 혹은 소수의 영향력이 있는 사람들이 문제로 판단하여 집단적으로 특정문제의 개선을 위한 조치를 필요로 하는 것을 말한다.

2. 사회문제의 특성

(1) 사회의 일반적 가치나 규범에서 벗어남

① 의미

사회문제는 다수의 구성원에 의해 그 사회의 지배적 가치나 규범에서 벗어난 것이라고 판단되는 현상이다. 즉, 사회문제는 다수의 사회구성원들이 사회에 바람직하지 못한 결과를 가져올 것이라고 생각하는 문제이다.

예 폭력, 빈곤, 무질서 등이 특정 집단에게 나타나는 경우

② 주관성 혹은 상대성

개인 혹은 집단의 가치관이 다양한 경우 어떤 문제를 사회문제로 판단할 것인지는 집단 간에 서로 달라질 수 있다. 즉 사회문제는 사람 혹은 집단마다 다르게 인식될 수 있다.

예 기업가 입장 혹은 노동자 입장에서 경제에 대한 인식이 달라진다.

(2) 상당수의 사람들이 그 현상으로 인하여 부정적인 영향을 받고 있음

대다수의 사람이 사회문제로 말미암아 직접 피해를 입거나, 다수의 다른 사람들에게 피해를 입히는 경우이다.

(3) 문제의 원인이 사회적인 것임

① 문제의 원인이 자연적인 재앙은 사회문제가 아니다.

㉠ 폭풍, 홍수, 지진 등과 같이 문제 발생 원인이 자연적인 재앙은 사회문제가 아니다.

㉡ 자연재해로 인한 주택 파괴가 장기간 복구되지 못하고 인간들의 불편과 생활의 위협으로 변질되는 경우는 사회문제다.

② 문제의 원인이 사회적이라는 의미

㉠ 문제의 원인이 사회적이라는 의미는 특정 문제가 불완전한 사회체계에 의해 발생함을 의미한다. 예컨대 인간관계, 인간이 만든 사회조직, 구조 및 제도 등으로 인한 문제 등이다.

㉡ 사회체제의 결함에 의한 문제라는 것은 사회적 노력을 통해 예방, 혹은 개선이 가능함을 의미한다.

(4) 다수의 사람이나 영향력 있는 일부의 사람이 문제로 판단하고 있음

① 의미

사회 내에 문제가 존재하고 있다 하더라도 사람들이 인식하지 못하거나 관심을 갖고 있지 않다면 사회문제가 아니다. 사회문제는 다수의 사회 구성원, 혹은 사회적 영향력을 갖고 있는 일부(예 정치가, 사회운동가, 사회지도자 등)가 특정 상황을 문제로 인식하고 있을 때 사회문제로 성립하게 된다.

② 예

일상적인 가정폭력, 여성의 참정권 부재(~20세기 초반) 등은 그것을 문제로 인식하기 전에도 존재해 왔으나, 사람들이 이를 문제로 여길 때 비로소 사회문제화된다.

(5) 사회가 그 개선을 원하고 있음

① 의미

특정 문제에 대해 다수의 사람들이 그 문제를 해결할 수 있다고 생각하고, 그 문제를 해결하기를 원할 때 그 문제는 비로소 사회문제로 성립한다. 어떠한 사회문제도 개선의 여지가 있고 문제의 예방 및 대책 수립이 가능할 때 사회문제로 성립 가능하다.

② 예

근대 이전의 사회에서는 빈곤문제를 주로 개인의 무지나 나태, 혹은 종교적 운명으로 치부했다. 개인의 빈곤은 사회구조적 요인과 연결되어 있음을 인식하고 이를 변화시키고자 할 때 비로소 사회문제로 인정된다.

(6) 개선을 위하여 집단적 차원의 사회적 행동이 요청됨

문제의 원인이 사회적이기 때문에, 해결을 위해서도 개인의 차원이 아닌, 다수의 노력과 집단 행동을 통해 해결 가능하다. 대부분의 경우 집단적 차원의 사회적 행동은 국가가 사회정책을 수립하여 해결하는 방법을 취한다. 사회문제의 해결을 위해서는 많은 사회적 비용이 필요하다. 사회적 비용을 투입하기 위해서는 의회의 정책적 요구 혹은 정부의 정책의지를 필요로 한다.

02 사회문제의 원인을 설명하는 관점

1. 사회문제의 원인에 대한 두 관점

사회문제를 분석할 때 개인적 결함에 초점을 두는 관점과 사회제도의 결함에 초점을 두는 관점으로 나눌 수 있다. 전자의 경우에는 사회문제의 해당자 스스로가 문제를 가진 존재로 생각한다. 후자의 경우에는 사회문제의 해당자가 사회문제의 희생자로 이해하는 것이다.

현실적으로 사회문제의 원인을 이해할 때 두 가지 관점의 통합이 필요하다.

2. 개인적 결함에서 사회문제의 원인을 찾는 관점

(1) 의미

개인적 결함에서 사회문제의 원인을 찾는 관점의 대표적인 예로서 정신적, 심리적, 생물학적 관점으로 접근하는 경우이다. 사회문제의 원인은 개인의 유전적 결함, 심리적·정신적 이상에서 찾는 방식이다. 예컨대 욕구좌절 이론의 설명 방식이다.

(2) 관점의 한계(문제점)

① 제도의 문제점이나 결함에 대한 인식을 방해하여 제도 개선이나 개혁 봉쇄
사회문제의 원인을 개인의 결함으로 돌림으로써 정부나 학교, 경제제도, 사법체제 등의 모순이나 결함은 사회문제와 관련이 없는 것으로 생각할 수 있다. 이로 인해 사회문제의 해결을 위하여 제도의 개선이나 변화가 필요한데 이를 위한 노력이나 시도가 사전에 봉쇄될 수 있다.

② 심각한 통제 및 인권 침해 야기 : 문제를 야기한 개인이나 집단을 공공연하게 통제하게 된다.

③ 사회제도나 구조와 무관한 인간의 자율성 맹신
이 관점은 인간이 자신의 운명을 스스로 통제할 수 있다는 일종의 잘못된 믿음을 지지하게 된다. 대표적인 예로 사회진화론을 들 수 있다. 사회진화론에 의하면 빈민을 동정할 필요가 없고 정부가 사회복지 급여를 제공할 이유도 없는 것이다.

3. 사회제도에서 원인을 찾는 관점

(1) 의미

사회제도에서 사회문제의 원인을 찾는 관점은 학생의 성적이 나쁘고 행동이 불량할 때 학생이나 가족에서 원인을 찾지 않는다. 대신에 제도적 요소들, 예를 들면 부적절한 교육과정, 잘못된 지능검사, 과밀학급, 학군 내 자원의 부적절한 배치, 수업능력이 부족한 선생 등에 문제의 원인이 있다고 보는 것이다.

(2) 관점의 한계(문제점)

① 부분적 진실: 제도의 결함이나 하자를 사회문제의 모든 원인으로 볼 수 없다.

② 모든 원인을 사회결정론적으로 해석할 위험
사회제도에서 문제의 원인을 찾는 관점이 지나칠 경우 자칫 사회문제의 결정론적 해석으로 흐르기 쉽다.

③ 인간의 자율성과 선택을 무시할 위험

사회제도는 인간이 만든 것이다. 사람들의 욕구를 충족시키지 못하는 경우에는 사회제도는 언제든지 수정되고 변화되어야 할 것이다. 사회제도를 개선한다는 맥락에서 사회제도에서 사회문제의 원인을 찾는 관점은 강조할 필요가 있지만 인간의 자율성과 선택을 무시할 수는 없다.

Chapter 03 사회문제를 설명하는 이론

01 기능주의 이론

1. 개요

(1) 사회문제

기능주의 입장에서 사회문제는 어떤 사회체계가 상위 체계에 대하여 기능적 요건을 충족하지 못하는 상태이거나, 한 사회체계가 사회적으로 합의된 규범을 준수하지 못하는 상태, 또는 어떤 사회체계가 사회화 과정과 결과에서 실패한 상태를 의미한다. 기능론은 사회문제를 사회의 한 부분이 제대로 기능하지 않을 때 발생하는 현상으로 설명한다. 이 이론은 사회를 유기체로 보고, 각 부분이 전체의 안정과 기능을 유지하기 위해 협력한다고 본다. 사회의 각 부분은 서로 연결되어 있으며, 하나의 부분이 문제를 일으키면 전체 사회에 영향을 미친다고 설명한다. 사회는 균형과 안정을 유지하려고 하며, 사회문제는 이러한 균형이 깨질 때 발생한다.

(2) 기능론 입장의 사회문제 원인

① 사회화의 실패
사회화의 실패는 사회화가 불충분 하거나 부적당한 것을 말한다. 사회화의 실패는 사회화 과정이 불완전하거나 결함이 있을 때, 사회화 자체가 상반될 때, 사회의 지배문화와 다른 일탈된 하위문화에 사회화 되었을 때 발생한다.

② 규범의 사회통제 실패
규범의 사회통제 실패는 보상과 처벌을 제대로 하지 못하거나 불공평하게 하는 것에서 발생한다.

(3) 기능론의 사회문제 해결 경향

기능론 입장은 대체로 제도의 변혁보다는 개인의 사회화를 활성화하고, 지원하는 방안을 보다 선호한다. 사회화 기능, 사회통제 기능 등을 강화하고 수정하며, 재사회화 기능, 재활기능을 강화하는 한편 사회의 물질 및 기회의 분배기능을 강화하고 수정하는 것이다.

(4) 하위 이론

기능주의 이론에 속하는 하위 이론으로서 사회병리론, 사회해체론, 일탈행위론, 접촉차이론 등이 있다.

2. 사회병리론

(1) 개요

사회병리론은 사회문제를 병리학적 관점에서 설명하는 이론이다. 이 이론은 사회문제를 사회의 '질병'으로 보고, 사회의 정상적인 기능이 손상되었을 때 발생한다고 설명한다. 사회병리론은 주로 기능론의 연장선상에서 발전했으며, 사회문제를 진단하고 치료하는 과정에 초점을 맞춘다.

(2) 주요 개념 및 일반화

① 사회적 병리

사회적 병리는 사회적 관계에서의 부적응을 의미하는 것으로 달리 말하면 부도덕한 행위이다. 사회병리론은 도덕적 기대를 위반하는 사람이나 상황을 병적인 것으로 파악하며 문제 상황으로 규정하고 있다. 이런 사회적 부적응이 초기에는 개인의 유전적 결함에서 비롯된 것으로 파악했고, 이후에는 사회적 요인이 개인의 부적응에 영향을 미치는 것으로 이해하였다.

② 사회부적응

개인의 결함으로 인한 사회부적응에 대한 예로는 롬브로조의 범죄형의 속성 연구, 스펜서의 사회진화론 등이다. 쿨리는 신체적 특징에 입각한 범죄이론을 비판하면서 타고난 범죄인이라는 개념을 반박하였다. 이와 같은 입장은 개인의 유전적 결함에서 사회의 여건에 대한 관심으로의 전환을 의미하는 것으로 예를 들면 도시 빈민가의 좋지 못한 환경이 주민들을 범죄자로 만드는 데에 영향을 주는 것으로 인식하였다. 아울러 도시의 익명성이 지역주민의 고립과 타락을 촉진시켰다고 한다.

③ 사회문제 : 사회문제는 규범이나 가치의 위반이다.

예 범죄, 빈곤, 정신건강 문제

④ 사회문제 원인 : 부적응, 사회화의 실패

초기에는 개인의 유전적 결함 때문에 사회화에 실패했다고 했으나 후기에는 급격한 도시화를 포함한 사회적 여건이 사회화의 실패에 영향을 미친다고 보았다.

⑤ 사회문제 해결책 : 사회문제 해결책은 단종 및 우생학 운동, 도덕교육의 강화 등이다.

⑥ 한계

㉠ 완벽하게 건강하고 정상적인 사회가 현실적으로 존재하기 어렵다.

㉡ 개인보다는 집단, 그리고 사회전체의 이익을 우선하는 이데올로기인 전체주의를 지지할 수 있다.

㉢ 병리현상을 구체적으로 파악하기 어렵다. 왜냐하면 사회적 병리는 상대적일 수 있기 때문이다.

㉣ 사회병리론에서 말하는 정상적이고 건강한 사회가 어떤 것인지 정의하기 어렵고 그러한 상태를 객관적으로 구체화하기도 어렵다. 즉 사회문제는 사회구성원이 주관적으로 인식하는 것이다.

3. 사회해체론

(1) 개요

① 사회해체론의 등장배경: 사회병리론의 효용 상실
사회병리론은 개인의 선천적 결함에 치중하는 입장이었기 때문에 관심의 초점은 정신병자, 약물중독자, 비행 및 범죄자 등 소수의 대상 집단에 국한되었다. 그러나 도시화가 급속하게 진행되면서 일반인들도 문제를 야기하고 아울러 다양한 사회문제들이 다발적으로 발생하기 시작하였다. 소수의 대상에 국한되었던 사회병리론은 효용을 잃었다. 이런 배경 속에 사회규칙을 핵심내용으로 하는 사회해체론이 등장하였다.

② 사회해체론의 요지
사회해체론은 사회문제를 사회구조와 규범의 붕괴로 설명하는 이론이다. 이 이론은 사회의 규범과 가치가 약화되거나 사라질 때, 사회문제가 발생한다고 본다. 사회해체론은 주로 사회의 급격한 변화나 혼란 속에서 나타나는 문제들을 분석하는 데 사용된다.

③ 대표적 연구들
사회해체론은 쿨리, 토마스와 즈나니에츠키, 오그번 등에 의해 제시되었다. 쿨리는 집단을 일차적 관계와 이차적 관계로 구분하고 집단관계의 측면에서 사회해체를 전통이 붕괴하는 형상으로 개념화하였다. 토마스와 즈나니에츠키는 사회해체를 규칙이 개인에 대해 영향을 잃는 현상으로 파악하여 규칙이 사람들을 잘 통제하지 못하는 경우에 사회문제가 발생한다고 주장하였다. 오그번은 사회변화에 따른 문화지체를 강조하였다.

(2) 주요 개념 및 일반화

① 사회변화와 규칙의 통제력 약화
사회해체론은 사회규칙을 중심개념으로 설정하면서 사회규칙이 사회구성원을 통제하지 못하는 경우에 사회해체가 일어나는 것으로 설명하였다. 사회해체를 가져오는 요인은 사회변화이며 사회변화가 규칙의 통제력을 약화시킨다는 것이다.[18)]

② 사회적 규범의 붕괴
사회해체론은 사회적 규범과 가치가 약화되거나 사라질 때, 사람들이 어떻게 행동해야 할지 혼란스러워하고, 이로 인해 사회문제가 발생한다고 설명한다.

③ 사회적 통제의 약화
사회적 통제 기제가 약화되면, 범죄, 비행, 무질서 등의 문제들이 증가할 수 있다.

---

18) 규칙의 통제력 약화의 구체적인 내용을 살펴보면 첫째, 도시화를 포함한 사회변화는 사회구성원들이 상호작용하는 횟수를 감소시킬 수 있다. 둘째, 사회구성원들 간에 상호작용의 빈도가 감소하면 구성원 간의 정서적 유대 또한 약화된다는 것이다. 셋째, 사회구성원들 간에 상호작용의 빈도가 감소하고 정서적 유대감이 약해지면 규칙을 공유하는 부분이 감소하게 된다는 것이다. 넷째, 규칙을 공유하는 부분이 적으면 규칙이 사회구성원을 규율하는 통제력이나 영향력도 감소한다는 것이다.

④ 사회적 연대의 약화

사회 구성원 간의 연대감이 약화되면, 공동체 의식이 사라지고, 개인주의가 팽배해지면서 사회문제가 발생할 수 있다.

⑤ 사회문제 정의, 원인, 해결책

사회문제는 규칙을 위반하거나 불이행하는 것이라고 한다. 사회문제의 원인은 사회변화 및 해체이다. 사회문제의 해결책은 구체적 방안을 제시하지 못하고 있다.

예 범죄 증가, 가족구조의 변화, 청소년 비행

⑥ 사회해체론의 한계

㉠ 사회변화에 대해 매우 부정적이다.
긍정적 의미의 사회변화를 부정적인 사회해체와 혼동할 수 있다.

㉡ 규칙의 다양성을 간과하였다.

(3) 동심원 지대 이론

① 의미

동심원 지대 이론(concentric zone theory)은 미국의 사회학자 버제스(Ernest Burgess)가 1920년대에 제안한 도시 구조 이론이다. 동심원 지대 이론은 도시지역을 중심으로 하여 규칙의 통제상태를 생태학적 관점에서 설명한 이론이다. 이 이론은 도시가 중심에서부터 외곽으로 동심원 형태로 확장된다고 설명한다. 그는 도시지역이 생태학적으로 구성된다고 하면서 도시지역의 생태학적 변화와 사회해체가 관련이 있다고 주장하였다. 즉 동심원 지대 이론은 이동성이나 안정성에서의 지역적 특성이 지역거주자의 행위와 사회해체의 발생에 영향을 준다는 생태학적인 관점에서 있다.

예 특정한 도시 지역의 이동성이 높으면 이러한 지역적 특성이 그 지역에 사는 주민들의 행위에 영향을 주어서 그 결과로 이 지역의 사회해체 현상이 증가한다는 것이다.

② 주요 개념 및 일반화

㉠ 중심 업무지역(CBD)

중심 업무지역은 도시의 중심부로, 정치, 경제, 문화, 행정 등의 기능이 집중된 지역이다.

㉡ 천이지역(Transition Zone)

천이지역은 중심 업무지역 주변의 지역으로, 상업 및 공업 시설과 저소득층 주거지가 혼재된 지역이다. 이 지역은 종종 슬럼화되기도 한다.

㉢ 저소득층 주거지역(노동자 거주지역)

노동자 거주지역은 주로 노동자 계층이 거주하는 지역으로, 주거 환경이 열악한 경우가 많다.

㉣ 중산층 주거지역(교외 주거지역)

교외 주거지역은 중산층이 거주하는 지역으로, 주거 환경이 비교적 양호하다.

㉤ 통근자 주거지역

통근자 주거지역은 도시 외곽의 교외지역으로, 주로 고소득층이 거주하며, 도심으로 통근하는 사람들이 많이 사는 지역이다.

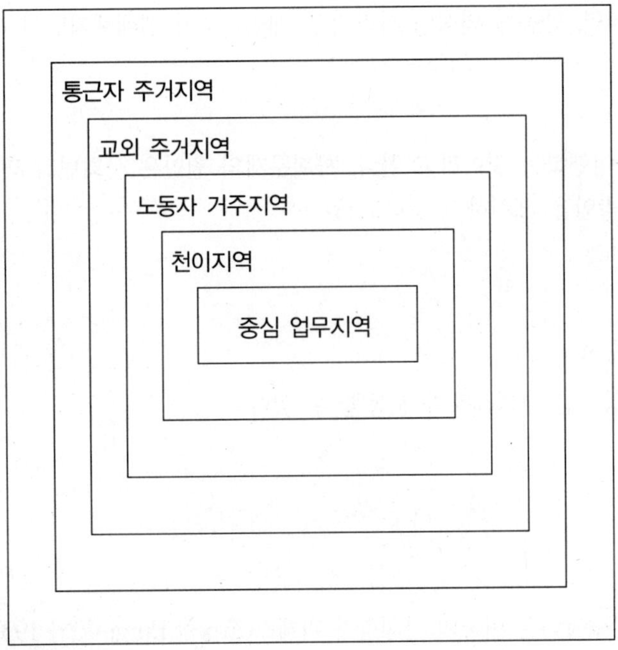

⇨

1. 중심 업무지역
   도시 중심 지역으로 익명성과 이동성이 높고 불안정성이 특징
2. 천이지역
   높은 이동성과 익명성, 슬럼지역 형성
3. 노동자 거주지역
   이동성이 낮고 안정적. 영업중심 지역이나 천이지역에 비해 사회해체 현상도 낮음
4. 교외 주거지역과 통근자 주거지역
   안정성이 특징이고 사회해체 현상도 드묾

4. 일탈행위론

(1) 개요

① 일탈행위론의 등장배경

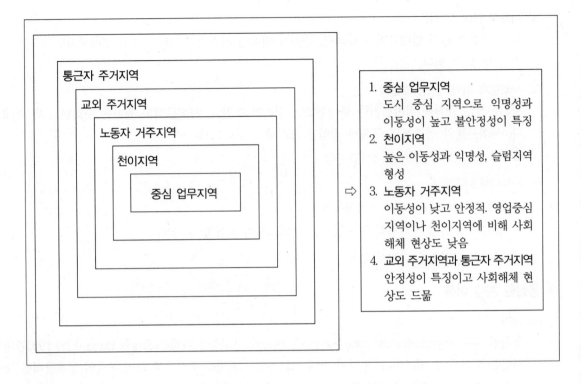

특정한 지역의 사회해체율이 높은 경우에도 그 지역 사람들이 규칙을 어기지 않는 사실에 의문이 생기기 시작하였다. 아울러 사회해체론이 개인을 연구하기에는 너무 포괄적이라는 문제점도 발견하였다. 그래서 일탈행위론자들은 사회해체율이 높은 지역에 사는 어떤 사람들은 규칙을 어기는 데에 반하여 같은 지역의 사람들은 규칙을 준수하는 이유가 무엇인지에 대하여 초점을 두었다.

② 일탈행위론의 하위 이론

일탈행위론은 크게 아노미론과 접촉차이론, 기회이론으로 구분될 수 있다.

③ 사회문제의 정의, 원인, 해결책

㉠ 사회문제의 원인

일탈행위론 입장에서 사회문제의 원인은 개인의 일탈이 목표와 수단의 불일치, 일탈적 유형과의 접촉, 차이적 기회에 의해 발생하는 것이다. 따라서 사회문제의 사회화의 결함에서 찾고 있다.

㉡ 사회문제의 해결책

일탈행위론은 사회문제를 규칙의 위반이나 불이행으로 규정한다. 개인의 사회화가 사회문제의 주된 해결책으로 제시된다.

(2) 뒤르켐의 아노미 이론

① 아노미의 의미

뒤르켐의 아노미 이론은 사회가 급격히 변동하였을 때 그에 대한 대응 규범이 나타나지 않으면, 사람들은 혼란을 겪게 되고, 이런 무규범 상태가 지속됨으로써 일탈이 발생한다는 것이다.

② 사회문제의 사례

㉠ 범죄율

아노미 상태에서는 사회적 규범이 약화되어 범죄율이 증가할 수 있다. 규범이 사라지면 사람들이 법을 어기는 것에 대한 죄책감이 줄어들고, 범죄 행위가 증가할 가능성이 높아진다.

㉡ 자살률

뒤르켐은 아노미 상태가 자살률 증가와 관련이 있다고 보았다. 사회적 연대가 약화되면, 개인들은 고립감을 느끼고 자살을 선택할 가능성이 높아진다.

㉢ 사회적 불안

아노미 상태에서는 사람들이 미래에 대한 불안과 혼란을 느끼게 된다. 이는 사회적 불안과 스트레스를 증가시킬 수 있다.

③ 사회문제의 원인: 아노미

㉠ 사회적 통합의 약화

뒤르켐은 사회적 통합이 약화될 때 사회문제가 발생한다고 보았다. 사회적 통합이란 사회 구성원들이 규범과 가치를 공유하고, 공동체 의식을 느끼는 상태를 말한다. 통합이 약화되면, 개인들은 고립감을 느끼고, 이는 사회적 문제로 이어질 수 있다.

㉡ 급격한 사회 변화로 인한 규범의 붕괴

산업화, 도시화, 경제적 변화 등 급격한 사회 변화는 기존의 규범과 가치를 무너뜨리고, 새로운 규범이 자리 잡기 전까지 혼란 상태를 초래할 수 있다. 이러한 변화는 아노미 상태를 유발하고, 사회문제를 증가시킬 수 있다.

④ 사회문제의 해결책: 사회적 통합과 규범의 강화

㉠ 사회적 연대 강화

공동체 의식을 강화하고, 사회 구성원 간의 유대감을 증진시켜야 한다. 이는 교육, 공동체 활동, 사회적 행사 등을 통해 이루어질 수 있다.

㉡ 규범과 가치의 재확립

사회적 규범과 가치를 명확히 하고, 이를 구성원들에게 교육해야 한다. 법과 제도를 통해 규범을 강화하고, 이를 준수하도록 유도하는 것이 중요하다.

㉢ 사회적 기관의 역할 강화

가족, 교육기관, 종교기관 등 사회적 기관이 제 역할을 다하도록 지원하고 강화해야 한다. 이러한 기관들은 사회적 규범과 가치를 전달하고, 사회적 연대를 강화하는 데 중요한 역할을 한다.

㉣ 사회적 불평등 해소

경제적 · 사회적 불평등을 줄여야 한다. 이는 사회적 연대를 약화시키는 주요 원인이므로, 이를 해결하기 위해 복지 정책, 공정한 기회 제공 등이 필요하다.

(3) 머튼의 아노미 이론

① 아노미의 의미

머튼의 아노미 이론은 사회의 문화적 목표와 제도적 수단 간 괴리에 따른 혼란 상태를 아노미로 규정한다.

② 적응유형과 사회문제를 일으킬 가능성

㉠ 동조형, 혁신형, 의례주의형, 퇴행형, 반역형

㉡ 적응 유형 중 특히 혁신과 반역이 사회문제를 일으킬 가능성이 높다.

③ 사회문제의 해결책: 사회구조와 개인의 목표 간의 불일치를 줄이는 것

㉠ 기회의 평등 보장(교육, 직업 훈련, 취업 지원 등)

㉡ 사회적 안전망 강화(복지 제도, 실업 보험, 주거 지원 등)

㉢ 합법적 수단의 확대(지원 프로그램과 교육)

㉣ 사회적 규범과 가치의 재정립

㉤ 사회적 통합 강화(유대감 강화, 공동체 의식 증진)

(4) 접촉차이론(차별적 교제 이론): 아노미 이론과 차별적 교제 이론 종합

① 머튼의 아노미 이론 보완

아노미론은 특정 계층이나 집단이 상대적으로 쉽게 일탈행위를 하는 이유에 관해 설명할 수 있다. 그러나 특정 계층이나 집단에 속한 다른 사람이 일탈행위를 하지 않는 이유에 대해서는 설명하기 어렵다. 그러나 접촉차이론은 개인이 일탈행위를 하는 과정에 초점을 두기 때문에 아노미론이 설명하지 못하는 부분을 보충한다.

② 사회문제의 원인

㉠ 사회문제를 야기하는 사회적 상호작용

㉡ 사회문제를 용인하는 규범과 가치의 학습

㉢ 환경적 요인(사회문제를 야기할 수 있는 집단문화)

③ 사회문제의 해결책

㉠ 긍정적 사회적 상호작용 촉진

예 멘토링 프로그램, 지역사회 활동, 스포츠 및 문화 활동 등

㉡ 교육과 예방 프로그램 시행 및 운영

㉢ 가족과 지역사회의 역할 강화(긍정적인 역할 모델 제공)

㉣ 환경 개선

예 주거 환경 개선, 공공 안전 강화 등

(5) **차별적 기회 이론**(클로워드와 올린)

① 요지

차별적 기회 이론(differential opportunity theory)은 사회문제의 원인을 기회 구조의 불평등에서 찾는다. 이 이론에 따르면, 사회문제는 합법적 기회와 비합법적 기회가 불균등하게 분포되어 있는 상황에서 발생한다.

② 사회문제의 원인

㉠ 기회 구조의 불평등

하위 계층은 합법적인 기회를 얻기 어려운 반면, 비합법적인 기회는 상대적으로 더 쉽게 접근할 수 있다.

㉡ 하위문화의 형성: 기회가 제한된 상황에서 청소년들은 특정 하위문화에 속하게 된다.

③ 사회문제의 해결책

㉠ 기회의 평등 보장

㉡ 지역사회 프로그램 강화

㉢ 사회적 안전망 확충

㉣ 범죄 예방 교육

④ 시사점

㉠ 차별적 기회 이론은 학습과 수행의 차이를 강조하였다.

㉡ 차별적 기회 이론의 주장은 학습과정에서 개인능력의 차이가 있다는 것을 의미한다. 예를 들면 일탈을 학습했더라도 내용을 체득하지 못하는 학생도 있고 체득했다고 하더라도 일탈을 실행하기 위해서는 집단적 분위기가 조성되어 한다.

⑤ 한계

학습은 일탈행위의 부분이지 전부는 아니라고 주장하면서 일탈의 학습이 자동적으로 일탈행위로 연결되는 것은 아니라는 것이다.

02 갈등주의 이론

1. 개요

(1) 기본 입장: 사회적 현실

① 갈등주의 관점에서 사회적 현실은 희소자원을 소유하고 지배하려는 경쟁과 투쟁, 갈등이 있는 상태이다.

② 희소자원과 불평등

③ 불평등의 심화와 갈등의 발생

(2) 사회문제

변증법적 갈등주의에서 사회문제는 희소자원의 불균등한 소유로 인하여 발생하는 갈등현상으로, 희소자원을 통제하는 데 있어 권위와 권력이 유형화되어 있는 것에 대한 불만스러운 반응이다. 사회문제는 주로 권력과 자원의 불평등한 분배에서 비롯된다고 본다. 이 이론은 사회가 본질적으로 갈등과 경쟁의 장이며, 지배 계층이 자신의 이익을 유지하기 위해 사회구조를 조작한다고 주장한다.

(3) 사회문제의 원인: 사회제도

사회문제의 원인은 비합법적인 사회통제와 착취, 희소자원의 불균등한 분배, 불균등한 분배를 가져오는 사회의 권위와 권력의 구조다.

(4) 사회문제의 해결책

① 사회제도의 개혁: 갈등주의 관점에서 사회문제의 해결은 사회제도를 바꾸는 것이다.

② 구체적 내용

㉠ 재분배 정책: 부와 자원의 공정한 분배를 위해 세금 정책, 복지 제도 등을 강화해야 한다.

㉡ 사회적 차별 철폐를 위한 제도 개혁
법과 제도를 통해 인종, 성별, 계급 등의 차별을 철폐하고, 평등한 사회를 만들어야 한다.

㉢ 민주적 참여 제도의 확대
모든 사회 구성원이 정책 결정 과정에 참여할 수 있도록 민주적 절차를 강화해야 한다.

㉣ 기회를 확대할 수 있는 제도 개혁
교육과 직업 기회를 확대하여 모든 계층이 공정하게 경쟁할 수 있는 환경을 조성해야 한다.

(5) 갈등론의 두 가지 전통

① 변증법적 갈등주의(마르크스, 다렌도르프)
모든 사회현상은 대립적 모순을 내포하고 있고 모순은 새로운 사회체계를 발생시킨다.

② 기능적 갈등주의(짐멜)

㉠ 사회현상에는 갈등이 불가피하게 편재하고 있지만 갈등은 기능적으로 작용한다.

㉡ 기능적 갈등주의 이론의 경구
"사회문제의 해결방법을 모르기 때문에 사회문제가 존재하는 것이 아니라, 사회문제의 해결을 원하지 않기 때문에 사회문제가 존재한다."이다.

2. 변증법적 갈등론 입장

(1) 인간의 본성

인간은 조화와 합의를 통해 공존을 지향하려는 선천적 본성을 지니고 있다. 하지만 사회의 경제적, 역사적, 사회적 조건에 의해서 인간은 변증법적 갈등의 본성을 형성하게 된다. 따라서 인간의 갈등적 성격은 희소자원을 소유하고 지배하려는 갈등의 결과로 형성된 제도의 영향으로 생겨난 것이다.

(2) 사회문제

사회문제는 희소자원의 불균등한 소유로 인하여 발생하는 갈등현상이다.

(3) 사회문제의 원인

사회문제의 원인은 비합법적인 사회통제와 착취, 희소자원의 불균등한 분배, 불균등한 분배를 가져오는 사회의 권위와 권력의 구조다.

(4) 사회문제의 해결책

사회문제를 해결하는 방안은 자원의 불평등한 지배를 영속화시키고 있는 사회체제 자체를 재조직하는 것이다. 사회제도의 재조직이란 자원의 소유와 통제를 평등화하는 전면적이고 혁명적인 개혁을 의미한다.

3. 기능적 갈등론

(1) 인간의 본성

인간은 본성적으로 이기적인 존재로 부와 권력, 사회적 인정, 기타의 보상을 얻으려는 욕구를 지니고 있다. 인간이 갈등을 일으키는 것은 이기적인 본성과 적대적 본성이 반영된 것이다.

(2) 사회문제

사회문제는 자원의 불평등한 분배에 대한 갈등의 결과로서 사회체계의 통합과 발전에 역기능적인 현상을 나타내고 있는 것이다.

(3) 사회문제의 원인

사회문제의 원인은 비합법적인 사회통제와 착취, 희소자원의 불균등한 분배, 불균등한 분배를 가져오는 사회의 권위와 권력의 구조다.

(4) 사회문제의 해결책

① 단편적인 제도 개혁과 개선 인정
갈등이 현 체제의 개선과 발전에 기여하는 방향으로 작용한다고 보기 때문에 사회문제의 해결은 제도의 전면적 재조직이 아니라 단편적인 개혁, 개선, 보완으로 가능하다고 본다.

② 사회문제 해결의 초점
사회문제 해결의 초점은 제도이다. 예컨대 자원분배 평등화, 사회복지 프로그램의 보편적, 세제의 개선 등이다.

4. 갈등론적 시각의 시사점 및 한계

(1) 시사점

① 사회문제의 근본원인으로 사회불평등의 문제를 제시하였다.

② 이데올로기적 관점에서 계급의식 형성의 필요성을 주장하였다.

(2) 한계

① 개인적 요인 간과: 사회집단 간의 이해관계, 사회 희소자원 중심으로 한 이해관계에 초점을 둔다.

② 사회의 점진적인 변화는 무시
사회 전체의 변화나 구조의 전면적 타파의 근본 변화만을 유일한 해결책이라 생각한다.

③ 거시적인 측면에 치중
거시적인 측면에 치중하고 있어 인간의 자율성, 능동성과 같은 미시적인 측면을 소홀히 다루는 경향이 있다.

03 상징적 상호작용론

1. 개요

(1) 기본 관점

① 주관적 정의

개인이 처한 현재의 상황과 그 상황에서 이루어지는 행동을 개인이 주관적으로 정의하고 해석하는 것이 사회현상을 파악하는 기본적인 방법이 된다.

② 사회변화의 주체는 개인이다.

상호작용주의 관점에서는 개인의 영향력을 중요시하며 사회변화의 주체는 개인이다.

(2) 사회문제

① 사회문제의 정의

사회문제는 사회의 한 집단이 다른 집단의 의미에 동의할 수 없는 것으로 규정하고 그 집단의 의미대로 행동하지 않는 것을 말한다.

② 사회문제의 특성

어떤 것이 사회문제라고 고정되어 있지 않다. 누가 그 상황과 행동을 정의하느냐에 따라 사회문제가 될 수도, 되지 않을 수도 있다.

(3) 사회문제의 원인

① 상호작용론의 입장에서 사회문제의 원인은 특정 결과에 귀속시킬 수 없으며, 해석의 문제이다.

② 어떤 현상이나 행동에 대한 의미에 동의할 수 없다는 판단을 하는 것

③ 어떤 현상을 바람직하지 않은 행동으로 낙인을 찍는 것

④ 어떤 행위에 대하여 다른 의미로 사회화된 것 또는 상징의 차이

(4) 사회문제의 해결 방법

① 상징부여와 사회화

상호작용주의 관점에서 사회변화의 주체는 개인이므로, 개입의 주된 대상도 개인이 된다. 이런 점에서 사회문제 해결 방법으로 적절하게 상징에 의미를 부여하고, 동의할 수 있도록 사회화, 재사회화하는 것이 된다.

② 구성원의 상호작용이 원만하게 일어날 수 있는 환경을 조성하는 것

예 민주화, 온라인 공론장, 선입관과 편견 제거

③ 낙인행위를 유발할 수 있는 상황을 조성하지 않는 것

㉠ 부정적인 낙인 사용에 신중을 기할 것

㉡ 낙인행위로 간주될 수 있는 것의 범위를 좁힐 것

㉢ 낙인행위에서 얻어지는 이득을 제거할 것

⑸ **한계**

① 객관적으로 존재하는 사회와 그 현상을 설명하지 못한다.
사회를 주관적으로 보기 때문에 객관적 실체로서 존재하는 사회제도와 규범에 따른 인간 행동을 설명하지 못하는 한계를 가진다.

② 합의된 과학적 연구 방법상의 문제점이 있다.
주관적인 해석과 정의를 강조하기 때문에 특정한 사회현상을 합의된 절차에 의해서 과학적으로 분석하지 못하는 학문 방법상의 문제점이 있다.

2. 낙인이론

⑴ **낙인**

낙인이란 어떤 행위자의 최초 행위를 바람직하지 못한 것으로 규정함으로써 사회의 일반인도 그 행위자를 부정적 의미가 부여된 특정 행위자로 규정하는 것을 말한다.

⑵ **사회문제**: 낙인에 대해 동의하지 않는 경우

낙인이론(labelling theory)은 사회문제를 특정 행위 자체의 속성보다는 사회적 반응의 결과로 정의한다. 어떤 현상이나 행위가 일반 대중이나 사회통제 기관의 관심의 대상이 되기 시작하여 바람직하지 못한 것으로 판단됨으로써(낙인부여) 문제가 된다고 본다. 낙인이 부여되지 않으면 사회적으로 문제가 되지 않는다고 본다.

⑶ **사회문제 원인**

① 낙인을 찍는 사회적 규범과 권력

② 낙인을 강화시키는 사회적 불평등

⑷ **사회문제 해결책**

① 낙인 방지

② 낙인행위를 유발할 수 있는 상황을 조성하지 않는 것

⑸ **낙인이론의 시사점**

① 인간의 능동성과 창조적인 측면을 강조한다.

② 사회문제의 주관성
의미의 형성과 변화에 사회문제를 연관함으로써 사회문제가 주관적인 현상일 수 있음을 보여준다.

③ **사회문제화되는 과정을 설명**: 사회문제가 어떠한 과정을 거쳐 문제로 인정되는지를 보여준다.

(6) 낙인이론의 한계

① 단기적 해결책

낙인이론에 따르면 사회문제는 단기적으로 해결 가능하지만 장기적, 궁극적으로는 해결하기 어렵다. 상징인 언어와 사회적 상황이 존재하는 한 새로운 의미와 새로운 정의는 계속적으로 생겨나기 때문이다.

② 사회문제 해결에 부족한 주관적 접근

사회문제에 대한 주관적인 접근(인식의 변화)이 인간의 삶을 구체적으로 개선하는 데는 아무런 도움을 주지 못한다.

③ 사회구조적 요인을 간과

사회문제의 원인을 사회적으로 구성된 의미에서 찾고 대책을 개인의 사회화에서 찾기 때문에 본질적으로 사회구조적 요인으로 발생할 수 있는 다양한 문제에 대해서는 통찰력이 떨어진다.

Part
07

사회변동과 사회운동

Chapter

01 사회변동

01 사회변동의 개념

1. 사회변동의 개념

사회변동이란 시간이 경과하면서 사회가 역동적으로 변화하는 과정을 말한다. 일반적으로 사회변동은 좁은 의미에서는 사회적 관계 및 상호작용 등을 포함하는 사회구조 및 제도의 중대한 변화를 말한다. 하지만 넓은 의미의 사회변동은 좁은 의미의 사회변동뿐만 아니라 문화변동도 포함하고 있다. 이상을 바탕으로 사회변동 개념의 몇 가지 특징을 정리해 보면 첫째, 사회변동은 시간의 경과를 전제로 한다. 둘째, 사회변동은 양적 및 질적 수준의 변화를 말한다. 셋째, 사회변동은 진보만 함의하고 있는 것이 아니라 퇴보 및 파괴가 될 수도 있다.

2. 사회변동은 정상적인 경우냐? 비정상적인 경우냐?

(1) 사회변동을 비정상적인 현상으로 보는 견해

사회변동을 비정상적으로 보는 견해는 변동은 일탈적이며 병리적인 증상, 그리고 혼란 등을 수반하기 때문에 사회의 안정과 질서를 해친다는 것이다. 또한 변동의 결과에 대한 불확실성과 위기감으로 인해 사회변동은 사회에 정신적 긴장과 불안감으로 인한 스트레스를 유발하거나 기타 부작용을 야기할 수 있다는 것이다. 특히 사회변동은 기성체제와 모순될 수 있기 때문에 기성체제의 불안감으로 인한 강한 저항을 불러올 수도 있다.

(2) 사회변동을 정상적인 현상으로 보는 견해

사회변동의 정상성을 주장하는 견해는 인간은 기본적으로 창의적이며 다양하다고 전제한다. 이 전제에 따르면 이질적이고 다양한 인간을 포용하기 위해서 사회는 융통성을 가지고 변화하는 것이 당연하다는 것이다. 또한 이질성과 다양성으로 인한 갈등 역시도 사회변동을 야기할 수 밖에 없다는 것이다. 따라서 사회변동은 불가피할 뿐만 아니라 정상적인 경우라고 할 수 있다.

3. 사회변동의 원인

사회변동의 원인으로는 인구의 변동, 인쇄술과 컴퓨터와 같은 기술의 변화, 경제적 변화, 환경의 변화, 이념과 관념, 문화혁신 등이다.

(1) 과학과 기술 발전

과학의 발전은 기술의 발전을 낳았다. 기술의 발전은 사회의 변동에 큰 영향을 미쳤다.

예 산업혁명, 근대화, 정보통신기술사회

(2) 경제적 변화

경제 성장이나 불황, 산업 구조의 변화 등은 사회변동의 중요한 요인이다.

예 케인스 복지국가의 등장

(3) 정치적 변화

정부의 정책 변화나 정치적 사건은 사회구조와 규범에 큰 영향을 미친다.

예 민주화, 권위주의의 등장, 쿠데타나 혁명

(4) 문화적 변화

① 의미 : 가치관, 신념, 문화접변 등이 사회변동에 중요한 역할을 한다.

② 사례

㉠ 개인주의와 자유주의의 영향
연애와 결혼 그리고 이혼, 가족의 해체, 권위주의적인 조직 문화의 변화

㉡ 마르크스에 따르면 자본주의 이념은 노동자의 분노를 야기하여 붕괴될 것이라고 하였다. 반면에 베버는 근면 및 절약과 같은 프로테스탄트의 윤리가 자본주의 발달에 박차를 가해왔다고 하였다.

㉢ 프랑스 혁명과 미국 혁명에서 등장했던 '자유와 평등'도 이념이 사회변동을 야기했는지를 보여주는 사건들이다.

㉣ 문화혁신을 야기하는 것으로는 발견, 발명, 전파 등이 있다.

(5) 인구 변화

① 의미 : 출생률, 사망률, 이민 등 인구구조의 변화는 사회변동에 큰 영향을 미친다.

② 사례

㉠ 고령화 사회는 노동 시장과 복지 시스템에 큰 변화를 가져온다.

㉡ 인구의 급격한 증가는 식량부족을 야기하여 결국 대량이민을 발생시키고, 이민자들에 의해 문화전파를 초래하기도 하며, 때로는 전쟁을 유발하기도 한다.

㉢ 인구규모가 작은 경우에는 공동체적 특징이 나타나지만 인구규모가 큰 경우에는 2차 집단의 특징들이 나타난다.

㉣ 한국의 베이비 붐 세대로 인한 사회적 변화

(6) 환경적 변화

① 의미 : 기후 변화나 자연 재해 등 환경적 요인도 사회변동을 촉진할 수 있다.

② 사례

㉠ 지구 온난화, 대체 에너지 개발

ⓛ 기원전 1500년경 지중해의 화산폭발이 커다란 해일을 일으켜서 크레타섬의 미노스 문명을 파괴시킨 경우

ⓒ 심한 지진, 홍수 또는 기근과 같은 환경적 요소들이 인구구조의 변화를 줘서 사회가 변화를 하는 것

(7) **인간의 행위**

① 의미 : 인간 및 집단의 행위로 인한 사회변동에 영향을 준다.

② 사례

㉠ 개인의 결단, 사회운동과 집합행동

ⓛ 혁명, 쿠데타

02 사회변동을 설명하는 주요 이론

1. 진화론적 변동론

(1) **주요 주장**

① 콩트 : 신학적 단계 ⇨ 형이상학적 단계 ⇨ 실증주의적 단계

② 스펜서 : 단순 ⇨ 복잡, 군사형 사회 ⇨ 산업형 사회

㉠ 군사형 사회 특징
강제 권력에 의해 개인의 자유로운 행위는 제한적이고, 중앙의 절대적인 권력에 의해 동원되고 협조해야 한다.

ⓛ 산업형 사회 특징
중앙의 절대권력의 영향이 제한적이며 개인의 자유로운 의사결정을 존중하는 민주적인 체제와 자발적인 협조에 의해 운영되는 특징을 보인다.

③ 퇴니스 : 공동사회(게마인샤프트) ⇨ 이익사회(게젤샤프트)

④ 뒤르켐 : 기계적 연대 사회 ⇨ 유기적 연대 사회

㉠ 기계적 연대 사회의 특징
기계적 연대 사회는 사회구성원들의 단결력이 높아 보인다. 기계적 연대가 높은 사회는 태어날 때부터 이미 정해진 혈연 또는 집단규칙에 의해 자연스럽게 형성된 것이다. 기계적 연대 사회는 개인의 자유와 권리보다는 집단의 의식 또는 규칙이 사회를 지배한다.

ⓛ 유기적 연대 사회의 특징
유기적 연대 사회에서는 사회가 복잡하게 분화하면서 이질성을 극복하고 서로를 위해 조금씩 양보하는 인위적 타협의 산물로서 연대가 형성된다.

(2) 사회변동 요인

① 사회진화론

② 주요 요인: 사회진화론의 핵심 내용

㉠ 과학과 기술 발전: 다선적 진화론

㉡ 사회적 분화

㉢ 적응과 생존

㉣ 경쟁과 선택

㉤ 문화적 진화: 신진화론

2. 순환론적 변동론

(1) 주요 주장

① 아놀드 토인비

문명은 도전에 대한 반응으로 생성, 성장, 쇠퇴, 멸망의 과정을 반복한다고 주장했다. 이는 사회가 일정한 주기로 변동한다고 보는 관점이다.

② 오스발트 슈펭글러

문명은 생명체처럼 탄생, 성장, 쇠퇴, 사망의 과정을 거친다고 보았다. 이는 문명이 일정한 주기를 따라 변동한다고 보는 관점이다.

③ 소로킨

㉠ 개요

사회변동은 인간의 가치관의 순환이라고 보았다. 인간이 추구하는 가치는 감각적 가치관, 관념적 가치관, 이상적 가치관의 세 종류로 분류되는데, 이들이 끊임없이 순환한다고 주장한다.

㉡ **감각지향형 문화**(가치관): 쾌락과 안락감을 포함한 예술적 표현(물질적, 향락적)

사회구성원들의 가치관이 물질이나 향락에 치우치는 상태

㉢ **관념지향형 문화**(가치관): 종교적이고 신학적 기준의 채택(정신적 · 초월적 · 비현실적)

감각적 가치관과 반대되는 개념으로 사회구성원들의 의식세계가 초월적이고 비물질적이며 정신적인 측면을 강조하는 문화이다.

㉣ **이상주의적 문화**(가치관): 관념지향형과 감각지향형 문화가 적절히 조화를 이룬 형태

이상주의적 문화는 감각적 가치관과 관념적 가치관을 조화시킨 가치관이다.

(2) 사회변동 요인

① 도전과 응전

아놀드 토인비는 문명이 도전에 직면하고 이에 응답하는 과정에서 성장하고 쇠퇴한다고 보았다. 도전에 성공적으로 응답하면 문명이 발전하고, 실패하면 쇠퇴한다.

② 생명 주기

오스발트 슈펭글러는 문명이 생명체처럼 탄생, 성장, 쇠퇴, 사망의 과정을 거친다고 주장했다.

③ 문화적 변화

문화적 요소들의 변화도 순환론적 사회변동의 중요한 요인이다. 예를 들어, 가치관, 신념, 생활 방식 등의 변화가 사회변동을 일으킨다.

④ 내부 갈등

사회 내부의 갈등과 긴장이 사회변동을 일으키는 주요 요인으로 작용한다. 이러한 갈등은 사회의 변화를 촉진하고, 새로운 균형을 찾기 위한 과정에서 사회가 변동한다.

⑤ 외부 충격

외부에서 발생하는 충격, 예를 들어 전쟁, 자연 재해, 경제 위기 등이 사회변동을 촉진할 수 있다. 이러한 외부 충격은 사회의 기존 구조를 변화시키는 계기가 된다.

3. 구조기능론적 변동론

(1) 주요 주장: 파슨스의 주장

① 형평지향적 속성

사회 내부의 한 부분이 변화되고 다른 부분이 변화되지 않는다면 그것은 기형적인 사회구조가 될 수밖에 없으며, 따라서 사회는 본원적으로 이러한 기형 내지는 불균형적인 구조를 벗어나 전체적으로 균형 있는 변화를 추구하는 형평 지향적 속성을 가지고 있다고 한다.

② 사회가 형평을 유지하며 생존하기 위한 요건

파슨스는 사회가 형평을 유지하며 생존하기 위한 요건들로서, 적응, 목표성취, 통합, 잠재적 유형유지 등의 기능적 요건들이 충족되어야 한다고 본다.

(2) 사회변동 요인

사회는 여러 부분이 상호작용하며 균형을 유지한다고 보았다. 사회변동은 이러한 균형이 깨질 때 발생하며, 새로운 균형을 찾기 위한 과정이라고 설명했다.

(3) 문화지체 이론(오그번)

물질문화의 발전에 적응하는 과정에서 비물질문화가 뒤처지는 문화지체 현상은 일반 균형이론의 특수한 형태가 된다.

4. 갈등론적 변동론

(1) 주요 주장: 마르크스

사회변동은 계급 간의 갈등에서 비롯된다고 보았다. 생산 수단을 소유한 자본가 계급과 노동자 계급 간의 갈등이 사회변동을 일으킨다고 설명했다.

(2) 사회변동 요인

① 강제적 힘에 의한 평화유지는 진정한 사회의 모습이 아니라고 본다.

② 갈등을 사회의 보편적이고 정상적인 현상으로 보면서, 갈등이 사회를 변동시키는 요인으로 간주한다.

③ 갈등론자들은 사회는 언제나 현 상태를 깨뜨리려는 힘을 가지고 있으며, 이러한 힘에 의해 혁명 등으로 사회변동을 일으킨다고 주장하였다.

(3) 물적 결정론

① 의미 : 마르크스의 유물사관에 입각한 경제적 결정론이 대표적이다.

② 사회변동 요인
물적 결정론은 역사적으로 사회변동은 경제적 힘에 의해 이루어졌다고 본다. 즉 물질의 양이 사회를 변동시키는 원인이라고 주장하였다.

5. 사회심리학적 변동론(정신적 혹은 질적 결정론)

(1) 주요 주장

① 베버 : 기독교 윤리와 자본주의 정신

② 헤이건

㉠ 혁신적 개성 ⇨ 창의적 인간 ⇨ 경제발전

㉡ 권위주의적 개성 ⇨ 자율성과 성취욕구가 약함 ⇨ 경제침체

③ 맥크릴랜드
성취욕구 ⇨ 경제발전, 민주주의 태도 발전

(2) 사회변동 요인 : 개인의 동기나 의지, 신념 등 ⇨ 사회변동

6. 문화론

(1) 의미

문화를 물질문화와 비물질문화로 나누고, 문화전파와 문화이식에 의한 사회변동을 주장한다.

(2) 사회변동 요인 : 문화전파, 문화이식

물질문화든 비물질문화든 간에 그 전파는 사회변동을 촉진시키는 요인이 될 수 있다.

7. 기술결정론

(1) 의미

기술결정론은 어느 한 사회가 새로운 기술인 테크놀로지를 채택하게 될 때 사회변동이 일어난다는 주장이다. 오그번(W. F. Ogburn)을 중심으로 전개된 이론으로 테크놀로지의 발달방향이 사회변동의 방향을 이끈다는 주장이 핵심이다.

(2) 사회변동 요인: 새로운 테크놀로지

03 근대화

1. 현대 산업사회의 형성과 발전

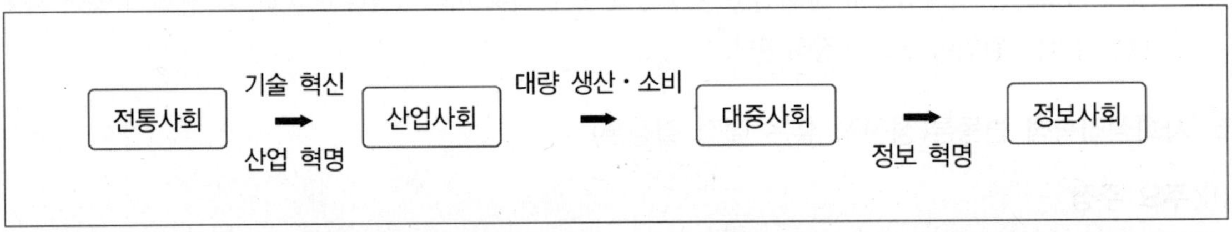

구분	전통사회	산업사회	후기 산업사회
시대적 배경(원인)	원시, 고대, 중세 봉건사회	시민혁명, 산업혁명으로 인한 근대화 이후	정보통신기술혁명
중심 산업	1차 산업	2차 산업	3차 산업
생산 양식	노동에 의존한 양식 ⇨ 자급자족적 경제생활	기계(자본) ⇨ 포디즘 (소품종, 대량생산)	정보나 지식 ⇨ 후기 포디즘 등장(다품종 소량생산, 대량생산)
국가 형태	왕정이나 귀족정	야경국가(독점) ⇨ 사회복지국가(독과점 규제)	사회복지국가에서 신자유주의의 영향으로 수정된 형태 등장
배경 사상	소수지배에 의한 공동체 강조	자유주의 ⇨ 다수의 평등을 지향하는 공화주의 강조	신자유주의 주도하에 공화주의 주장 존재
생활 공간	마을 공동체에서 생활	도시화, 교통과 통신의 발달 확대	시간적, 공간적 제약 극복
존중 가치	전통과 관습, 과거 지향적	세속적, 합리주의적 가치관 확산	물질가치와 탈물질가치 공존
사회	신분사회	신분사회 ⇨ 대중사회	대중사회

■ 후기 산업사회, 탈공업(산업) 사회, 정보화 사회 같은 맥락에서 이해해도 무방

(1) 현대 산업사회의 형성 요인

① 과학기술의 발달
이성을 바탕으로 하는 합리적이고 자유로운 사고 확산, 다양한 기계 발명, 생산기술의 향상으로 대량 생산

② 시민혁명: 자유주의와 민주주의 확산 ⇨ 정치적, 경제적 자유 확대

③ 산업혁명: 농업 중심의 전통사회 ⇨ 공업 중심의 산업사회로 변화, 생산능력 증대

④ 풍부한 노동력

⑤ 프로테스탄트 윤리(금욕주의 강조 ⇨ 자본의 빠른 축적 가능)

(2) 현대 산업사회의 특징

① 산업화(과학기술의 발달에 따른 기계화와 대량 생산)

㉠ 기계를 이용한 대량 생산, 대량 소비

㉡ 직업의 다원화, 이질화 ⇨ 분업화, 전문화, 사회제도의 분화 촉진 ⇨ 조직의 거대화 ⇨ 관료제의 확산

㉢ 2·3차 산업의 비중 증가, 산업 구조의 고도화, 직업 구조의 변화 초래

㉣ 자원 고갈 및 환경문제 발생

② 도시화(산업의 발달로 도시로 인구 집중)

㉠ 이촌향도 현상 ⇨ 도시화 촉진, 인구의 도시 집중, 1차 산업보다 2·3차 산업의 비중 증가

㉡ 도시 문제(주택, 교통, 범죄 문제 등) 발생

③ 대중사회화(신분사회 붕괴와 민주주의의 발전으로 대중이 주체가 됨)

㉠ 민주주의의 발달 및 교육과 문화의 보편화

㉡ 사회 참여 촉진, 조직의 거대화, 인간소외 현상 발생

④ 다원화

㉠ 합리주의와 다원적 가치의 확산

㉡ 다원화된 이익 집단의 출현

⑤ 계층구조의 변화: 피라미드형 계층구조 ⇨ 다이아몬드형 계층구조

⑥ 사회제도의 변화: 확대 가족 ⇨ 핵가족

⑦ 물질 만능주의의 확산, 인간성 상실, 인간 소외, 빈부 격차의 심화

2. 근대화

(1) 주요 개념

① 의미
근대화는 전통사회가 근대사회로 변화하는 총체적 과정을 말한다. 구체적인 내용은 다음과 같다.

② 요인과 지표

구분	요인	지표
정치적	시민혁명 ⇨ 정치적 자유	민주화(민주주의의 확립)
경제적	산업자본주의 발달	공업화
사회·문화적	합리적 사고 확산	개방적 계층구조, 개인주의·합리주의 가치관 확산, 대중 교육의 확산, 경험적·실증주의적 경향이 증가하는 현상

■ 인구의 변화: 사망률 하락, 출생률 증가하다가 서서히 감소
■ 도시화 변화: 도시지역에 인구 및 사회경제적 활동이 집중

(2) 근대화 과정의 비교

구분	선발선진국	후발선진국	개발도상국(신흥공업국)
시기	18세기 후반~19세기 초	19세기 말	20세기 중반
주요국	영국, 미국, 프랑스	독일, 일본	한국, 싱가포르, 대만
주체	시민(아래로부터)	국가주도(위로부터)	국가주도(위로부터)
특징	시민혁명, 산업혁명 ⇨ 민주 정치와 경제 발전의 조화, 약소국의 식민 지배를 통한 근대화	국가주도 ⇨ 사회, 정치면에서 후진성 발생	정부주도 성장우선 정책 ⇨ 인권 침해, 불공평한 분배, 가치관의 혼란

■ 발전국가 대 개발독재

3. 사회 발전에 관한 이론(개도국 내지는 후진국의 발전이론)

(1) 근대화론

① 의미
근대화론은 개발도상국이 근대화 되려면 서구의 발전된 사회를 모형으로 삼아 의도적으로 사회 발전을 추진하는 것을 말하며, 문화이식론의 핵심 내용이 되는 주장이다. 이런 점을 고려할 때 후진 사회에서 근대화는 서구화를 의미하는 것이다.

② 주요 내용
㉠ 공업화를 통한 경제발전이 가장 중요
㉡ 사회정의의 실현, 정치적 자유의 보장, 민주주의의 확립이 중요

ⓒ 국가의 완전한 자율성과 독립의 확보가 중요

ⓔ 개발도상국의 업적주의, 경제적 합리주의, 개인주의, 평등주의 등의 서구의 근대적 가치의 수용

③ 비판점

㉠ **서구 중심적, 진화론적 사고**: 근대화 이론은 개도국의 상황을 미발전이라고 간주하고 있다.

㉡ 개도국의 상황과 문화를 무시하고 일방적인 발전 경로를 강요한 것이다.

ⓒ 근대화론은 후진국을 착취하는 주장이다.

(2) **종속적 발전론**(종속이론)

① 의미

종속적 발전론은 종속이론과 세계체제론 등을 포함하는 입장이다. 이 입장에 따르면 근대화론은 발전이 아니라 저발전을 초래한 주장이다.

② 주요 주장

㉠ 서구 중심적 접근

근대화론은 서구의 발전 모델을 보편적인 것으로 간주하고, 이를 제3세계 국가에 적용하려고 한다. 종속이론은 이러한 접근이 제3세계의 현실과 괴리되어 있다고 비판한다.

㉡ 경제적 종속으로 인한 저발전과 착취

근대화론은 경제 성장이 곧 발전이라고 주장하지만, 종속이론은 제3세계 국가들이 선진국에 경제적으로 종속되어 착취당하고 있다고 본다. 이로 인해 제3세계 국가들은 저발전 상태에 머무르게 된다고 주장한다.

ⓒ 내부적 요인 무시

근대화론은 주로 외부적 요인에 의한 변화를 강조하지만, 종속이론은 내부적 요인, 특히 사회적, 정치적 구조의 중요성을 강조한다. 제3세계 국가들의 발전을 위해서는 내부적 구조의 변화가 필요하다고 본다.

ⓔ 불평등 심화

근대화론은 경제 성장이 사회 전체의 발전을 이끌 것이라고 주장하지만, 종속이론은 경제 성장이 오히려 불평등을 심화시키고, 소수의 엘리트 계층만이 혜택을 누리게 된다고 비판한다.

Chapter 02 시민사회

01 시민사회의 의미 및 전개

1. 시민사회의 의미

(1) 시민사회의 정의

시민사회는 국가와 시장의 중간 영역에서 자발적으로 조직된 다양한 사회적 단체와 활동을 의미한다. 즉 시민사회는 한 사회 혹은 정치적 공동체의 한 부분인 국가 및 시장과 분리된 시민들의 자율적 영역을 의미한다. 흔히 시민사회, 제3섹터, 자원부문, 비정부조직, 비영리조직 등으로 불리기도 한다. 이런 시민사회는 오늘날 다양한 사회적 문제를 해결하고 민주주의를 강화하는 중요한 역할을 하고 있다.

(2) 시민사회와 공론장

공론장은 시민사회의 한 부분으로 언론처럼 여론이 형성되는 공간이다. 시민사회의 영역 중 의사소통과 여론형성이 이뤄지는 공간을 공론장이라 할 수 있을 것이다. 그리고 공론장에서 토론하고 수렴되는 다양한 문제들은 국가 및 시민사회에 영향을 미친다.

2. 시민사회의 특징

(1) 자발적 참여

시민사회는 개인들이 자발적으로 참여하는 조직과 활동으로 구성된다. 이는 정부나 기업의 강제 없이 이루어진다.

(2) 다양한 단체

시민사회는 비정부기구(NGO), 비영리단체(NPO), 사회운동, 협회, 클럽 등 다양한 형태의 단체들로 이루어져 있다.

(3) 공공의 이익 추구

시민사회는 공공의 이익을 추구하며, 사회적 문제를 해결하고 공동체의 발전을 도모한다. 예를 들어, 환경 보호, 인권 옹호, 빈곤 퇴치 등의 활동이 포함된다.

(4) 민주주의 강화

시민사회는 민주주의를 강화하는 역할을 한다. 시민들이 정치 과정에 참여하고, 정부의 정책을 감시하며, 투명성과 책무성을 촉구한다.

(5) 사회적 연대

시민사회는 사회적 연대를 강화하고, 다양한 집단 간의 협력과 상호 이해를 촉진한다. 이는 사회적 갈등을 완화하고, 공동체의 결속을 강화하는 데 기여한다.

(6) 비영리성

시민사회 단체들은 주로 비영리적으로 운영되며, 수익보다는 사회적 가치를 우선시한다.

3. 시민사회의 역사적 발전과정

(1) 15세기부터 18세기(본격적인 시민사회의 개념이 발전하기 시작)

① 시민사회의 등장

시민사회는 역사적으로 17~18세기 유럽에서 등장했다. 당시 유럽은 정치적으로는 절대주의 국가의 위기가 도래했고, 경제적으로는 자본주의가 점차 확산되어 부르주아 세력이 부상하기 시작한 시기였다.

② 르네상스와 계몽주의

르네상스와 계몽주의 시대에 이르러 개인의 권리와 자유에 대한 인식이 높아지면서 시민사회의 개념이 발전하기 시작했다.

③ 사회계약론

존 로크와 장 자크 루소 같은 철학자들은 사회계약론을 통해 시민사회의 중요성을 강조했다.

④ 국가와 시민사회의 분리와 공론장의 등장

17세기와 18세기에 국가와 시민사회의 분리라는 새로운 역사적 현상이 나타났으며, 국가라는 공적인 권위에 대항하는 자율성의 영역으로서 시민사회가 등장하였다. 또한 이러한 국가와 시민사회의 분리와 함께 시민사회에서도 공적 영역과 사적 영역이 분리되기 시작했다.

가족은 물질적 생산단위에서 순수한 인간관계인 친밀성의 영역으로 재구조화되었고, 이 영역을 바탕으로 공적인 문제에 대해 합리적이고 비판적으로 토론하는 공론장이 나타나기 시작했다. 가족은 사랑에 기반한 인격공동체가 되었으며, 이를 바탕으로 자율적 개인들 간의 합리적·비판적 토론이 벌어지는 공론장이 형성되었다. 공론장은 처음에 커피숍이나 클럽에서 문학에 관해 토론하는 형태였으나 점차 정치에 대해 토론하기 시작했다. 이러한 공론장에서는 국가가 마음대로 펼쳤던 정책에 대한 비판과 토론이 이뤄졌고 여기서 형성된 여론이 국가에 영향을 미침으로써 민주주의가 발전할 수 있었다.

(2) 18세기 후반~19세기

① 산업혁명

18세기 후반부터 시작된 산업혁명은 도시화와 함께 시민사회의 성장을 촉진했다. 노동조합과 다양한 사회운동이 등장했다.

② 자유주의와 민주주의

자유주의와 민주주의의 확산은 시민사회의 발전을 가속화했다. 시민들은 정치적 권리와 자유를 요구하며 적극적으로 참여했다.

(3) 현대

① 20세기 중반 이후

세계 대전 이후, 특히 1960년대와 1970년대에 걸쳐 인권운동, 여성운동, 환경운동 등 다양한 사회운동이 활발해지면서 시민사회가 더욱 강화되었다.

② 세계화

세계화와 정보화 시대에 들어서면서 시민사회는 국제적인 연대와 협력을 통해 더욱 확장되었다.

(4) 시민사회의 다양한 발전 경로

이상에서 논의된 것은 일반론이며, 시민사회 발전의 경로는 국가와 지역마다 다양하다.

(5) 한국의 시민사회

① 일제 강점기와 해방 이후

한국의 시민사회는 일제 강점기와 해방 이후 민족 해방 운동과 민주화 운동을 통해 형성되었다.

② 1987년 민주화 운동

1987년 6월 항쟁은 한국 시민사회의 중요한 전환점이 되었으며, 이후 시민사회는 정치적, 사회적 변화를 이끄는 주요한 힘으로 작용했다.

02 시민사회를 설명하는 이론

1. 국가, 시장, 시민사회에 대한 분류

(1) **자유주의적 시각**(2분법, 헤겔이나 마르크스 역시 이 분류를 중심으로 주장)

공공 영역과 사적 영역의 구분 ⇨ 사적 영역의 자율성·우월성 강조, 시민적 자율성과 시장의 자율성 포함

⊙ 경제적 자율성을 보호하기 위한 시민사회 방어 주장

국가	공적 영역
시민사회	사적 영역의 자율성과 우월성 강조 (시민적 자율성과 시장의 자율성 포함)

(2) **다원주의적 시각**: 국가 + 시민사회 + 경제 = 3분법

(3) 그람시적 시각

국가, 시민사회, 경제로 3분하였다. 시민사회는 국가의 억압성을 정당화하는 헤게모니적 지배의 장이면서 동시에 대항 헤게모니가 형성될 수 있는 헤게모니 투쟁의 장이라고 하였다. 이 헤게모니 투쟁은 궁극적으로 경제적 관계에 뿌리를 두고 있다.

국가	권력
시민사회	헤게모니 지배의 장이자 투쟁의 장
시장(경제)	자본 및 화폐

2. 시민사회의 정의와 특성에 관한 이론적 논의

(1) 헤겔의 시민사회론

시민사회를 가족공동체에서 분화된 사적 이익 / 특수이익의 각축장으로 보았다. 또한 시민사회가 보편적 통합을 이룰 계기를 지니고 있다고 보았다. 하지만 시민사회의 무정부적·적대적 성격은 완전히 극복되지 못한다고 한다. 따라서 사회통합으로 보편성을 성취하는 것은 국가를 통해 가능하다고 보았다.

(2) 마르크스의 시민사회론

시민사회의 경제적 측면을 더욱 강조하면서 시민사회를 주로 경제적인 관계에서 파악하였다. 시민사회는 부르주아 사회이며 부르주아의 지배가 관철되는 공간으로 보았다.

(3) 그람시의 시민사회론

시민사회는 동의나 헤게모니(지적·도덕적 지도력)에 의해 지배가 이뤄지는 공간이다. 그런데 동의에 바탕을 둔 헤게모니적 지배는 강제력에만 의존하는 지배보다 훨씬 더 사회통합력이 강력할 수 있는데, 서구사회가 바로 이런 경우이다. 말하자면 서구사회에서는 부르주아 헤게모니가 강력했던 것이다. 그람시의 시민사회에는 교회, 노동조합, 학교, 언론 등 여론형성과 관련된 다양한 헤게모니 기구들이 포함된다.

(4) 하버마스의 공론장과 체계 / 생활세계 이론

① 시민사회

하버마스는 시민사회를 공론장과 밀접하게 연결된 개념으로 설명한다. 그의 이론에 따르면, 시민사회는 개인들이 모여 공적 사안에 대해 자유롭게 토론하고 의견을 형성하는 공간이다. 이 공간은 민주주의의 근간이 되는 자유로운 의사소통과 합리적 토론이 이루어지는 장을 의미한다.

② 공론장의 역할과 퇴행

㉠ 17~19세기의 공론장

하버마스에 따르면 공론장은 정치적 여론을 형성하여 봉건적 지배를 비판하고 저항하는 매개적 역할을 하였다. 공론장은 정치적 지배와 억압에 저항하는 토론적 의지를 형성하였다.

㉡ 20세기 이후 공론장의 재봉건화

의회는 국가기관화 하면서 자유토론의지를 수행하지 못하였다. 또한 자본주의 사회에서 새롭게 등장한 공론장인 대중매체는 비판적 공론 형성을 제약하여 전체적으로 공론장은 서서히 쇠퇴하였다.

③ 하버마스 이론의 체계와 생활세계

㉠ 개요

하버마스는 공론장을 시민사회에서 국가의 지배를 견제하는 매개적 공간으로 보았다. 후기 저작에서는 『의사소통 행위 이론』의 '체계/생활세계' 도식 속에서 '생활세계의 의사소통적 합리성'이라는 개념으로 재구성된다.

㉡ 생활세계

하버마스의 "생활세계"는 사람들이 일상에서 서로 소통하고 이해하는 공간을 의미한다. 이 공간에서는 사람들이 공유된 가치와 규범을 바탕으로 대화하고, 서로를 이해하려고 노력한다.

㉢ 체계가 생활 세계를 침범: 생활세계의 식민화

최초의 생활세계는 점차 체계의 분화가 이뤄지면서 화폐논리를 지닌 시장경제와 권력논리를 지닌 관료적 복지국가의 침범을 받았다. 하버마스는 경제와 정치 같은 체계가 생활세계를 지배하면, 사람들의 진정한 소통과 이해가 어려워진다고 보았다.

㉣ 체계로부터 생활세계 보호 필요

목적 합리성과 효율성의 원리에 의해 작동하는 체계로부터 의사소통적 합리성을 본질로 하는 생활세계를 보호해야 한다. 의사소통적 합리성이란 사람들이 대화를 통해 서로 이해하고 합의에 도달하는 과정을 말한다.

구분	공적 영역	사적 영역
체계	국가: 권력, 정치체계	시장: 화폐, 경제체계
생활세계	공론장: 공공영역, 의사소통	사적 영역(친밀성)

(5) 다원주의적 시민사회론

① 대표적인 이론가

대표적인 학자는 코헨(J. Cohen)과 아라토(A. Arato)이다. 이들은 하버마스의 이론을 재구성하여 시민사회의 긍정적 요인을 적극적으로 인식하고자 하였다.

② 시민사회

이들은 시민사회를 '친밀한 영역, 결사체들의 영역, 사회운동과 공공 의사소통의 형태로 구성된 경제와 국가의 사회적 상호작용 영역'으로 정의한다. 또한 시민사회는 정치, 경제, 사회를 통해 국가와 경제체계에 영향을 미치면서 사회운동을 통해 시민사회 스스로 방어되고 민주화되는 영역이라고 하였다. 또한 시민사회 내 자율적 통합력이 존재하고 있음을 밝혔다.

Chapter 03 집합행위와 사회운동에 관한 설명

01 집합행위와 사회운동의 개념적 특성

1. 집합행위의 의미 및 특성

(1) 집합행위의 의미 및 사례

① 집합행위 의미

집합행위는 개인들이 공동의 목표를 달성하기 위해 협력하여 행동하는 것을 의미한다. 이는 각자의 환경을 개선하고자 하는 그룹이 함께 취하는 행동을 포함한다. 집합행위는 다양한 학문 분야에서 연구되며, 사람들이 어떻게 협력하고 목표를 달성하는지에 대한 이해를 돕는다.

예 사회운동, 시위, 공동 프로젝트, 군중, 폭동, 공황, 유행, 광란, 여론 등

② 군중에 의한 집합행위

군중에 의한 집합행위는 사람들이 특정 사건이나 상황에 반응하여 일시적으로 모여 행동하는 것을 의미한다. 이러한 집합행위는 익명성, 비개인성, 충동성, 동조성, 감정성 등이 있다.

(2) 집합행위의 특성

① 일시성: 집합행위는 일반적으로 일시적이며, 특정 상황이나 사건에 반응하여 발생한다.

② 비구조화

집합행위는 공식적인 조직이나 규범에 의해 제약받지 않으며, 자발적으로 발생하는 경향이 있다.

③ 예측 불가능성: 집합행위는 그 결과를 예측하기 어렵고, 상황에 따라 다양한 형태로 나타날 수 있다.

④ 감정적 상호작용

집합행위는 참여자들 간의 감정적 상호작용이 강하게 나타나며, 이는 행동의 확산을 촉진한다.

⑤ 사회적 전염: 집합행위는 한 사람의 행동이 다른 사람에게 영향을 미쳐 빠르게 확산되는 경향이 있다.

2. 사회운동

(1) 사회운동의 의미 및 구별 용어

① 사회운동의 의미

사회운동은 기존의 사회구조와 제도를 변화시키거나 개선하기 위해 사람들이 자발적으로 참여하는 조직적이고 집합적인 행동을 의미한다. 즉 사회의 주요 부분을 변화시키거나 또는 변화에 저항하는 상당수 사람들의 조직화된 노력을 말한다.

예 가치지향적 운동, 권력지향적 운동, 참여지향적 운동, 개혁적 운동, 혁명적 운동

② 사회운동과 집합행위 비교

구분	사회운동	집합행위
목적성	이념 토대 + 목적	우발적, 자발적 발생
프로그램 유무	목적달성을 위한 프로그램	없음
조직화	조직화된 집단 형성	잘 조직화되지 않음
구조화/체계화	의사소통, 지도자, 공감대, 조직, 분업 등 형성	비구조화/비체계화
행동양상	의도적, 계획적 행동	감정적 행동
지속성	지속적 장기적 행동	일시적, 단기적 행동
유지	지속적, 장기적 유지	대항세력의 탄압이나 공격에 구심력이 약해지면 쉽게 해체

(2) 사회운동의 특성

① 목표 지향성: 사회운동은 명확한 목표를 가지고 있으며, 이를 달성하기 위해 노력한다.

② 조직화: 사회운동은 참여자들이 조직적으로 행동하며, 이를 통해 효과적으로 목표를 추구한다.

③ 지속성: 사회운동은 일시적인 행동이 아니라, 지속적으로 이루어지는 경향이 있다.

④ 집합적 행동: 사회운동은 개인이 아닌 집단이 함께 행동하는 것을 특징으로 한다.

(3) 사회운동의 발전단계

① 초기 단계: 사회상황에 대해 불만 있는 사람들이 하나 둘씩 늘어가는 단계

② 대중화 단계
사회상황에 대한 불만이 자신뿐 아니라 다른 사람들에게도 있다는 것을 알고, 서로 공유된 의식으로 묶이는 단계

③ 공식화 단계
대중화 단계의 흥분과 열정을 가라앉히고 보다 구체적인 프로그램과 목표달성 수단을 강구하는 단계

④ 제도화 단계: 운동이 성공하여 운동 목표들이 사회 내에 수용되는 단계

3. 사회운동의 유형

(1) 사회변동의 방향 및 정도에 따른 분류

① 복고운동(반동운동): 복고운동(반동운동)은 과거의 사회유형으로 돌아가려는 운동을 말한다.

예 KKK, 신나치 등 과거 백인 중심 인종주의적 사회로의 회귀를 목표

② 보수주의 운동
보수주의 운동은 현상유지를 목표로 하며 현재 일어나고 있는 변화에 저항하는 운동을 말한다.

예 위정척사운동, 뉴라이트운동

③ 개혁주의 운동

개혁주의 운동은 기존 사회 질서에 만족하지만 일정 부분의 수정, 개혁을 요구하여 기존질서에 변화를 가져오고자 하는 목적을 가진 운동을 말한다.

예 대다수의 사회운동 : 인권운동, 여성운동, 사형제도 폐지운동 등

④ 급진적 혁명운동

급진적 혁명운동은 기존 사회질서의 근본적 변화를 목표로 새로운 가치, 이념으로 현재 사회구조를 근본적으로 바꾸고자 하는 운동을 말한다.

예 프랑스 대혁명, 사회주의 혁명 등

(2) 목표 지향에 따른 운동

① 가치지향적 운동

가치지향적 운동은 특정한 가치를 추구하는 운동으로 사회 구성원의 다수, 일부, 혹은 특정집단에 이익을 가져오기 위한 변화를 추구하는 운동을 말한다.

예 독립운동, 여성운동, 노동운동, 환경운동, 장애인 운동 등

② 권력지향적 운동

권력지향적 운동은 사회운동 조직 구성원들을 위한 특정 권력이나 지위를 획득하기 위한 운동을 말한다.

예 쿠데타, 소수민족의 분리주의운동, 흑인들에게 테러를 하는 백인단체들의 운동

③ 참여지향적 운동

참여지향적 운동은 운동에 참여하는 것 자체가 목적이며 참여 과정에서 개인적 만족을 얻는 운동으로, 현실로부터의 도피, 소외감 탈피 등을 위해 환상이나 믿음을 공유하는 운동을 말한다.

예 종말론 등 일부 종교운동

02 집합행동에 대한 사회심리학적 설명

1. 르봉(Le Bon)의 군중심리론

(1) 개요

르봉의 군중심리론은 사람들이 군중 속에서 어떻게 행동하고, 왜 그렇게 행동하는지를 설명하는 이론이다. 르봉은 군중의 특성이 비이성적이고 감정적으로 행동하게 만드는 요인이라고 설명했다.

(2) 군중의 특성

① 익명성

군중 속에서는 개인의 신원이 드러나지 않기 때문에, 사람들은 평소보다 더 과감하게 행동할 수 있다.

PART 07

② 감염성

군중 내에서 특정 감정이나 행동이 빠르게 퍼진다. 이는 군중이 마치 하나의 유기체처럼 행동하는 이유 중 하나다.

③ 암시성: 군중은 외부의 자극에 민감하게 반응하며, 지도자나 강력한 외부 영향에 쉽게 휘말린다.

(3) 집합심성의 형성

① 개인이 군중이라는 집합체 속에 들어가는 경우 개인의 개성이나 취향 같은 것은 사라지고 그 대신 집합체의 감성과 사고를 획일적으로 끌고나가는 집합심성이 형성되어 사람들을 어떤 새로운 방향으로 행동하게끔 유도한다.

② 군중 속 개인의 변화

㉠ 이성의 약화: 군중 속 개인은 평소보다 이성적 판단 능력이 약화된다.

㉡ 비판적 사고의 상실: 군중은 비판적 사고를 하지 않고, 단순하고 즉각적인 반응을 보인다.

㉢ 책임감의 상실: 개인은 군중 속에서 자신의 행동에 대한 책임을 덜 느낀다.

2. 블루머(Herbert Blumer)의 사회심리학적 이론

(1) 집합행동의 의의

블루머는 집합행동의 발생을 '불안'의 형성 및 확산과 같은 사회심리적 요인들로 설명한다. 집합행동은 기존 질서에 의해 규제되는 형태가 아닌 자연발생적으로 생겨나는 새로운 형태의 행동이다. 집합행동은 일시적인 감정적 표출이 아니라 새로운 사회질서를 만들어 내는 행동이자 사회변동을 이끌어 낼 수 있는 행동이다.

(2) 집합행동의 발생

① 불안[19]의 발생: 사회질서에 균열이 존재하거나 새로운 행동양식이 생기면 사람들에게 불안이 생겨난다.

② 순환 반응을 통한 사회적 불안 확산

불안이 해결되지 못하면, 사람들 사이에 동요와 감정적인 자극이 오가는 순환 반응이 일어나면서 사회적 불안이 확산된다.

③ 집합행동의 발생

사회적 불안은 집합적 흥분[20]을 초래하여 작은 집합행동을 일으키거나 여론을 형성한다. 그리고 집합행동이 조직화되어 사회운동으로 발전하기도 한다.

---

19) 불안정, 좌절, 근심, 소외

20) 시위, 파업, 폭동, 혁명 등

(3) 집합행동이 사회운동으로 발전

① 사회운동 정의: 사회운동은 초보적인 집합행동이 발달, 조직화된 것이다.

② 사회운동의 세 가지 유형

㉠ 일반적 사회운동: 일반적 사회운동은 새로운 가치관의 실현, 광범위한 문화적 변화와 관련이 있다.

예 노동운동, 여성운동이나 아동 권리 운동, 평화운동처럼 특정한 목표 없이 사회 전반에 걸친 가치와 인식의 변화를 추구한다.

㉡ 특정적(구체적) 사회운동

특정적(구체적) 사회운동은 명확한 목표나 목적을 가지고 있다. 이 유형의 하위유형으로는 사회변화에 대한 입장에 따라 혁명과 개혁으로 나뉜다.

예 특정 법률의 제정이나 폐지를 목표로 하는 운동

㉢ 표현적(표출적) 사회운동: 표현적(표출적) 사회운동은 정서와 상징, 감정적 표현 등을 중시한다.

예 종교행사, 유행

③ 세 가지 유형에 포함시키기 어려운 복합적 성격의 사회운동

이 유형으로는 복고주의나 민족주의 등의 사회운동을 제시하였다.

3. 사회심리학적 혁명이론

(1) 거(T. R. Gurr)의 혁명에 대한 설명

① 상대적 박탈감이 커질수록 불만은 커진다.

사람들은 자신이 기대하는 것과 실제로 얻는 것 사이의 차이에서 불만을 느낀다. 이 상대적 박탈감이 커질수록 혁명의 가능성이 높아진다.

② 상대적 박탈감이 집단적으로 형성되면 심리적 분노는 확산된다.

상대적 박탈감이 집단적으로 형성되면, 사람들 사이에 심리적 분노가 확산된다. 이는 혁명의 중요한 촉발 요인이 된다.

③ 혁명의 발생 과정

㉠ 상대적 박탈감의 형성 및 축적

㉡ 심리적 분노의 확산과 폭발을 위한 여건 조성

㉢ 혁명: 기존의 사회 질서가 붕괴되고, 새로운 질서가 형성

(2) 데이비스(J. C. Davis)의 J곡선 이론

① 전제

데이비스의 혁명이론은 '새로운 욕구, 새로운 희망, 새로운 기대를 계속 그리고 방해받지 않고 만족시킬 수 있는 사회에서는 혁명이 거의 불가능하다'는 것을 전제한다. 또 다른 의미는 '희망이 없고 기대상승의 시기가 없었던 지역에서는 혁명의 가능성이 없다'는 것이다.

② 기대생활수준에 현실의 생활수준이 미치지 못할 경우 상대적 박탈감이 생긴다.
사람들은 자신이 기대하는 생활수준과 현실생활수준의 차이에서 불만을 느낀다. 이 상대적 박탈감이 커질수록 혁명의 가능성이 높아진다.

③ J곡선
데이비스는 경제적, 사회적 호황이 지속되다가 갑작스러운 불황이 뒤따를 때 혁명이 발생한다고 설명한다. 사람들이 기대하는 욕구는 계속 상승하지만, 실제로 얻는 것은 급격히 감소하는 J자 형태의 곡선을 제시한다.

④ 상대적 박탈감이 형성된 후 심리적 분노가 확산되면서 혁명 발생 가능성은 커진다.
상대적 박탈감이 집단적으로 형성되면, 사람들 사이에 심리적 분노가 확산된다. 이는 혁명의 중요한 촉발 요인이 된다.

03 사회운동에 관한 마르크스주의 설명

1. 마르크스의 계급혁명 이론

(1) 유물론적 역사적 전개

① 역사적 과정은 계급 간 투쟁의 과정이다.

② 피지배계급에 의한 혁명을 통해 새로운 사회로 이행한다.

(2) 자본주의 사회의 계급 혁명 발생에 유물론적 역사관을 적용하여 설명

① 전제: 고도로 발달한 자본주의 사회

② 노동자와 자본가의 계급투쟁 단계
㉠ 자본가들의 착취로 노동자들의 불만과 저항이 커진다.
㉡ 노동자들은 조직화되고 계급의식이 발달한다.

③ 계급혁명 운동 발생

2. 레닌과 그람시의 설명

(1) 레닌의 혁명 토대에 대한 설명

① 마르크스의 주장을 수정하여 혁명 발생원인 설명

② 전제: 자본주의 초기의 주변부 국가들

③ 혁명적 지식인들에 의해 노동자 계급의식과 참여가 일어난다.

(2) 그람시의 혁명 토대에 대한 설명

① 시민사회의 헤게모니 투쟁: 시민사회의 헤게모니 투쟁을 통해서 지배계급의 헤게모니를 해체해야 한다.

② 시민사회에서 민중적 헤게모니를 장악해야 한다.

04 집합행위에 대한 합리적 선택 이론과 가치부가 이론에 의한 설명

1. 올슨의 합리적 선택 이론

(1) 개요

올슨의 합리적 선택 이론은 집합행위를 설명하는 중요한 이론 중 하나이다. 이 이론은 개인들이 집합적인 이익을 추구하는 과정에서 어떻게 행동하는지를 분석한다.

(2) 기본 전제 및 가정

① 개인의 합리성
집합적인 사회적 행위는 개별적인 행위자의 행위로부터 연유한다는 기본 전제를 가지고 있다. 합리적 선택 이론은 경제학 이론의 가정과 분석틀에서 출발하며, 인간은 모든 행위의 기준을 자신의 사익을 극대화하는 데 두고 있다고 가정한다. 즉, 개인은 집합행위에 참여함으로써 얻는 이익과 비용을 비교하여 참여를 결정한다.

② 공유재(공공재)의 생산 관련성: 집합행위의 원인은 주로 공유재(공공재)의 생산과 관련이 있다.

(3) 집합행위에 참여하는 원인

① 공유재의 필요성

㉠ 공공재의 생산에 있어 협력의 필요성
특정 재화나 서비스가 모든 사람에게 혜택을 주지만, 개인이 혼자서 이를 생산하기 어렵기 때문에 집합행위가 필요하다. 예를 들어, 깨끗한 공기나 공공안전 같은 공유재는 집단의 협력이 필요하다.

㉡ 무임승차 문제
집합행위는 종종 공유재(공공재)를 생산하는데, 이는 모든 사람이 혜택을 누리지만 비용은 특정 개인이나 소수의 집단이 부담하는 경우가 많다. 이로 인해 무임승차(free-rider) 문제가 발생한다.

② 선택적 인센티브
집합행위에 참여하는 사람들에게만 제공되는 특별한 혜택이나 보상이 있을 때, 사람들은 참여할 동기를 갖게 된다. 이는 무임승차 문제를 해결하는 데 중요한 역할을 한다.

③ 소규모 집단의 효과
소규모 집단에서는 개인의 기여가 더 눈에 띄고, 무임승차 문제를 해결하기가 더 쉽기 때문에 집합행위가 더 잘 이루어질 수 있다.

④ 사회적 압력과 규범
사회적 압력이나 규범도 집합행위에 영향을 미칠 수 있다. 집단 내에서 집합행위에 참여하는 것이 기대되거나, 참여하지 않을 경우 부정적인 결과가 있을 때, 사람들의 참여 가능성이 높아진다.

2. 스멜서의 부가가치론

(1) 개요

스멜서(Neil Smelser)의 집합행위론은 집합행동이 발생하는 과정을 설명하는 이론으로, 이를 '부가가치 이론'이라고도 한다. 이 이론에 따르면 사회운동은 급격한 사회변동의 결과로 나타나는 현상이다. 이 이론은 집합행동이 일어나기 위해 필요한 여섯 가지 조건을 제시한다. 사회운동이 발생하기 위해서는 6가지 사회구조적 조건(요인)들이 단계적으로 부가되어야 하며, 이러한 요인들이 많이 나타날수록 사회운동이 활성화될 가능성이 커진다.

(2) 집합행동이 일어나기 위해 필요한 여섯 가지 조건(요인)

① 구조적 유발요인
집합행위가 발생하기 위한 사회구조적 및 문화적 요건을 갖추어야 한다.

② 구조적 긴장: 사회적 환경 속에서 발생하는 갈등이나 불만이 존재해야 한다.

③ 일반화된 신념의 확산: 사람들이 문제의 원인과 해결책에 대해 공통된 신념을 가져야 한다.

④ 촉발 요인: 집합행동을 촉발하는 사건이나 상황이 필요하다.

⑤ 행동을 위한 참여자의 동원: 사람들이 집합행동에 참여하도록 조직화되어야 한다.

⑥ 사회통제 기제의 작용: 경찰, 법원, 언론 등 사회통제 기제가 집합행동을 억제하거나 촉진할 수 있다.

(3) 이론에 대한 평가

① 시사점: 사회운동이 일어나게 하는 다양한 사회구조적 조건들을 상세히 설명할 수 있다.

② 단점
한 사회 내의 다양한 구조적 긴장요인들 중 어떤 요인이 실제로 사회운동과 연결되는지를 설명하는 데 미흡하다.

05 집합행위에 대한 자원동원 이론에 의한 설명

1. 자원동원 이론 개요

(1) 사회적 불만의 팽배를 사회운동의 직접 원인으로 보는 전통적 시각에 대한 비판

자원동원 이론은 사회운동조직의 역할과 한계를 규명하는 이론이다. 자원동원 이론은 사회적 불만의 팽배를 사회운동의 직접 원인으로 보는 전통적 시각을 비판하는 데에서 출발한다.

(2) 사회에는 사회적 불만이 항상 존재한다.

사회에는 집합행동(collective action)이 일어날 수 있는 여건(즉, 대규모의 사회적 불만)이 항상 존재한다는 것이다.

(3) 사회적 불만으로만 집합행위가 발생하지 않는다.

그러나 이것만 가지고 집합행동이 실제로 일어나지는 않는다. 집합행동이 발생하려면 계기가 필요하다. 이 계기를 만들어내는 것이 바로 운동가들과 자원이다.

2. 가정: 합리적 행동

자원동원 이론은 집합행동을 합리적인 행동으로 본다. 개인이나 집단이 목표를 달성하기 위해 자원을 효율적으로 동원하고 조직화한다고 가정한다.

3. 사회운동의 성공요인

(1) 자원의 중요성

사회운동의 성공 여부는 자원의 동원 가능성에 달려 있다. 여기서 자원은 금전적 자원뿐만 아니라 인적 자원, 정보, 기술, 사회적 네트워크 등을 포함한다.

(2) 잠재적 조직원의 충원

자원동원 과정의 첫 번째 과제는 사람을 모으는 일이다. 사람을 모으는 일은 조직의 철학과 이념을 잠재적 조직원에게 얼마나 잘 전달하느냐에 달려 있다. 아울러, 운동의 메시지를 어떻게 전달하느냐도 조직의 충원에 많은 영향을 끼친다. 즉 쟁점을 어떠한 틀에 담아 정리하느냐 하는 것도 잠재적 조직원을 충원하는 데 상당한 영향을 미친다.

(3) 조직 구조의 개발과 역할

공식적으로 구조화된 조직이 집합행동의 중요한 요소로 작용한다. 사회운동의 성패는 조직원 충원과 자금 조달 그리고 적절한 조직 구조를 개발할 수 있는 능력에 달려있다. 조직은 자원을 효과적으로 동원하고, 전략을 수립하며, 참여자들을 동원하는 역할을 한다.

(4) 전략적 요인

집합행동의 성공은 전략적 요인들, 즉 목표 설정, 자원 배분, 동원 전략 등에 의해 결정된다.

(5) 집합적 정체성 형성

사회운동이 성공하기 위해서는, 조직원들의 집합적 정체성 형성을 돕고 이것을 토대로 조직원들의 헌신을 이끌어낼 수 있는 환경의 조성이 필요하다.

4. 한계

자원동원은 경우에 따라 양날의 칼이 될 수 있다. 자원동원을 위해 외부 자원에 의존하다 보면, 조직의 자율성과 역동성이 약해질 가능성이 있다.

06 집합행위에 대한 정체성 이론과 신사회운동 이론에 의한 설명

1. 정체성 이론[21] 또는 신사회운동 이론

신사회운동의 발생 원인과 특성을 분석하고 설명하는 이론들이 등장하는 가운데 사회운동 또는 운동주체들의 정체성 변화에 주목하였고, 그 분석대상의 초점은 신사회운동이었기 때문에 정체성 이론 또는 신사회운동이라고 부른다.

2. 구사회운동

(1) 개요

구사회운동은 주로 19세기와 20세기 초반에 발생한 사회운동으로, 주로 노동자 계급이 주도한 운동을 말한다.

(2) 목표

구사회운동은 주로 물질적 조건의 개선을 목표로 했다.

예 임금 인상, 노동 조건 개선, 사회 보장 제도의 확립 등

(3) 노동자 계급 중심

구사회운동은 주로 노동자 계급이 주도하였으며, 노동 조건의 개선, 임금 인상, 노동 시간 단축 등을 목표로 했다.

(4) 노동조합을 통한 조직화

구사회운동은 노동조합과 같은 조직을 통해 체계적으로 이루어졌다.

3. 신사회운동: 물질적 보상과 배분보다 가치와 생활양식의 변화 추구, 생활정치 지향

(1) 의미

신사회운동은 1960년대 이후 등장한 새로운 형태의 사회운동으로, 기존의 노동운동과는 달리 다양한 계층이 주체가 되어 탈물질적 가치를 추구하는 운동을 말한다.

예 여성운동, 환경운동, 반핵운동, 평화운동, 대항문화환경운동, 노동운동, 인권운동, 장애인운동, 이주노동자운동, 성적소수자 운동 등을 지칭

---

21) 집합행위를 설명하는 정체성 이론으로는 사회 정체성 이론과 집합정체성 이론이 있다. 여기에서는 따로 구별하지 않고 신사회운동의 분석을 중심으로 하는 일반적인 정체성 이론에 대해 간략하게 살펴보겠다.

(2) 신사회운동의 발생배경

① 포디즘 ⇨ 포스트 포디즘

② 산업사회 ⇨ 탈산업사회

③ 물질주의 ⇨ 탈물질주의 경향

④ 사회갈등 및 균열: 경제적 생산영역 ⇨ 사회문화적 재생산영역

⑤ 노동운동(구사회운동)의 한계: 사회구조적 변화에 적절하게 대처하지 못함

(3) 유럽의 구사회운동과 신사회운동 비교[22)]

구분	구사회운동(노동운동)	신사회운동
제도화 여부와 사회적 위치	제도정치에 포섭, 법과 정치체계에 위치	제도정치에 저항, 시민사회
운동 주체	노동자 계급	다양한 계층(신중간계급, 전문직, 자유직 등)
운동 이념(가치)	물질주의, 성장주의	탈물질주의, 탈권위주의, 풀뿌리 민주주의
운동 쟁점	경제적 불평등 완화, 집단적·물질적 이익, 복지	환경, 여성, 장애, 인권, 인종, 소수자, 평화, 대안적 공동체의 삶
운동 조직	수직적, 위계적	수평적 네트워크
운동 방식	관례적(인습적) 행동	비관례적(비인습적), 급진적 행동

22) Offe(1985), 스코트(1995). 정태석(2007), 비판적 사회읽기, 한울, p.584, 재인용

사회과교사를 위한

사회와 문화

Part

08

사회학의 주요 주제 및 쟁점들에 대한 검토

Chapter

01 가족제도

01 혼인과 가족

1. 혼인의 정의

인류학에서는 흔히 혼인을 성관계에서 태어난 아이가 합법적인 자녀로 인정되는 남녀 간의 성적·경제적인 결합으로 정의한다(엄밀히 말해서 모든 사회에서 존재하는 것은 아니다).
이 같은 혼인은 역사적으로 보면 사회를 통합해주는 공적인 교환행위였다. 교환행위를 통해서 사회적 지위가 변하고, 새로운 사회관계를 만들어내기도 하였다. 이것은 두 사람 사이에 발생하는 사건으로서의 현대적 혼인과는 다른 것이다.

2. 혼인의 형태

(1) 배우자의 수 기준

배우자의 수가 단수인가 복수인가에 따라 '단혼제'와 '복혼제'로 분류된다. 일부일처제는 단혼제이며, 일부다처제, 일처다부제는 복혼제이다.

(2) 모르간의 설명

모르간은 원시시대의 결혼제도를 원시난혼제(다수여성과 다수남성)라고 하면서 이것이 점차 진화되어 일부일처제로 진화해 왔다고 주장하였다.

3. 가족의 정의

(1) 기능론적 관점

① 머독의 정의
머독은 가족을 주거를 공동으로 하고 경제적 협동과 출산을 특징으로 하는 집단(기능론적 관점)으로 정의하였다.

② 파슨스의 가족 역할 구분
파슨스는 가족 내에서 남성은 도구적 역할을 하며, 여성은 표출적 역할을 하는 것으로 가족 역할을 구분하였다. 도구적 역할은 밖에서 가족들이 필요로 하는 생활자원을 구하고 가족을 통솔하는 것을 말한다. 표출적 역할은 가족 내에서 가족들에게 서비스를 제공하는 역할을 말한다. 즉 가사노동을 포함하여 육아, 가족 분위기 조성, 그리고 긴장 해소 등의 역할을 말한다.

(2) 민주적 관점(이효재)

가족은 일상적인 생활을 공동으로 영위하는 부부와 자녀들, 그들의 친척, 그리고 입양이나 기타 관계로 연대의식을 지닌 공동체 집단을 말한다.

4. 가족과 친족

(1) 친족의 의미

친족은 가족의 범위를 넘어서 혈연관계 및 혼인관계로 맺어진 사람들의 모임으로 혈족, 인척 및 배우자로 구성된다.

(2) 현행 민법에 따른 친족의 범위

부계와 모계의 8촌 이내의 혈족, 4촌 이내의 인척, 배우자

(3) 가족과 친족

가족과 친족은 혈연적 관계를 기본으로 하며 이것은 혈통과 관련되어 있다. 그리고 혈통을 정하는 기준은 집안의 성이다. 또한 한 가족의 가장의 지위와 재산 및 제사 등을 상속하는 제도 등이 뒷받침되면서 가족과 친족이 유지 발전되어 왔다.

5. 가족제도의 기능 및 변화

(1) 가족 기능의 변화

① 제도의 분화
기존의 제도가 담당하던 여러 가지 기능을 더 이상 효율적으로 수행할 수 없게 되면, 그중 특정 기능만을 맡아서 수행하는 새로운 제도가 나타난다. 이런 현상을 제도의 분화라고 한다.

② 다른 사회제도들의 기능을 담당했던 가족 기능의 축소
가족은 중요한 생산과 소비의 단위였으며, 가족성원의 교육을 맡아 왔고, 제례의식을 통한 종교의 기능은 물론 여가와 오락·휴식의 기능도 가족 내에서 이루어졌다. 또한 가족은 사회의 가치와 규범, 도덕과 질서를 유지하는 가장 기본적인 집단이고 제도였다. 그러나 현재 가족의 주요 기능은 성적 욕구 충족 및 정서적 안정 제공이다.

(2) 가족제도 분화의 양상

① 종교적 기능 ⇨ 종교제도의 분화

② 질서 유지 기능 ⇨ 정치제도

③ 생산과 소비 기능 ⇨ 생산기능은 경제제도로 분화

④ 교육기능 ⇨ 교육제도와 함께 분담

⑤ 오락 및 휴식과 복지 ⇨ 가족의 전담에서 탈피하여 외적인 제도로 분화

(3) 가족의 기능에 대한 관점

① 기능주의적 관점

㉠ 기능론은 성별분업은 기능적으로 바람직하며 가족은 사회의 안정과 균형을 유지하기 위한 기능을 수행한다고 주장한다.

㉡ 가족의 기능: 성행위 규제, 성원의 충원, 사회화, 양육과 보호, 사회적 지위 부여

② 갈등주의적 관점

갈등론적 관점은 가족이 사유재산을 세대를 통해 세습하는 계급 재생산의 제도이며 사회화 기능을 통해 지배 이데올로기를 재생산하는 지배 이데올로기 기구의 역할을 한다고 주장한다.

③ 페미니즘적 관점

페미니즘 관점은 구조기능주의의 주장은 가부장적 지배를 정당화하는 지배이데올로기라고 비판한다.

6. 가족형태의 변화

(1) 가족 구성원 간 권력 관계

민주주의 가족 대 권위주의적 가족

(2) 가족결합 중심

부부중심, 친자중심, 모자중심

(3) 가족규모

대가족 대 소가족, 1세대가족 · 2세대가족 · 3세대가족

(4) 다양한 형태 구분

① 핵가족, 확대가족, 직계가족

결혼한 부부와 미혼 자녀로 구성되는 핵가족(부부가족)과 두 세대 이상의 결혼한 부부와 그 자녀로 구성되는 확대가족이다. 그리고 부모와 가계를 계승하는 한 자녀의 부부 중심가족이 직계가족이다.

② 한부모 가정, 조손가정, 1인가구, 정서적 유대를 강조하는 새로운 가족형태

02 가족문제

1. 가족에 대한 관점

(1) 기능주의

사회구성원 재생산, 공유된 가치를 재생산하는 단위

(2) 갈등주의

자본주의를 위한 노동력 생산 및 자본주의적 가치와 관계의 재생산 단위

(3) 페미니즘

가부장적 사회질서의 재생산 단위

2. 가족문제 정의 및 원인

(1) 가족문제 정의

우리 사회적 맥락 속에서 제시되는 가족문제들로는 이혼, 가족 폭력 및 학대, 자녀양육, 편부모 및 미혼모 가족, 이주결혼 여성 등이 있다.

(2) 가족문제 원인

① 사회경제적: 노동시장의 불안정성

② 사회문화적: 가부장적 이데올로기 약화와 개인주의의 강화

③ 제도적 측면: 사회안전망 부실, 가족해체 관련 지원서비스 부족

④ 구조적 해체: 이혼, 별거, 가출 등 인위적 요인 증가, 경제적 문제

3. 가족해체 정의와 원인 및 해결방안

(1) 가족해체 정의

가족해체는 공간분리와 인간적 유대 해체를 말한다. 공간분리는 주말부부, 미혼 자녀의 분가, 독신, 노인가구 분리 등이 있다. 인간적 유대 해체는 이혼, 가정폭력, 노인 및 아동 유기 등을 들 수 있다.

■ 기능와해, 구조해체, 해체과정

(2) 가족해체 원인

① 주거공간의 분리

노동시장의 개인화, 맞벌이로 인한 부부의 공동주거의 어려움으로 주말부부 내지는 자녀와 별거하는 것 등을 의미한다. 이와 같은 주거공간의 분리는 부부와 가족의 유대를 약화시켜 가족해체가 된다.

② 이혼을 통한 가족해체와 새로운 가족의 등장
이혼은 개인화의 발달로 전통적인 가족규범이 해체되고 있다는 것을 의미한다.

③ 대안적 가족의 등장
새로운 사랑과 유대의 형태를 모색하는 새로운 가족의 형태가 다양하게 등장하고 있다.

④ 가정폭력
가정폭력은 가족 내 불평등한 관계, 긴장완화 기제가 없다는 점, 가정 내 문제를 사적으로 취급하는 것 등이 원인이 된다.

(3) 해결방안

① 예비부부교육, 가족유지를 위한 개입, 가족재구성에 대한 개입

② 가족해체와 사회복지
가족단위의 복지체계에서 개인단위로 전환시키는 것이 필요할 것이다.

Chapter 02 종교제도

01 종교제도의 개념

1. 종교의 기능

(1) 명시적 기능

① 삶의 의미 제공: 우주의 궁극적 의미와 삶의 가치를 제공

② 사회적 유대감 형성
정기적인 의식 모임을 통해 가치와 신념을 가지며, 가치와 신념을 공유함으로써 공동체적 유대를 형성

③ 사회 통합과 통제의 기능: 사회의 기본 가치와 규범들을 강력하게 규정

④ 사회변동의 촉진
종교적 가치들은 기존 사회의 가치와 사회구조를 재평가, 대부분의 신흥 종교운동과 분파활동들은 사회질서에 비판적인 경우가 많다.

⑤ 심리적 위안을 제공

(2) 잠재적 기능

① 종교는 현존하는 불평등을 정당화해 주고, 지배계급의 이익을 옹호하고, 억압받는 자들에게 내세를 믿게 하여 현세의 운명에 만족하게 한다.[23)]

② 종교가 여러 분파로 갈라질 때 사회적 갈등을 조장한다.

③ 교단이 커지면서 점차 관료조직체에서 나타나는 현상들이 나타난다.
⇨ 위계서열화, 교회의 규모를 중요시함, 정치・경제적 제도와 타협, 소외, 목적전치 현상

(3) 갈등론적 입장

종교가 기존의 사회구조를 정당화하고, 억압받는 자에게 허위의식을 심어 주어 보다 나은 삶을 창조할 수 있는 가능성을 봉쇄하고 사회변동과 사회혁명을 저해하는 기능을 한다고 본다.

(4) 베버(M. Weber)적 입장

종교가 의도했던 바는 아니지만 사회변화의 원동력이 될 수도 있다고 본다.

---

23) 마르크스(K. Marx)

2. 종교제도의 개념

(1) 종교제도의 사회학적 의미와 종교의 기초

종교제도는 초자연적 현상 및 사후세계에 대한 제도화된 신념, 관련행위, 조직구조를 요소로 하는 제도이다.

(2) 뒤르켐

① 모든 종교의 공통되는 특징은 성(聖)과 속(俗)의 구별과 대립이다.

② 성(聖): 경외, 숭배 그리고 깊은 존경을 불러일으키는 어떤 것

③ 속(俗): 일상적 세계의 일부로 인간을 약화시키거나 더럽히고 또한 타락시키는 힘

3. 종교조직

(1) 교회

교회는 한 사회의 성원 모두가 자동적으로 성원이 되는 종교조직으로 가장 공식화되고 관료조직화 된 종교조직을 말한다. 예 카톨릭교회

(2) 교파

교파는 기성 교회 안에서 분열되어 나온 종교조직을 말한다. 교파는 다른 교파를 인정한다. 교파는 훈련된 성직자가 있고, 위계서열이 분명한 관료제화 된 조직이다.

(3) 종파

종파는 전통적인 교회에서 분리되어 나간 사람들의 종교집단을 말한다. 다른 종교조직을 용납하지 않으며 독단적이다. 위의 두 가지 종교조직보다는 덜 공식화되고 조직화되었으며, 전문적으로 교육받은 성직자가 드물다.

(4) 분파

흔히 카리스마적 지도자나 특수한 정신적 인식을 중심으로 조직된 종교집단으로, 개인적 은혜와 체험에 중점을 둔다. 분파는 제도화와 공식화의 정도에 있어서 위의 여러 종교집단 중 가장 낮으며, 기존 사회・경제적인 질서와 통합의 정도도 아주 낮은 종교집단이다. 타 집단에 대해서는 대단히 배타적이며, 기존 사회의 질서와 가치를 거부하기 때문에 곧잘 사회문제를 일으킨다.

02 종교문제 및 운동

1. 젠더와 종교조직

종교조직은 일반적으로 남성들이 장악하고 있고 종교적 이미지와 상징들 역시 거의 남성적이다. 여성들은 종교의 일부로 존재할 뿐이며 전통적 종교 서열에서도 배제되었다.

2. 종교운동

(1) 신흥종교운동

신흥종교운동에는 광범위한 종류의 종교적, 영적 단체들과 종파와 컬트들이 포함된다. 이들은 넓게 보아 다음 세 가지 유형으로 구분된다. 자조 집단과 유사한 세계 - 긍정운동, 외부세계를 회피하고 비판하는 세계 - 거부운동, 세속적 관심보다 내면적 종교생활을 더 강조하는 세계 - 적응운동이 그것이다.

(2) 부흥운동

① 천년왕국운동

② 하(화)물숭배(Cargo Cult) 유령춤(Ghost Dance)운동

19세기 말경부터 멜라네시아의 많은 지역들은 유럽의 식민지가 되었으며 그 결과 이 지역 원주민들의 삶은 심각한 혼란을 겪게 되었다. 이런 상황하에서 하물숭배라고 알려진 부흥운동이 발생하게 된다. 이 숭배에서 가장 지속적인 이데올로기적 요소는 현대 서구의 산업물자를 가득 채운 배가 금방 도착하여 원주민들이 이 물자를 마음껏 사용하고 즐길 수 있게 될 것이라는 믿음이다. 이 물자는 원주민들의 죽은 조상이 부활하여 보내는 것이며 동시에 조상은 이 배를 타고 귀향할 것이다. 초기에는 이 물자는 배에 실려올 것이라고 믿어졌는데 비행기가 나타나면서 이 물자들은 비행기로 올 것이라는 믿음을 가지게 되었다.

③ 유령춤(Ghost Dance)운동

1890년의 유령춤은 워보카라는 이름의 파이우트 인디언에 의해 시작되었다. 그는 추종자들에게 엄격한 도덕적 계율을 설교했다. 그들은 싸워서도, 거짓말을 해도, 훔쳐서도, 위스키를 마셔도 안 된다고 가르침 받았다. 그는 강한 바람에 의해 백인들은 날아가 버릴 것이며 이들의 소유물들은 인디언에게 남겨질 것이라고 예언했다.

(3) 근본주의

근본주의는 전 세계에 걸쳐 분포하는 다양한 종교 집단의 일부 추종자들 사이에서 흔히 찾아볼 수 있다. 근본주의자들이라는 명칭은 그들 자신이 믿는 종교적 교의의 근본으로 되돌아가야 한다고 믿고 있기 때문에 붙여진 이름이다. 이슬람 근본주의는 1979년 이란에 종교 정부를 세운 회교혁명이 있은 후 중동지역의 수많은 국가들에 영향을 미쳤다. 미국에서의 기독교 근본주의는 세속적 가치들과 미국 사회에 만연하다고 여겨지는 도덕적 위기에 대한 방증이었다. 비신도들을 개종시키려는 노력의 일환으로 기독교 근본주의자들은 신도들을 모으기 위해 텔레비전, 라디오 등 신기술들을 이용하는 이른바 전자교회를 개척했다.

Chapter 03 빈곤문제

01 빈곤문제의 정의 및 설명

1. 빈곤문제의 의의

사회학적으로 빈곤문제는 다양한 원인과 복잡한 영향을 가진 중요한 사회문제이다. 빈곤은 단순히 경제적 결핍을 의미하는 것이 아니라, 사회적, 정치적, 문화적 요인과도 깊이 얽혀 있다. 예컨대 교육 및 노동시장의 불평등, 농촌의 영세성과 이농, 실업과 불안정취업, 정책부족 등이다. 또한 계층별 빈곤으로 대표적인 경우가 여성, 노인, 장애인, 비정규직이다.

2. 빈곤의 의미

(1) 절대적 빈곤

절대적 빈곤은 생존에 필요한 최소한의 자원이 부족한 상태를 말한다.

(2) 상대적 빈곤

상대적 빈곤은 사회 내 다른 사람들과 비교해 상대적으로 적은 자원을 가진 상태를 말한다.

3. 빈곤의 원인에 대한 이론적 설명

(1) 개인적 원인론

① 개요
개인적 원인론은 빈곤의 원인을 개인의 특성이나 행동에 두는 이론이다. 이 이론은 빈곤이 개인의 게으름, 무능력, 또는 잘못된 선택 때문이라고 본다.

② 인적 자본 이론
인적 자본 이론은 교육이나 직업 훈련의 부족이 낮은 생산성과 소득을 초래한다고 설명한다.

③ 능력이론
능력이론은 빈곤문제의 원인을 개인의 능력과 자질에 두는 이론이다. 이 이론은 빈곤이 개인의 교육 수준, 기술, 건강 상태 등과 같은 인적 자본의 부족에서 비롯된다고 설명한다.

(2) 사회구조적 원인론

① 개요

사회구조적 원인론은 빈곤의 원인을 사회구조와 제도에서 찾는다. 이 이론은 빈곤이 개인의 문제가 아니라 사회적 불평등과 구조적 요인 때문이라고 본다. 주요 이론으로는 다음과 같은 것들이 있다.

② 노동시장 분절 이론

노동시장이 1차 노동시장(안정적이고 높은 임금)과 2차 노동시장(불안정하고 낮은 임금)으로 분절되어 있으며, 빈곤은 주로 2차 노동시장에 고용된 사람들에게 발생한다고 설명한다.

③ 계급이론

빈곤은 자본주의 사회에서 불가피한 현상이다. 빈민은 자본주의가 필요로 하는 산업예비군으로, 경제 상황에 따라 고용과 실업을 반복하게 된다.

④ 차별이론

차별이론은 빈곤문제의 원인을 사회적 차별과 불평등에서 찾는다. 이 이론은 특정 집단이 인종, 성별, 연령, 장애, 사회적 지위 등 다양한 이유로 차별을 받으며, 이러한 차별이 빈곤을 초래하고 지속시키는 주요 요인이라고 설명한다.

(3) 사회문화적 원인: 빈곤 문화 이론

빈곤 문화 이론은 빈곤이 특정 문화적 가치와 행동 양식에 의해 지속된다고 본다. 오스카 루이스는 빈곤 가정에서 자란 아이들이 그 환경의 영향을 받아 빈곤을 대물림하게 된다고 주장했다.

(4) 사회적 배제 이론

사회적 배제 이론은 빈곤이 사회적 배제와 밀접하게 관련되어 있다고 본다. 빈곤층은 사회적 네트워크와 자원에 접근하기 어려워 기회가 제한되고, 이는 다시 빈곤을 심화시킨다.

PART 08

4. 빈곤의 영향

(1) 사회적 배제, 건강문제, 교육 기회의 부족 초래

빈곤은 개인과 가족에게 심각한 영향을 미치며, 사회 전체에도 부정적인 영향을 준다. 빈곤은 건강 문제, 교육 기회의 부족, 사회적 배제 등을 초래하며, 이는 다시 빈곤을 악화시키는 악순환을 만든다.

(2) 빈곤의 악순환 초래

02 빈곤문제의 원인과 해결책

1. 빈곤의 원인

(1) 개인적 요인

교육 수준, 건강 상태, 기술 부족, 사회 자본의 부족

(2) 사회구조적 요인

노동 시장의 불평등, 사회적 차별, 경제적 불황 등

① 경제적 요인: 실업, 저임금, 경제 불황 등으로 인해 소득이 부족해지는 경우

② 사회적 요인: 교육 기회의 부족, 사회적 차별, 건강 문제 등

③ 정치적 요인: 정부의 정책 실패, 부패, 불평등한 자원 분배 등

2. 빈곤의 실태

(1) 노년층 빈곤

한국의 노년층 빈곤율은 OECD 국가들 중 가장 높은 수준이다. 65세 이상 인구의 약 절반이 상대적 빈곤 상태에 있으며, 이는 사회적 안전망의 부족과 관련이 있다.

(2) 여성 빈곤

여성 빈곤은 여성 비정규직, 여성 가장 가구, 여성 노인 등에서 발견된다. 특히 여성 가장 가구와 여성 노인의 빈곤율이 증가하고 있으며, 이는 성별 차별과 관련이 있다. 여성은 동일한 일을 하더라도 남성보다 낮은 임금을 받거나 승진 기회에서 배제되는 경우가 많다.

(3) 비정규직 빈곤

비정규직 빈곤은 비정규직 근로자들이 겪는 경제적 어려움과 불안정성을 의미한다. 비정규직 근로자는 정규직 근로자에 비해 낮은 임금, 불안정한 고용 상태, 부족한 사회적 보호 등으로 인해 빈곤에 빠질 가능성이 높다.

(4) 1인 가구 빈곤

1인 가구의 빈곤율도 높다. 국민기초생활보장 수급가구 중 1인 가구의 비율이 절반 이상을 차지하고 있으며, 이는 노인 1인 가구뿐만 아니라 이혼, 사별, 미혼 등 다양한 원인에 의한 1인 가구의 증가 때문이다.

3. 빈곤의 세습문제

(1) 의미

빈곤의 세습은 한 세대에서 다음 세대로 빈곤이 지속적으로 전달되는 현상을 의미한다. 이는 부모의 경제적 어려움이 자녀에게도 영향을 미쳐, 자녀가 성장하면서도 빈곤 상태에서 벗어나기 어려운 상황을 말한다. 빈곤의 세습은 단순히 경제적 문제뿐만 아니라 교육, 건강, 사회적 자본 등 다양한 요인이 복합적으로 작용하여 발생한다.

(2) 빈곤의 세습 원인

① 교육 기회의 부족

② 건강 문제

③ 고용 기회의 부족

④ 사회적 배제(사회적 자본의 부족)

4. 고용문제

(1) 의미

고용문제는 양적으로는 실업문제, 청년실업 등이 있고, 질적으로는 고용의 질, 고용불안, 비정규직, 직무 불일치 등이 있다.

(2) 원인

① 직접원인: 경제위기, 산업구조 변화, 신자유주의, 노동시장 유연화

② 간접원인: 노동시장 불일치, 학력인플레, 교육문제

(3) 대책

교육개혁, 직업교육, 훈련, 일자리 나누기, 기업의 고용유지 노력, 사회안전망, 비정규직 근로자 고용 안정

5. 빈곤문제 해결 방안

(1) 정책적 접근

정부의 적극적인 복지 정책과 일자리 창출이 필요하다.

(2) 교육 기회 확대

교육을 통해 빈곤층이 자립할 수 있는 기회를 제공해야 한다.

(3) 사회적 지원

사회적 안전망을 강화하여 빈곤층을 보호해야 한다.

Chapter

04 사회복지제도

01 사회복지제도의 개념

1. 사회복지의 개념

(1) 복지[24]의 의미

복지란 행복하고 건강한 삶을 영위할 수 있도록 삶의 질을 안정적으로 유지하거나 개선하여 인간이 안전하고 행복한 삶을 살아가는 것을 말한다.

(2) 사회복지의 의미

① 의미
개인복지는 개인의, 가족복지는 가족들의 삶의 질을 안정적으로 유지하거나 개선하기 위한 노력을 하는 것을 말한다. 하지만 개인이나 가족이 스스로 삶의 질을 유지하기 어려운 상황에서 국가가 삶이 불안정한 개인이나 가족들을 보호하기 위해 제공하는 복지를 사회복지라고 한다. 즉 사회복지는 국가가 사회적 약자를 보호하고, 모든 국민이 기본적인 삶의 질을 유지할 수 있도록 지원하는 복지를 말한다.

② 사회복지와 적극적 연대주의
사회복지는 시민의 사회적 위험을 공적 개입을 통해 대응하는 사회적 노력이며, 사회적 연대와 협력을 요소로 하는 적극적 연대주의다. 적극적 연대주의는 사회 구성원들이 서로의 복지를 위해 적극적으로 협력하고 지원하는 것을 말한다.

③ 행복을 위해서는 다양한 영역에서 복지를 추구하는 노력이 필요
경제적·물질적 조건은 삶의 질에서 가장 기본적인 요소라고 할 수 있다. 이런 점에서 기본적으로 일자리를 제공하고 소득을 보장하는 등의 경제적 복지는 중요하다. 하지만 경제적 복지만으로 행복한 삶을 달성할 수는 없다. 따라서 건강 및 의료 복지, 교육 복지, 환경 복지, 문화 복지 등 다양한 영역에서 삶의 질을 추구하는 노력이 필요하다.

(3) 사회복지와 사회보장

① 사회보장과 사회복지의 구별
사회보장과 사회복지는 비슷한 의미로 사용되기도 하지만 대한민국 헌법 제34조 제1항과 제2항을 각각 보면 "모든 국민은 인간다운 생활을 할 권리를 가진다.", "국가는 사회보장과 사회복지의 증진에 노력할 의무를 진다."라고 규정하고 있다. 이는 사회보장과 사회복지를 구별하고 있다는 점을 보여준다.

---

24) 행복, 평안히 잘 지내는 상태, 만족한 생활, 건강과 번영, 안녕 또는 행복, 만족스러운 상태

② 사회보장

㉠ 정의

사회보장은 신체적 안전과 심리적 안정의 상태를 제공하여 인간으로서의 최소한의 삶을 보장해 주는 것을 말한다. 구체적으로는 질병, 장애, 노령, 실업, 사망 등의 사회적 위험으로부터 국민을 보호하고 빈곤을 해소하며, 국민생활의 질을 향상시키기 위해 제공되는 사회보험, 공공부조, 사회복지서비스 및 관련 복지제도를 말한다.

㉡ 범위: 사회보장은 주로 경제적·물질적 보장에 초점을 맞추며, 사회복지의 일부 영역을 포함한다.

③ 사회복지

㉠ 정의

사회복지는 국가가 사회적 약자를 보호하고, 모든 국민이 기본적인 삶의 질을 유지할 수 있도록 지원하는 복지를 말한다. 사회복지는 행복한 상태를 제공한다는 점에서 삶의 질을 유지하거나 개선하는 것을 말한다. 구체적으로 국민의 기본적인 생활을 보장하고, 사회적 약자의 권익을 보호하며, 삶의 질을 향상시키기 위한 다양한 정책과 프로그램을 포함한다.

㉡ 범위

사회복지는 경제적·물질적 보장, 건강, 의료, 교육, 주택, 개별적 사회서비스 등 다양한 영역을 포괄한다.

④ 사회보장과 사회복지의 차이점

㉠ 범위의 차이

사회복지는 사회보장보다 더 넓은 개념으로, 소득보장 외에도 교육, 주택, 환경정책 등을 포함한다.

㉡ 중점의 차이

사회보장은 소득보장, 즉 경제적·물질적 보장을 통해 최소한의 삶을 보호한다는 의미가 강한 반면에, 사회복지는 행복한 상태를 위해 삶의 질을 유지하거나 개선한다는 점에 중점을 둔다.

(4) 한국은 법률상 사회복지보다는 사회보장이라는 표현을 더 많이 사용

사회복지와 사회보장은 사회의 공동대응을 통해 인간의 삶의 질을 보장하려는 보완적 관계이지만, 한국에서는 법적 제도나 일반적으로 사회보장이라는 표현을 많이 쓰고 있다. 특히 외환위기 이후에는 일반적으로 사회안전망이라는 표현을 쓰고 있다.

2. 사회복지제도

(1) 국가가 제공하는 3가지 복지 유형

① 사회보장기본법 제3조

㉠ "사회보장"이란 출산, 양육, 실업, 노령, 장애, 질병, 빈곤 및 사망 등의 사회적 위험으로부터 모든 국민을 보호하고 국민 삶의 질을 향상시키는 데 필요한 소득·서비스를 보장하는 사회보험, 공공부조, 사회서비스를 말한다.

㉡ "사회보험"이란 국민에게 발생하는 사회적 위험을 보험의 방식으로 대처함으로써 국민의 건강과 소득을 보장하는 제도를 말한다.

㉢ "공공부조"란 국가와 지방자치단체의 책임하에 생활 유지 능력이 없거나 생활이 어려운 국민의 최저생활을 보장하고 자립을 지원하는 제도를 말한다.

㉣ "사회서비스"란 국가·지방자치단체 및 민간부문의 도움이 필요한 모든 국민에게 복지, 보건의료, 교육, 고용, 주거, 문화, 환경 등의 분야에서 인간다운 생활을 보장하고 상담, 재활, 돌봄, 정보의 제공, 관련 시설의 이용, 역량 개발, 사회참여 지원 등을 통하여 국민의 삶의 질이 향상되도록 지원하는 제도를 말한다.

② 세 가지 요소의 의의

공공부조, 사회보험, 사회서비스, 이 세 가지 요소는 서로 보완적으로 작용하여 국민의 복지와 삶의 질을 향상시키는 데 기여한다.

(2) 공공부조

① 정의

공공부조는 국가와 지방자치단체의 책임하에 직접 금전적·물질적 지원을 통해 빈곤층의 최저생활을 보장하고 자립을 지원하는 제도이다. 이는 모든 국민의 최소한의 삶을 보장하는 제도라는 점에서 '사회안전망'의 성격을 가진다.

② 특징

㉠ 목적: 빈곤 퇴치와 사회적 안정을 도모하는 것이다.

㉡ 선별적 지원: 자산조사 등을 통해 자격을 갖춘 사람들에게만 혜택을 제공한다.

㉢ 재원: 일반 조세를 통해 조달된다.

(3) 사회보험

① 정의

사회보험은 전체 국민 또는 대다수 국민에게 발생하는 사회적 위험(질병, 노령, 실업, 산업재해 등)에 대비하여 보험의 방식으로 건강과 소득을 보장하는 제도이다. 이런 점에서 예방적 차원의 보험 제도이며, 보편성과 강제성을 띤다.

② 특징

㉠ 보편성·강제 가입: 법률에 따라 일정 기준에 해당하는 사람은 의무적으로 가입해야 한다.

㉡ 재원: 사용자와 가입자가 함께 부담하는 보험료로 조달된다.

㉢ 종류: 국민연금, 건강보험, 고용보험, 산재보험 등이 있다.

(4) 사회복지서비스

① 정의

사회복지서비스는 국가, 지방자치단체 및 민간부문이 제공하는 복지, 보건의료, 교육, 고용, 주거, 문화, 환경 등의 분야에서 인간다운 생활을 보장하고 국민의 삶의 질을 향상시키기 위한 서비스다.

② 특징

㉠ 대상: 도움이 필요한 모든 국민을 대상으로 한다.

㉡ 비물질적·심리적·정신적 서비스

상담, 재활, 돌봄, 정보 제공, 시설 이용, 역량 개발, 사회 참여 지원 등을 포함한다. 사회복지서비스가 제공하는 것은 비물질적·심리적·정신적 서비스를 주된 내용으로 한다.

㉢ 개별적 처우와 전문적 서비스 제공

급여의 특성상 개인 욕구의 특수성을 고려하여 개별적 처우를 제공해야 하며, 서비스를 전달하는 사람들의 전문성이 필요하다.

02 사회복지제도의 발달과 유형

1. 사회복지제도의 역사적 전개

(1) 사회복지제도의 정치성과 역사성

사회복지제도는 시대와 정치적 상황에 따라 그 내용과 방법이 다르게 전개되었다. 그리고 각 시기의 사회복지제도는 정치적 의사결정에 의해 만들어지고 법률로 구체화되어 시행되었다.

(2) 공통된 사회복지제도의 흐름

① 14세기~19세기 초: 빈민구제(구빈)의 시대

㉠ 자본주의 사회 이전과 초기자본주의

㉡ 부랑인, 빈곤층 등이 사회문제화 되면서 '구빈법'이 제정되었다.

② 19세기~1940년대: 노동법과 사회보험의 시대

㉠ 사회주의와 민주주의 확대, 사회민주주의 성장

㉡ 노동문제 해결을 통한 노동보호를 목적으로 하는 노동법 형성과 개선이 이뤄지고, 삶의 안전과 질을 보장하기 위해 사회보험제도 등이 도입되었다.

③ 1950년대 이후: 복지국가의 발달

㉠ 사회적 필요의 시대, 보편적 복지의 확장

㉡ 케인스의 사회복지국가관이 확대되었다.

④ 1980년대 이후: 신자유주의 확산으로 인한 복지국가 위기

㉠ 국가개입의 축소

㉡ 사회안전망의 약화

㉢ 생산적 복지(Workfare)

생산적 복지는 단순히 금전적 지원을 제공하는 전통적인 복지와 달리, 개인의 자립과 사회적 포용을 동시에 추구하는 복지 모델이다. 이 모델은 사람들이 자활 사업에 참여하거나 노동을 하는 것을 조건으로 지원을 제공하는 형태로, 자립심을 길러주고 사회에 적극적으로 참여할 수 있도록 돕는 것을 목표로 한다.

2. 사회복지의 발달을 설명하는 이론 개요

(1) **시민권 이론**(시민자격 진화이론, 마샬)

시민권 이론은 사회복지정책의 발달을 시민권의 발달[25]로 설명하는 이론이다. 시민권의 확대가 사회적 불평등을 완화하고, 복지국가 발달을 가져왔다고 설명한다.

(2) **산업화 이론**(공업주의적 수렴이론)

산업화가 진행됨에 따라 사회적 위험과 욕구가 증가하고, 이에 대응하기 위해 사회복지제도가 발달한다는 이론이다. 경제발전과 사회복지제도의 관계를 설명하며, 산업화가 복지제도의 자원을 제공한다고 설명한다.

(3) **계급투쟁 이론**

계급투쟁 이론은 계급정치 측면에서 사회복지제도의 발달을 계급 간의 갈등과 투쟁의 결과로 설명하는 이론이다. 사회는 주로 자본가 계급과 노동자 계급으로 나뉘며, 이들 간의 계급 갈등이 사회복지정책의 발달을 촉진한다고 설명한다. 노동자 계급이 정치적 힘을 얻고, 이를 통해 자신들의 이익을 보호하기 위한 사회복지정책을 요구한다. 이런 계급정치에서 자본가 계급은 사회적 불안을 줄이고, 노동자 계급의 요구를 일부 수용함으로써 사회적 안정을 유지한다는 것이다.

3. 사회복지의 유형[26]

(1) **복지수혜자의 범위 기준**(복지제도의 방향성): 보편적 복지와 선택적 복지

① 보편적 복지의 의미 및 특징

㉠ 의미

보편적 복지는 모든 국민에게 소득 수준이나 자격 조건에 관계없이 동일한 복지 혜택을 제공하는 방식을 말한다. 사회적 평등성을 높이고 사회 안전망을 구축하는 데 도움이 된다. 예를 들어, 건강보험, 국민연금, 교육 등은 보편적 복지 정책에 해당한다.

---

25) 마샬은 시민권은 18세기에, 정치권은 19세기에, 사회권은 20세기에 발달했다고 보았다.

26) 비판사회학회(2015). 사회학 제2판, pp.631~634의 분류방식을 참조하였음

ⓛ 대상 범위: 모든 국민이 대상이 된다.

ⓒ 정책 목적: 평등과 사회적 연대를 목표로 한다.

ⓔ 재정 부담: 높은 세율을 통해 재원을 마련하며, 재정 부담이 크다.

ⓜ 사회적 인식: 복지 혜택을 받는 사람에 대한 낙인 효과가 적고, 사회적 신뢰가 높다.

ⓑ 사례

스웨덴의 공공 의료 서비스는 모든 국민이 소득에 관계없이 의료 혜택을 받을 수 있도록 하는 보편적 복지의 예이다.

② 선별적 복지의 의미 및 특징

ⓖ 의미

선별적 복지는 소득 수준이나 특정 조건을 기준으로 일정 수준 이하의 사람들에게만 복지 혜택을 제공하는 방식이다. 선별적 복지는 필요한 사람에게만 복지 서비스를 제공하는 제도로, 개인의 욕구에 기초한 복지급여를 강조한다. 예를 들어, 국민기초생활보장 제도는 저소득 계층에게만 생계, 주거, 의료, 교육 등의 지원을 하는 제도로, 선별적 복지 정책에 해당한다.

ⓛ 대상 범위: 소득이 낮거나 사회적 취약 계층이 대상이 된다.

ⓒ 정책 목적: 효율성과 필요에 따른 분배를 목표로 한다.

ⓔ 재정 부담: 필요한 사람에게만 혜택을 제공하여 재정 부담이 적다.

ⓜ 사회적 인식: 복지 혜택을 받는 사람들에게 낙인 효과가 발생할 수 있다.

ⓑ 사례

미국의 푸드스탬프(SNAP) 프로그램은 저소득 가구에 식료품 구매 지원금을 제공하는 선별적 복지의 대표적인 사례이다.

ⓢ 한계

선별적 복지는 제한된 자원을 효율적으로 배분할 수 있지만, 복지사각지대가 발생하거나 인력 및 비용의 부담이 발생할 수 있다.

구분	보편적 복지	선별적 복지
대상 범위	모든 국민	특정 계층
정책 목표	평등과 사회적 연대	효율성과 필요에 따른 분배를 중시
사회적 인식	낙인 효과가 적음	낙인 효과가 발생
재정 부담	재정 부담이 큼	효율적으로 예산을 사용

(2) **복지재정의 형성 기준**: 세금에 기초한 복지와 각출에 의한 복지

① 세금에 기초한 복지의 의미 및 특징

㉠ 의미

세금에 기초한 복지는 정부가 국민으로부터 걷은 세금을 재원으로 하여 복지 서비스를 제공하는 방식이다.

㉡ 재원 조달 방식: 소득세, 부가가치세 등 다양한 세금을 통해 재원을 마련한다.

㉢ 대상 범위: 모든 국민을 대상으로 하며, 소득 수준에 관계없이 혜택을 제공한다.

㉣ 재정 부담: 높은 세율이 필요하며, 국민 전체가 재정 부담을 나눈다.

㉤ 사회적 인식: 복지 혜택에 대한 낙인 효과가 적고, 사회적 연대감이 높다.

㉥ 대표적 사례: 스웨덴의 복지 시스템

② 각출에 의한 복지의 의미 및 특징

㉠ 의미

각출에 의한 복지는 특정 집단이 기여금을 내어 그 집단 내에서 복지 혜택을 제공하는 방식이다.

㉡ 재원 조달 방식: 특정 집단(예 근로자, 고용주)이 기여금을 내어 재원을 마련한다.

㉢ 대상 범위: 기여금을 낸 집단 내에서 혜택을 제공한다.

㉣ 사회적 인식: 혜택을 받기 위해 기여금을 내야 하므로, 낙인 효과가 발생할 수 있다.

㉤ 사례: 근로자와 고용주가 기여금을 내어 실업보험, 건강보험 등의 복지 혜택을 제공하는 방식

(3) **보험급여 유형 기준**(복지혜택 제공방식): 균일형 복지와 소득비례형 복지

① 균일형 복지의 의미 및 특징

㉠ 의미: 균일형 복지는 모든 수혜자에게 동일한 금액의 복지 혜택을 제공하는 방식이다.

㉡ 혜택의 동일성: 모든 수혜자가 동일한 금액의 혜택을 받는다.

㉢ 관리의 간편성: 복지 혜택의 계산과 지급이 간단하여 행정 비용이 적게 든다.

㉣ 사회적 연대: 모든 국민이 동일한 혜택을 받음으로써 사회적 연대감을 높일 수 있다.

㉤ 낙인 효과 감소: 특정 소득 계층에 국한되지 않기 때문에 낙인 효과가 적다.

㉥ 사례: 기본소득 제도

② 소득비례형 복지의 의미 및 특징

㉠ 의미

소득비례형 복지는 수혜자의 소득 수준에 따라 복지 혜택의 금액이 달라지는 방식이다.

㉡ 혜택의 차등성: 소득이 낮을수록 더 많은 혜택을 받으며, 소득이 높을수록 혜택이 줄어든다.

㉢ 재정 효율성: 필요한 사람에게 더 많은 지원을 제공하여 재정 자원을 효율적으로 사용할 수 있다.

㉣ 사회적 형평성: 소득 격차를 줄이고, 사회적 형평성을 높이는 데 기여한다.

㉤ 복잡한 관리: 소득을 기준으로 혜택을 계산해야 하므로 행정 비용이 증가할 수 있다.

㉥ 사례: 소득에 따라 차등 지급되는 실업급여나 주거 보조금 등

(4) 재분배 방식 기준(복지혜택의 분배방식): 누진적 복지와 역진적 복지

① 누진적 복지의 의미 및 특징

㉠ 의미

누진적 복지는 소득이 낮은 사람들에게 더 많은 혜택을 제공하고, 소득이 높은 사람들에게는 상대적으로 적은 혜택을 제공하는 방식이다.

㉡ 소득 재분배: 소득이 낮은 계층에게 더 많은 혜택을 제공하여 소득 재분배 효과가 크다.

㉢ 사회적 형평성: 사회적 형평성을 높이는 데 기여하며, 소득 격차를 줄이는 데 도움이 된다.

㉣ 재정 부담: 고소득자에게 더 많은 세금을 부과하여 재원을 마련한다.

㉤ 복잡한 관리: 소득에 따라 혜택을 차등 지급해야 하므로 행정 비용이 증가할 수 있다.

㉥ 사례: 누진적 소득세를 통해 저소득층에게 더 많은 복지 혜택을 제공하는 방식

② 역진적 복지의 의미 및 특징

㉠ 의미

역진적 복지는 소득이 높은 사람들에게 더 많은 혜택을 제공하고, 소득이 낮은 사람들에게는 상대적으로 적은 혜택을 제공하는 방식이다.

㉡ 소득 재분배 효과 부족

소득이 높은 계층에게 더 많은 혜택을 제공하므로 소득 재분배 효과가 적다.

㉢ 사회적 형평성 저하: 사회적 형평성을 낮추고, 소득 격차를 확대할 수 있다.

㉣ 재정 부담: 저소득자에게도 일정한 세금을 부과하여 재원을 마련한다.

㉤ 간편한 관리: 혜택을 일률적으로 제공하므로 행정 비용이 적게 든다.

㉥ 사례

부가가치세(VAT)와 같은 간접세를 통해 재원을 마련하고, 고소득자에게 더 많은 혜택을 제공하는 방식

(5) 보험급여의 수준 기준: 높은 수준의 복지와 낮은 수준의 복지

① 높은 수준의 복지의 의미 및 특징

㉠ 의미: 높은 수준의 복지는 포괄적이고 다양한 복지 혜택을 제공하는 방식이다.

㉡ 포괄적 혜택: 의료, 교육, 주거, 실업 급여 등 다양한 복지 서비스를 제공한다.

㉢ 높은 재정 부담: 높은 세율과 사회보험료를 통해 재원을 마련한다.

㉣ 사회적 안전망 강화: 모든 국민이 기본적인 생활을 보장받을 수 있다.

㉤ 높은 행정 비용: 복잡한 복지 시스템을 운영하기 위해 높은 행정 비용이 필요하다.

㉥ 사례: 스웨덴, 덴마크, 노르웨이 등 스칸디나비아 국가들

② 낮은 수준의 복지의 의미 및 특징

㉠ 의미: 낮은 수준의 복지는 제한적이고 기본적인 복지 혜택을 제공하는 방식이다.

㉡ 제한적 혜택: 기본적인 의료, 교육, 실업 급여 등 최소한의 복지 서비스를 제공한다.

㉢ 낮은 재정 부담: 낮은 세율과 사회보험료를 통해 재원을 마련한다.

㉣ 사회적 안전망 약화: 기본적인 생활 보장이 어려울 수 있다.

㉤ 낮은 행정 비용: 간단한 복지 시스템을 운영하기 위해 낮은 행정 비용이 필요하다.

㉥ 사례: 미국은 상대적으로 낮은 세율을 유지하면서 제한적인 복지 혜택을 제공

4. 사회정책적 차원의 사회복지제도 유형

(1) 잔여적 모델27)의 의미와 주요 특징

① 의미: 사회 안전망 기능

잔여적 모델은 사회복지가 가족이나 시장경제가 개인의 욕구를 충족시키지 못할 때만 개입하는 방식이다. 잔여적 모델은 가족, 시장, 종교, 정치제도의 기능적 실패를 인정하되, 그것은 임시적, 보충적, 응급적, 일시적이어서, 사회복지활동이 사회를 유지 및 발전시키는 데 필수적이지는 않다. 따라서 잔여적 개념의 사회복지는 사회구성원들 중 낙오자들에게 최대한의 보호를 제공하는 주변적, 예외적 안전망의 기능을 수행하고, 낙오자들의 성격적인 결함을 강조(stigma)한다.

② 주요 특징

㉠ 보충적 역할: 가족과 시장이 실패할 때만 국가가 개입한다.

㉡ 낙인 효과: 복지 혜택을 받는 사람들에게 낙인 효과가 발생할 수 있다.

㉢ 제한적 지원: 최소한의 지원만 제공하여 재정 부담을 줄인다.

㉣ 예시: 미국의 TANF(Temporary Assistance for Needy Families) 프로그램

(2) 제도적 모델의 의미와 주요 특징

① 의미

제도적 모델은 사회복지가 모든 국민에게 기본적인 생활 수준을 보장하는 것을 목표로 한다. 이 모델은 기존 사회제도의 실패, 즉 시장이나 가족제도의 실패는 임시적인 것이 아니라, 피할 수 없는 지속적인 것으로 이해한다. 사회복지활동이 사회를 유지하는 데 필수적인 기능을 수행하며, 지속적이고 조직화된 제도화된 활동이고, 다른 사회제도가 수행하는 기능과 구별되며, 독립적으로 수행된다고

---

27) by Wilensky & Lebeaux(1965)가 잔여적 모델과 제도적 모델을 제시하였다.

본다. 사회복지제도는 사회구성원들이 보편적으로 바람직한 생활수준을 누릴 수 있도록 보장하는 사회의 기능을 수행한다.

② 주요 특징

㉠ **보편적 지원**: 모든 국민이 대상이 된다.

㉡ **사회적 연대**: 복지 혜택에 대한 낙인효과가 적고, 사회적 연대감을 높인다.

㉢ **높은 재정 부담**: 높은 세율을 통해 재원을 마련한다.

㉣ **사례**: 스웨덴의 복지 시스템

(3) 구조적 모델의 의미와 주요 특징

① 의미

구조적 모델은 사회복지가 사회구조 자체를 변화시켜 불평등을 해소하는 것을 목표로 한다.

② 주요 특징

㉠ 사회구조 변화: 불평등의 근본 원인을 해결하려고 한다.

㉡ 포괄적 접근: 경제, 교육, 주거 등 다양한 분야에서 개입한다.

㉢ 장기적 목표: 단기적인 지원보다는 장기적인 사회 변화를 추구한다.

㉣ 사례: 사회운동이나 정책 개혁에서 나타난다.

Chapter 05 인구문제

01 인구의 개념 및 속성

1. 인구의 개념

인구는 사회생활을 영위하는 집단으로 일정한 시간과 공간에 존재하는 인간의 수효[28], 즉 시간성 · 공간성 · 수효성 등을 내포하고 있는 하나의 집단현상이다. 인구는 주어진 시대와 장소의 자연적 · 문화적 · 경제적 제조건을 반영한다는 점에서 특정시대의 사회적 소산물이다.

2. 인구의 속성

① 의미
인구의 속성은 인구의 사회적 소산을 의미하는 것으로, 인구를 구성하는 다양한 특성들을 말한다.

② 자연적 조건: 기후, 토질 등

③ 사회적 조건: 다산 장려, 출산 억제, 인구의 질에 대한 정책

④ 경제적 조건: 식량과 같은 경제적 조건들

⑤ 문화적 조건: 남아선호사상, 가족제도

3. 관련 개념들

(1) 인구규모

특정 지역에 거주하는 사람들의 총수이다. 인구규모는 출생률, 사망률, 이주율 등에 의해 변화한다.

(2) 인구밀도

단위 면적당 거주하는 인구의 수를 의미한다. 인구밀도는 도시와 농촌 지역 간의 차이를 나타내며, 자원분배와 생활 수준에 영향을 미친다.

(3) 인구구조

인구를 연령, 성별, 직업, 교육 수준 등으로 분류한 것이다. 인구구조는 사회적, 경제적 정책 수립에 중요한 정보를 제공한다.

---

28) 수효는 특정 집단이나 범위 내에서 사람이나 사물의 수를 의미한다. 이는 인구 통계, 조사, 연구 등에서 자주 사용되는 용어로, 특정 범위 내에서의 수량을 나타낼 때 사용된다.

(4) 인구분포

인구가 지리적으로 어떻게 분포되어 있는지를 나타낸다. 이는 도시화, 산업화, 자연환경 등의 요인에 의해 영향을 받는다.

(5) 인구이동

사람들이 한 지역에서 다른 지역으로 이동하는 현상을 의미한다. 인구이동은 경제적 기회, 자연재해, 정치적 불안정 등 다양한 요인에 의해 발생한다.

(6) (조)출생률과 (조)사망률29)

출생률은 일정 기간 동안 인구 1,000명당 태어나는 출생아 수를, 사망률은 인구 1,000명당 사망자 수를 의미한다. 이 두 지표는 인구 증가율을 결정하는 중요한 요소이다.

(7) 자연증가율

자연증가율은 출생률에서 사망률을 뺀 값으로, 인구 증가 속도를 나타낸다.

02 인구이론

1. 맬서스의 인구이론

(1) 개요

맬서스(Thomas Robert Malthus)는 1798년에 출간한 저서 『인구론(An Essay on the Principle of Population)』에서 그의 인구이론을 제시했다. 그의 이론은 인구 증가와 자원 부족 문제를 이해하는 데 중요한 시각을 제공한다.

(2) 기본 전제

① 인간의 무절제한 성욕

② 식욕을 충족시키기 위한 수단의 한계

(3) 인구문제

① 인구가 기하급수적으로 증가한다.

② 식량 생산은 산술급수적으로 증가한다.

③ 인구 과잉과 빈곤

인구 증가 속도가 식량 증가 속도를 초과하면, 결국 식량 부족이 발생하여 빈곤과 기아가 불가피하다고 주장했다.

---

29) 조출생률과 조사망률을 일반적으로 출생률과 사망률이라고 부른다.

⑷ 인구과잉문제 해결 방안

① 예방적 억제: 출산율을 낮추기 위한 방안으로 결혼 연기, 독신 생활, 성적 금욕 등을 제안했다.

② 적극적 억제: 사망률을 높이기 위한 방안으로 기근, 질병, 전쟁 등을 언급했다.

2. 마르크스의 인구이론

⑴ 개요

마르크스(Karl Marx)는 상대적 잉여인구의 개념을 사용하여 맬서스의 '인구론'을 비판하였다. 그는 순수한 과잉인구란 존재하지 않으며, 상대적 잉여인구는 본질적으로 자본주의의 산물이고 자본주의 경제체제를 유지하기 위해서 존재하는 것이라고 주장하였다. 이와 같이 그는 자본주의 사회에서의 인구 증가와 그 결과를 설명하고, 인구문제를 경제적, 사회적 맥락에서 이해하려 했다. 그의 이론은 사회적 불평등과 노동 문제를 분석하는 데 유용한 도구로 사용된다.

⑵ 인구증가의 문제는 상류계급과 사회제도의 결함으로 인한 것

① 상대적 잉여 인구
마르크스는 자본주의 사회에서 잉여 인구(surplus population)는 자본주의적 생산 방식에서 노동력이 과잉 공급되어 실업자가 늘어나는 현상을 의미한다.

② 산업 예비군
잉여 인구는 산업 예비군(industrial reserve army)으로 기능하며, 자본가들이 필요할 때 저임금으로 고용할 수 있는 노동력을 제공한다. 이는 임금 억제와 노동 조건 악화를 초래한다.

③ 자본 축적과 인구
마르크스는 자본 축적 과정에서 인구 증가가 필연적으로 발생한다고 주장했다. 자본가들은 더 많은 이윤을 추구하기 위해 노동력을 착취하고, 이는 인구 증가와 빈곤을 초래한다.

⑶ 평가

① 경제적 관점
마르크스의 인구이론은 경제적 요인에 중점을 두며, 인구문제를 상류층의 조작과 자본주의적 생산 방식의 결과로 본다.

② 계급 갈등
인구문제는 자본가 계급과 노동자 계급 간의 갈등을 심화시키며, 이는 사회적 불평등을 초래한다.

3. 인구변천 이론

⑴ 개요

인구변천 이론은 인구의 성장과 관련된 출생률과 사망률의 변화를 설명하는 이론이다. 인구변천 이론은 인구현상을 분석하고 진단하여 인구를 적정한 규모로 유지함으로써 인구문제를 예방하고 지속가능한 사회발전을 달성하는 것을 목적으로 한다. 인구변천 이론은 노테쉬타인 등이 주장한 것으로, 인구는 특정의 단계를 거치면서 성장하는 것이라고 보는 이론이다. 즉 인구의 변화가 경제 발전과 사회적 변화에 따라 일정한 단계를 거쳐 진행된다는 이론이다. 인구변천 이론가들은 세계 여러 나라의 인구를 4단계 혹은 5단계로 분류한다. 이 이론은 주로 산업화와 도시화 과정에서 나타나는 인구 변화를 설명한다.

(2) **블랙커**(C. P. Blacker)**는 톰슨의 이론**(3단계론)**을 확장하여 두 단계를 추가**[30]

① **제1단계**(전산업형인구) : 잠재적 성장단계(high stationary stage), 고위정지기

㉠ **특징**

출생과 사망이 조절되지 않아 인구증가가 불안정한 단계로 높은 출생률과 높은 사망률로 인해 인구 증가가 거의 없는 단계다. **예** 전산업화사회

㉡ **원인** : 전통적인 농업 사회에서 질병, 기아, 전쟁 등

② **제2단계**(증가형) : 과도기적 성장단계(early expanding stage), 초기 확장기

㉠ **특징**

출생과 사망 둘 다 낮지만 사망률이 출생률보다 낮아 인구가 빠르게 증가하는 단계다.
예 산업화 초기의 사회

㉡ **원인** : 의료 기술의 발전, 위생 개선, 식량 공급 증가

③ **제3단계**(정지형) : 인구 감소단계(late expanding stage), 후기확장기

㉠ **특징**

사망과 출생이 모두 억제되고 자연증가율이 낮은 모습을 보이는 단계이다. 즉 출생률이 감소하면서 인구 증가율이 둔화되는 단계이다.

㉡ **원인** : 도시화, 교육 수준 향상, 가족 계획의 보급 등

④ **제4단계** : 저위정지기(low stationary stage)

㉠ **특징** : 낮은 출생률과 낮은 사망률로 인해 인구 증가가 거의 없는 단계이다. **예** 현대의 선진국

㉡ **원인** : 경제 발전과 생활 수준 향상, 출산에 대한 가치관 변화

⑤ **제5단계** : 감퇴기(declining stage)

출생률이 사망률보다 낮아져 인구가 감소하는 단계이다. **예** 일부 유럽 국가들

30) 전산업형인구, 증가형 인구, 정지형 인구 표현은 톰슨의 변천이론이다.

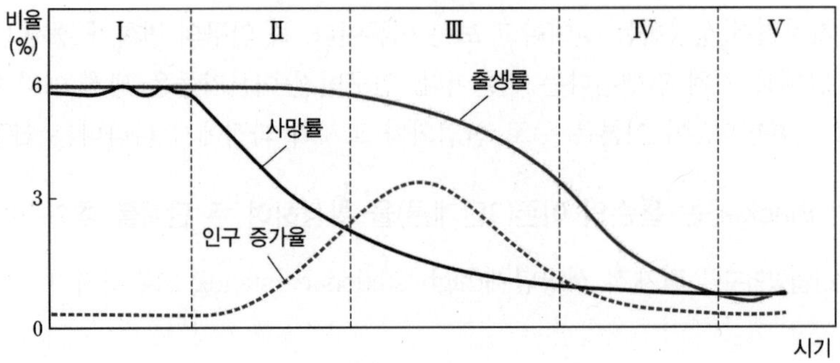

⊙ 인구변천 5단계 도표

⑶ **인구변천 4단계**(유엔인구처 4단계) : 인구추세를 전망하는 지표로 활용

① 제1단계(다산다사)
고출생률과 고사망률을 나타내어 인구증가가 거의 없는 전통적인 안정성을 보이는 단계이다.

② 제2단계(다산감사)
사망률은 급격히 떨어지는 반면 출생률은 그대로 높은 수준을 유지하여 인구폭발 현상을 가져오는 단계이다.

③ 제3단계(감산소사)
출생률의 감소 속도가 사망률의 감소 속도보다 훨씬 빠르게 나타나 인구의 증가폭이 상당히 둔화되는 단계이다.

④ 제4단계(소산소사)
저출생률과 저사망률을 경험하게 되는 단계이다. 인구변천을 끝낸 국가들이 이 단계에 속한다고 볼 수 있다.

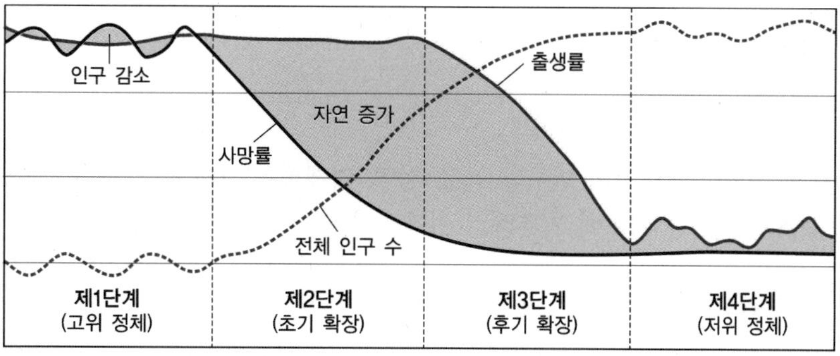

인구변천 단계	제1단계	제2단계	제3단계	제4단계
인구성장 속도	매우 느림	빠름	느림	매우 느림
성장유형	다산 다사	다산 감사	감산 소사	소산 소사
기술수준	전산업사회	산업화 초기	산업화 성숙기	후기산업사회
경제발전	농업국가	개도국		선진국

⊙ **인구변천 4단계 도표**

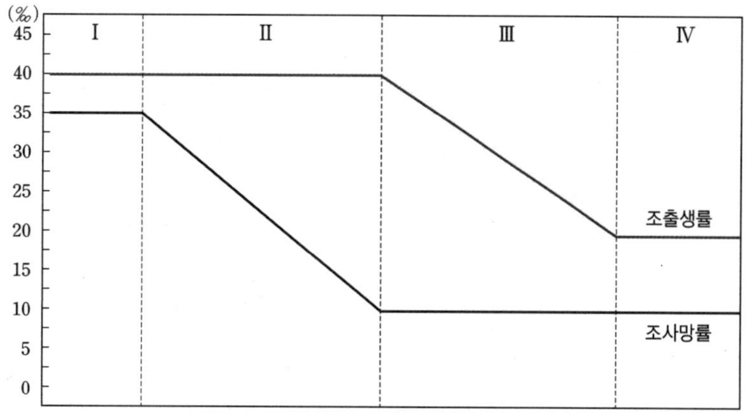

03 인구구조

1. 인구구조의 의의

(1) 인구구조의 의미

인구구조는 특정 지역이나 국가의 인구를 연령, 성별, 경제활동 상태 등 다양한 기준으로 나눈 분포를 말한다. 인구구조는 일정한 지역에 거주하는 인간들의 양적·질적 특성을 보여주는 지표다.

(2) 인구구조를 분석하는 이유

인구구조에 대한 조망을 통하여 한 사회의 발전단계와 그 특성을 이해할 수 있다.

2. 인구구조의 유형

(1) 연령별 인구구조

연령별 인구구조는 연령을 분류기준으로 한 연속선상의 가변구조다. 연령대를 기준으로 하여 아래에서 위로 쌓아 올린 형태로, 연령이 낮을수록 아래에, 연령이 높을수록 위에 위치한다. 유소년 인구(0~14세), 생산연령 인구(15~64세), 고령 인구(65세 이상)로 나눠 각 인구비율을 제시하는 것을 말한다. 이 인구구조는 부양비 산출에 기여한다.

(2) 성별 인구구조

성별 인구구조는 남녀라는 개체의 속성을 분류기준으로 한 질적구조라고 할 수 있다. 중앙을 기준으로 왼쪽에는 남성, 오른쪽에는 여성을 표시하여 성별 비율을 나타낸다.

(3) 인구피라미드 구조

① 의미

인구피라미드는 특정 지역이나 국가의 인구를 연령과 성별로 나누어 시각적으로 표현한 도표를 말한다. 이 도표는 인구의 연령별 분포와 성별 비율을 한눈에 파악할 수 있게 해준다.

인구피라미드는 단순한 도표 이상으로, 사회와 경제의 다양한 측면을 이해하는 데 중요한 도구이다.

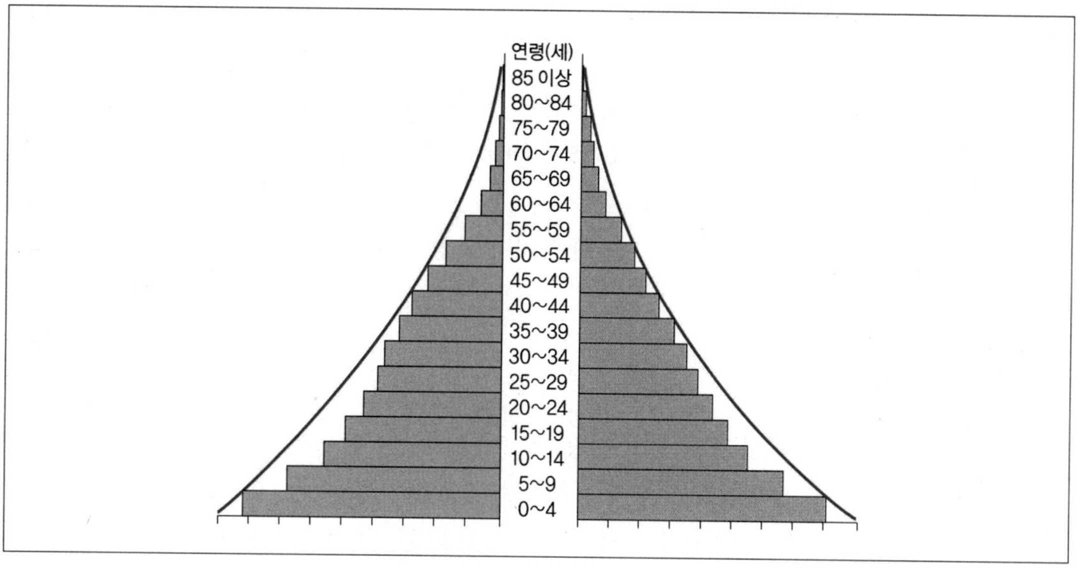

② 인구피라미드가 기여하는 점

㉠ 사회적 변화 반영: 인구피라미드는 출생률, 사망률, 이민 등 다양한 사회적 변화를 반영한다.

㉡ 정책 수립에 활용

정부와 정책 입안자들은 인구피라미드를 통해 인구 구조를 분석하고, 이에 맞는 정책을 수립할 수 있다.

㉢ 경제적 영향: 인구 구조는 노동력, 소비 패턴, 복지 비용 등 경제적 요소에 큰 영향을 미친다.

③ 인구피라미드의 특성

인구피라미드는 특정 지역이나 국가의 인구를 연령인구구조와 성별인구구조를 결합하여 모형화한 것이다. 축의 왼쪽은 남자, 오른쪽은 여자, 가로의 각 단계는 5년 간격으로 이뤄진다.

3. 인구피라미드 구조의 유형

(1) 의의

인구피라미드 유형은 각 지역의 인구 구조와 사회적, 경제적 특성을 반영하며, 인구 정책 수립에 중요한 정보를 제공한다.

(2) 정형화된 유형

① 피라미드형(Pyramid Form): 다산다사형

㉠ 의미: 다산다사형, 고출생, 고사망

피라미드형은 출생률이 높고 사망률이 높은 인구 증가형으로 아래쪽이 넓고 위쪽으로 갈수록 좁아지는 형태다. 예 주로 개발도상국에서 나타나는 형태로, 젊은 인구가 많음

㉡ 특성: 소년인구의 비중이 매우 커 부양비의 부담이 대단히 크다.

② 종형(Bell Form)

㉠ 의미: 소산소사형, 저출생, 저사망

종형은 출생률과 사망률이 모두 낮아 인구 증가가 정체된 상태의 종 모양으로, 중간 부분이 넓고 위아래가 좁은 형태다. 예 선진국에서 많이 나타나는 형태로, 인구 구조가 안정적

㉡ 특성

부양비 비중이 낮고 생산연령 비율이 높아 생산성은 높다. 그러나 노년인구의 비중이 커 노인문제가 제기될 수 있다.

③ 항아리형(Pot Form)

㉠ 의미

항아리형은 출생률이 매우 낮고 사망률도 낮아 인구가 감소하는 형태의 항아리 모양으로, 중간 부분이 넓고 위아래가 좁은 형태다. 예 고령화가 진행된 선진국에서 나타나는 형태로, 노년인구가 많음

㉡ 특성: 소년인구의 비율이 낮아 점차 인구가 감소되는 경향을 보인다.

ⓢ 정형화된 유형 표

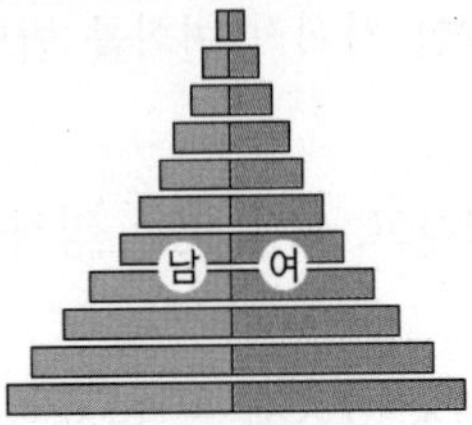	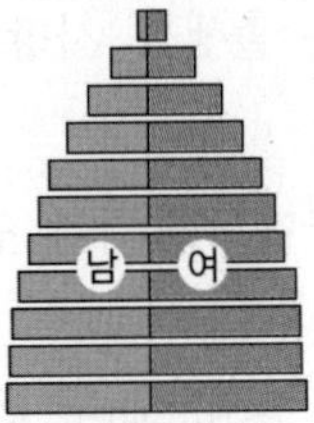	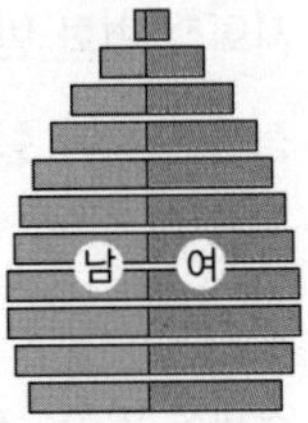
피라미드형	종형	항아리형
다산다사형	소산소사형	감퇴형(출생률<사망률)
후진국형	선진국형	

(3) 지역특성을 반영한 유형

① 별형(Star Form)

㉠ 의미

별형은 생산연령인구(15~64세)가 전체 인구의 50% 이상을 차지하는 형태의 별 모양으로, 경제활동 인구가 많아 도시형 또는 유입형이라고도 불린다.

예 경제활동이 활발한 도시 지역에서 나타나는 형태

㉡ 특성

생산연령층의 청장년층의 인구가 다른 연령층에 비해 상대적으로 많은 형태이다. 이 형태는 농촌인구 중 생산연령층을 흡수함으로써 나타나는 형태다.

② 표주박형 또는 호로형(Guitar Form)

㉠ 의미

생산연령인구가 전체 인구의 50% 미만을 차지하는 형태의 표주박(기타) 모양으로, 경제활동인구가 적어 농촌형 또는 유출형이라고도 불린다. 예 경제활동 인구가 적은 농촌 지역에서 나타나는 형태

㉡ 특성: 표주박형은 농촌인구 중 생산연령층이 도시로 흡수됨으로써 나타나는 형태다.

⊙ 지역특성을 반영한 유형 표

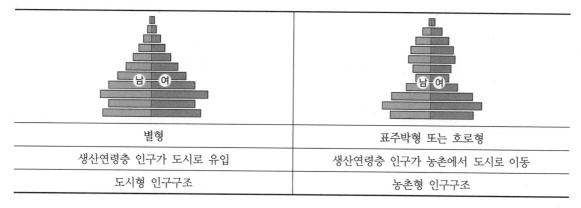

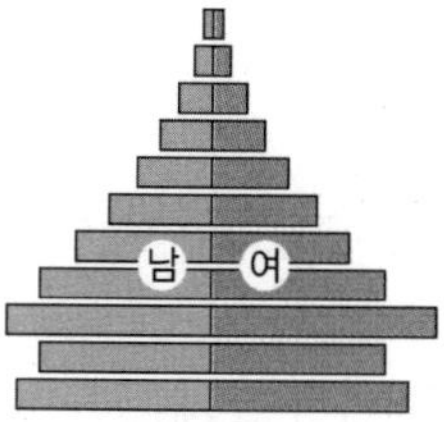	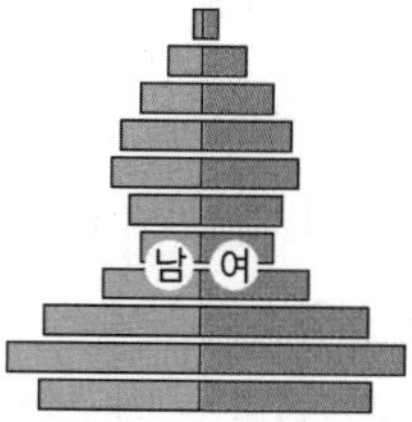
별형	표주박형 또는 호로형
생산연령층 인구가 도시로 유입	생산연령층 인구가 농촌에서 도시로 이동
도시형 인구구조	농촌형 인구구조

04 인구이동 및 인구변동

1. 인구이동

(1) 인구이동 의미

인구이동은 두 지역 사이에 인구의 전출과 전입이 이뤄지는 현상을 말한다.

(2) 인구이동 의의

① 인구이동은 사회변동과 밀접히 관련되어 있다.

② 인구이동은 사회적·경제적·정치적·문화적 제 현상의 산물이다.

(3) 인구이동 유형

① 이동지역 기준: 국내이동과 국외이동

② 시간 기준: 일시적 이동과 계절적 이동 및 영구적 이동

③ 인구 본질 기준: 사회이동과 지역이동

(4) 인구이동 양상

인구이동은 생활수준이 낮은 곳에서 높은 곳으로, 정치적으로 불안정한 곳에서 안정된 곳으로, 교육기회가 낮은 곳에서 높은 곳으로, 의료 수준이 열악한 곳에서 우수한 곳으로, 문화적 기회가 낮은 곳에서 높은 곳으로, 경제 수준이 낮은 곳에서 높은 곳으로, 인적자원의 사회적 재배치와 불가분의 관계를 맺는다.

2. 인구변동

(1) 인구변동 의미

인구변동은 출생, 사망, 이주 등의 요인에 의해 인구의 규모와 구조가 변화하는 현상을 말한다. 사회학적으로 인구변동은 다양한 사회적, 경제적, 정치적 요인과 밀접하게 연관되어 있다. 인구변동은 단순한 통계적 변화가 아니라, 사회 전체에 걸쳐 다양한 영향을 미치는 중요한 현상이다.

(2) 인구변동 요인과 영향

① 출생률(Fertility Rate)

㉠ 의미: 일정 기간 동안 한 여성에게서 태어나는 평균 자녀 수를 나타낸다.

㉡ 사회적 영향
출생률의 변화는 인구의 연령 구조에 큰 영향을 미치며, 저출산 문제는 노동력 부족, 경제 성장 둔화 등의 문제를 야기할 수 있다.

② 사망률(Mortality Rate)

㉠ 의미: 일정 기간 동안 인구 1,000명당 사망자 수를 나타낸다.

㉡ 사회적 영향
사망률의 변화는 인구의 기대수명과 고령화에 영향을 미치며, 의료 시스템과 복지 제도의 부담을 증가시킬 수 있다.

③ 인구이동(Migration)

㉠ 의미: 사람들이 현재 거주지를 떠나 다른 지역으로 이동하는 현상이다.

㉡ 사회적 영향
인구이동은 도시화, 지역 간 경제적 불균형, 문화적 다양성 등에 영향을 미치며, 이주민의 사회적 통합 문제를 야기할 수 있다.

④ 인구구조(Population Structure)

㉠ 의미: 인구의 연령, 성별, 경제활동 상태 등을 기준으로 나눈 분포를 말한다.

㉡ 사회적 영향
인구구조의 변화는 노동력 구성, 소비 패턴, 복지 비용 등에 영향을 미치며, 정책 수립에 중요한 자료로 활용된다.

⑤ 인구정책(Population Policy)

㉠ 의미: 인구의 규모와 구조를 조절하기 위해 정부가 시행하는 정책을 말한다.

㉡ 사회적 영향
출산 장려 정책, 이민 정책, 고령화 대응 정책 등이 포함되며, 이러한 정책은 인구변동의 방향과 속도에 영향을 미친다.

05 저출산 · 고령화 문제

1. 인구문제

(1) 선진국의 인구문제

① 인구 증가율이 매우 낮거나 정체되어 있는 편이다.

② 저출산 현상과 고령화 현상

(2) 개도국의 인구문제

① 인구증가율이 매우 높은 편이다.

② 인구 부양력 부족, 성비불균형 등의 인구문제가 있다.

(3) 대한민국의 인구문제 핵심: 저출산과 고령화 현상

2. 현대사회의 저출산을 설명하는 이론들[31](인구구조 및 인구변동에 대한 설명)

① 소득과 출산력과의 상관관계 이론
소득수준의 향상이 출산력을 높이는 요인으로 작용을 하는 것, 소득 수준의 향상과 출산력이 정의 상관관계를 가진다는 이론이다.

② 기회비용 이론: 기회비용 이론은 자녀양육비의 상승은 출산율의 감소를 초래한다는 이론이다.

③ 합리적 선택 이론
합리적 선택 이론은 개인이나 가정이 경제적 이익을 극대화하기 위해 출산을 결정하는 이론이다. 높은 양육비와 교육비가 출산을 저해하는 주요 요인으로 작용한다.

④ 탈물질주의적 가치 이론
사회적 가치관의 변화로 아이의 양육보다는 개인의 자유, 자아발전, 자아성취감이 더 중요시되는 가치관으로 부각될 때 출산율이 저하된다는 이론이다. 이 이론에 따르면 자아실현, 경력 추구, 가족 가치관 등이 출산율에 영향을 미친다.

⑤ 양성평등 이론
양성평등 이론은 성평등이 출산율에 미치는 영향을 분석하며, 성평등이 높아질수록 출산율이 증가할 수 있다는 이론이다. 여성의 경제적 독립, 가사 및 육아 분담, 성평등 정책 등이 출산율에 영향을 미친다.

⑥ 제2차 인구변천 이론
제2차 인구변천 이론은 경제 발전과 함께 출산율이 감소하고, 개인주의와 성평등이 강화되면서 출산율이 더욱 낮아지는 현상을 설명한다. 주요 요인은 가치관 변화, 여성의 경제활동 증가, 결혼 및 출산 연기 등이다.

---

31) 저출산을 설명하는 이론에는 구조적 접근과 문화적 접근이 있으며, 제2차 인구변천 이론, 합리적 선택 이론, 위험이론, 양성평등 이론, 선호이론, 젠더와 시장 이론 등이 있다.

⑦ 위험이론

위험이론은 현대 사회에서의 불확실성과 위험이 출산 결정에 영향을 준다고 본다. 고용 불안정, 경제적 불확실성, 사회적 안전망 부족 등이 출산율 감소에 영향을 미치는 주요요인이다.

3. 저출산 및 고령화 문제

(1) 저출산 현상

① 의미

저출산 현상은 출생률 감소로 인구가 정체하거나 감소하는 현상을 말한다. 구체적으로 저출산은 한 여성이 평생 동안 낳는 자녀의 수, 즉 합계출산율이 인구 대체 수준인 2.1명 이하로 떨어지는 현상을 말한다. 이는 인구가 자연적으로 감소하게 되는 상태를 의미한다.

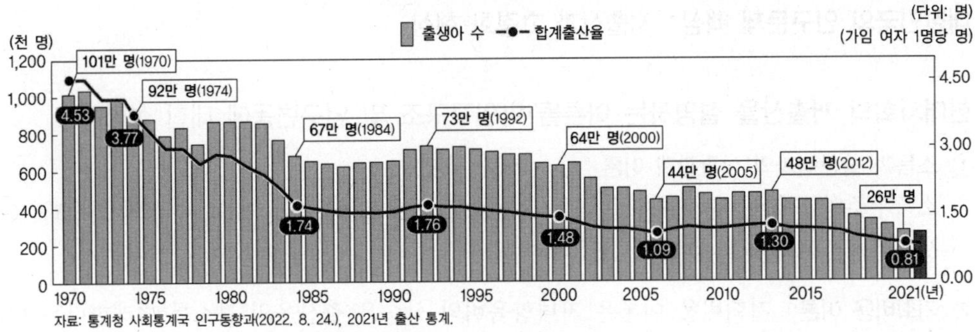

자료: 통계청 사회통계국 인구동향과(2022. 8. 24.), 2021년 출산 통계.

⊙ 출생아 수와 합계출산율

② 저출산의 원인

㉠ 가족가치관과 관련된 전통적 요인의 약화

㉡ 자녀양육의 경제적, 정서적 부담

㉢ 가족에서의 성불평등

㉣ 자녀의 교육환경과 미래에 대한 불확실성

㉤ 경쟁심리와 과잉과시의 사회적 압력

㉥ 일-가정의 양립 곤란

㉦ 육아인프라 및 인적자원 부족

㉧ 실업·고용불안정

③ 저출산이 초래하는 문제

㉠ 인구 고령화

출산율 감소로 인해 고령 인구 비율이 증가하고, 이는 사회보장과 노인 복지 시스템에 대한 부담을 증가시킨다.

㉡ **노동 인구 감소**: 미래의 노동 인구가 줄어들어 경제 성장과 생산성에 부정적인 영향을 미친다.

㉢ **지역 간 인구 격차**

출산율이 낮은 지역에서는 인구 감소가 심화되어 지역 간 인구 격차가 커질 수 있다.

㉣ **연금 및 사회보장 시스템의 붕괴**

일하는 인구가 줄어드는 반면, 연금을 수령해야 하는 인구는 늘어나 재정적 균형이 깨질 수 있다.

㉤ **소비 위축 및 내수 침체**: 인구 감소는 소비 감소로 이어져 내수 경제에 부정적인 영향을 미친다.

㉥ **국가 경쟁력 저하**: 장기적으로 국가의 경쟁력이 약화될 수 있다.

(2) 고령화 현상

① 의미

고령화는 한 사회에서 전체 인구 중 65세 이상 노인 인구의 비율이 증가하는 현상을 말한다. 국제연합(UN)의 기준에 따르면, 65세 이상 인구 비율이 7% 이상이면 '고령화 사회', 14% 이상이면 '고령 사회', 20% 이상이면 '초고령 사회'로 분류된다.

② 고령화의 원인

㉠ **저출산**: 출산율이 감소하면서 인구의 평균 연령이 증가하게 된다.

㉡ **의료 기술의 발전**

의료 기술의 발전으로 기대수명이 증가하고, 만성질환 관리가 개선되면서 노인 인구가 증가한다.

㉢ **사회보장 체계**

사회보장 체계의 확대로 노인들의 생활 수준이 높아지고, 의료 보장이 강화되면서 고령화가 가속화된다.

㉣ **베이비붐 세대의 고령화**

1955년부터 1974년까지 출생한 베이비붐 세대가 은퇴 연령에 도달하면서 고령 인구 비율이 급격히 증가한다.

③ 고령화가 초래하는 문제

㉠ **경제적 문제**

노동력의 절대적 수와 상대적 비중이 줄어들면서 인력 부족이 발생하고, 생산성 하락과 노동력 비용 상승, 경기 침체 등의 문제가 발생할 수 있다. 노인들의 의료비와 복지비 부담이 커지면서 경제적 문제가 발생한다.

㉡ **인구 감소와 도시의 변화**

고령화와 인구 감소로 인해 일부 지역에서는 도시의 크기가 줄어들고, 공공 서비스 제공, 주택 시장, 교육 시스템 등에 영향을 미칠 수 있다.

㉢ **의료 문제**

만성질환과 같은 노인들의 건강 문제가 증가하면서 의료 인프라와 인력 부족, 의료비 부담 등의 문제가 발생할 수 있다.

㉣ **복지 문제**: 노인 복지 시설 부족, 복지 예산 부족, 노인 간호 인력 부족 등의 문제가 발생한다.

㉤ 가족 구조의 변화

노인 부모의 의존으로 인해 가족 내에서 경제적, 시간적 부담이 발생하고, 가족 간의 관계도 변할 수 있다.

㉥ 사회적 문제

일부 노인들이 사회적 고립을 경험하고, 고독사와 같은 사회적 문제가 발생할 수 있다. 또한, 노인들의 사회 참여가 감소하면서 사회적 격차가 심화될 수 있다.

4. 저출산 고령화 문제 해결책

(1) 저출산 대책: 출산장려정책

양육 비용 지원, 보육 시설 확충, 육아 휴직 활성화, 양성평등 문화 조성, 일·가정양립제도 내실화 등

(2) 고령화 대책

연금 제도 및 복지 제도 정비, 노인의 경제 활동 지원, 의료체계 강화, 고령자 문화 여가 인프라 조성, 노인복지 지원 등

Chapter 06 다문화 사회

01 다문화 사회의 개념적 특성

1. 다문화 사회가 등장하게 된 배경 요인

(1) 개요

다문화 사회의 등장은 여러 사회적, 경제적, 정치적 요인들이 복합적으로 작용한 결과이다.
이러한 요인들은 다문화 사회의 형성을 촉진하며, 다양한 문화가 공존하는 사회를 만들어간다. 다문화 사회를 이해하고 조화롭게 살아가기 위해서는 이러한 배경을 인식하고 상호 존중과 포용의 자세가 필요하다.

(2) 주요 요인

① 세계화
경제적, 문화적 교류가 활발해지면서 사람들의 이동이 증가하였다. 이는 다양한 문화적 배경을 가진 사람들이 한 사회에 모이게 되는 주요 요인이다.

② 이민과 난민
경제적 기회, 정치적 불안정, 전쟁, 결혼 등으로 인해 많은 사람들이 새로운 나라로 이주하게 되었다. 이는 다문화 사회의 형성에 큰 영향을 미친다.

③ 경제적 요인
노동력 부족을 해결하기 위해 많은 국가들이 외국인 노동자를 받아들이면서 다문화 사회가 형성되었다.

④ 정치적 변화
민주화와 인권 의식의 확산으로 인해 다양한 문화적 배경을 가진 사람들이 더 많이 인정받고 수용되는 사회적 분위기가 조성되었다.

⑤ 교육과 정보의 확산
인터넷과 미디어의 발달로 인해 다른 문화에 대한 정보와 이해가 확산되면서 다문화 사회의 필요성과 중요성이 강조되었다.

2. 다문화 사회의 의미와 특성

(1) 다문화 사회의 의미

다문화 사회는 다양한 문화적 배경을 가진 사람들이 함께 살아가는 사회를 의미한다.

(2) 다문화 사회의 특성

① 문화적 다양성
다양한 인종, 민족, 언어, 종교 등이 공존하며, 각 문화가 고유의 가치를 지니고 있다.

② 사회적 통합
서로 다른 문화적 배경을 가진 사람들이 상호 이해와 존중을 바탕으로 공동체를 형성한다.

③ 문화적 상호작용
다양한 문화가 상호작용하며 새로운 문화적 형태를 만들어낸다. 이는 음식, 예술, 언어 등 여러 분야에서 나타난다.

④ 정체성의 복합성
개인이 여러 문화적 정체성을 동시에 가지며, 이는 개인의 삶과 사회적 관계에 영향을 미친다.

⑤ 사회적 갈등과 조정
문화적 차이로 인한 갈등이 발생할 수 있으며, 이를 해결하기 위한 사회적 조정과 정책이 필요하다.

02 다문화 사회 관련 이론

1. 다문화주의

(1) 다문화주의의 의의

다문화주의는 다양한 문화적 배경을 가진 사람들이 공존을 추구하며, 각 문화가 평등한 위치에서 서로의 차이를 인정하며 고유의 가치를 지니고 존중받는 사회를 지향하는 이론이다.
다문화주의는 이러한 이론들을 통해 다양한 문화가 공존하는 사회를 이해하고, 상호 존중과 포용을 바탕으로 조화롭게 살아가는 방법을 모색한다.

(2) 다문화주의의 사회적 의미

다문화주의는 문화적 다양성을 보존하고 존중하며, 이를 통해 사회가 더욱 풍요로워진다는 견해를 표현한다. 이는 다양한 문화적 배경을 가진 사람들이 평화롭게 공존할 수 있다는 가정에 기초한다.

(3) 정책적 다문화주의의 대표적 사례

① 캐나다
다문화주의는 사회가 다른 문화에 대한 공평한 대우를 다루는 공식 정책을 통해 실현될 수 있다. 예를 들어, 캐나다는 다문화주의를 공식 정책으로 채택하여 다양한 문화적 배경을 가진 사람들이 공존할 수 있는 사회적 환경을 조성하고 있다. 다문화주의라는 용어는 캐나다 정부가 다문화주의 정책을 시행하면서 널리 사용되기 시작하였으며, 1980년대 이후로 북아메리카와 오스트레일리아 그리고 유럽에서 본격적으로 사용되기 시작하였다.

② 독일의 다문화 정책 주요 전략

㉠ 개요

1980년대 말부터 다문화 개념이 정책으로 구체화되면서 1990년대 말부터 활발하게 다문화 정책이 추진되었다. 2000년대에도 다문화 정책을 둘러싼 논쟁의 과정이 있었지만 지속적으로 추진되었다.

㉡ 사회 통합 지원

독일은 이민자와 난민이 독일 사회에 잘 통합될 수 있도록 다양한 프로그램을 운영한다.
여기에는 독일어 교육, 직업 훈련, 문화 체험 프로그램 등이 포함된다.

㉢ 법적 체계 정비

2005년 이민법 개정을 통해 이민자와 난민을 위한 통합적인 법적 체계를 마련했다. 이는 외국인 노동자 정책, 체류 정책, 난민 및 망명 정책 등을 하나의 법률 체계로 통합한 것이다.

㉣ 가족 지원 정책

외국인 가족의 동등한 참여 권리와 기회 평등을 보장하기 위해 다양한 사회적 참여 조직과 프로그램을 운영한다. 이는 보육 지원, 이중 언어 교육, 재교육 기회 확대 등을 포함한다.

㉤ 문화적 포용

다문화주의를 바탕으로 다양한 문화적 배경을 가진 사람들이 독일 사회에서 존중받고 공존할 수 있도록 하는 정책을 추진한다. 이는 기업에서도 다문화에 대한 개방적 태도를 갖도록 장려하는 것을 포함한다.

㉥ 난민 통합

난민의 사회적 통합을 촉진하기 위해 난민 통합법을 제정하고, 난민이 독일 사회에 적응할 수 있도록 지원한다. 이는 난민의 교육, 취업, 주거 지원 등을 포함한다.

③ 미국

㉠ 역사적 전개

미국에서 다문화주의 정책이 본격적으로 논의되기 시작한 시기는 1960년대와 1970년대다.
이 시기에는 비백인, 비기독교 국가들로부터의 이민이 증가하는 상황이었다. 미국에서는 1960년대에 동화주의에서 문화다원주의로 전환되었고, 1980년대 후반부터 다문화주의가 일반화되었다.

㉡ 문화다원주의와 샐러드볼 또는 오케스트라

미국 문화다원주의는 샐러드볼, 오케스트라, 무지개 연합, 인종적 모자이크로 표현되기도 한다. 이런 표현을 살펴보면 문화다원주의는 다인종, 다민족사회인 미국과 같은 사회에서 각 인종과 민족은 서로의 이익을 추구하고 협조를 통한 조화를 이루면서 다원화 사회를 형성할 수 있다는 이론이다. 문화다원주의는 다양한 인종과 민족의 집단을 미국 사회의 당당한 구성원으로 포용하고, 주류 사회로의 동화를 거부한다. 또한 이민자들의 고유한 언어, 문화, 정체성을 유지하고, 문화적 다양성을 인정하고 조화를 이룬다.

㉢ 문화다원주의와 다문화주의[32)]

문화다원주의는 문화의 다양성을 인정하면서도 주류 문화의 존재를 분명히 하는 반면, 다문화주의는 주류 문화 없이 다양한 문화가 평등하게 공존하는 것을 의미한다.

(4) 주요 개념 및 특징

① 문화적 다양성 존중

다문화주의는 다양한 문화가 공존하며, 각 문화가 고유의 가치를 지니고 존중받아야 한다고 주장한다. 이는 문화적 다양성을 사회의 중요한 자산으로 간주한다.

② 사회적 통합

다문화주의는 서로 다른 문화적 배경을 가진 사람들이 상호 이해와 존중을 바탕으로 공동체를 형성하고, 사회적 통합을 이루는 것을 목표로 한다.

③ 문화적 상호작용

다양한 문화가 상호작용하며 새로운 문화적 형태를 만들어내는 과정을 포함한다. 이는 음식, 예술, 언어 등 여러 분야에서 나타난다.

④ 정체성의 복합성

다문화주의는 개인이 여러 문화적 정체성을 동시에 가질 수 있다고 보며, 이는 개인의 삶과 사회적 관계에 긍정적인 영향을 미친다고 본다.

⑤ 정책적 접근

다문화주의를 지지하는 국가들은 다양한 문화적 배경을 가진 사람들이 평등하게 대우받고, 사회에 기여할 수 있도록 지원하는 정책을 운영한다.

⑥ 샐러드 그릇 이론

이 이론은 다양한 문화가 공존하면서도 각자의 고유한 특성을 유지하는 사회를 설명한다.
샐러드의 재료처럼 서로 다른 문화가 하나의 균질한 문화로 통합되지 않고, 각자의 고유한 풍미를 유지하며 공존하는 것을 비유적으로 '샐러드 그릇'에 담긴 것으로 표현한다.

(5) 다문화주의에 대한 평가

① 긍정적인 평가

㉠ 문화적 다양성 존중

다문화주의는 다양한 문화가 공존하며, 각 문화가 고유의 가치를 지니고 존중받아야 한다는 점에서 문화적 다양성을 존중한다.

㉡ 사회적 통합 촉진

다문화주의는 서로 다른 문화적 배경을 가진 사람들이 상호 이해와 존중을 바탕으로 공동체를 형성하고, 사회적 통합을 이루는 데 기여한다.

---

32) 제시된 내용 이외에도 문화다원주의는 자유방임적 접근이라면, 다문화주의는 정부개입주의적 접근이라고 할 수 있다.

㉢ 경제적 기여
다양한 문화적 배경을 가진 사람들이 경제 활동에 참여함으로써 경제적 활력을 불어넣고, 창의성과 혁신을 촉진한다.

② 비판적인 평가

㉠ 문화적 차이로 인한 갈등
다문화주의는 문화적 차이를 인정하는 데 그치고, 문화 간 상호 이해와 소통에 소홀할 수 있다는 비판이 있다.

㉡ 사회적 불평등 문제
다문화주의가 사회적 불평등을 문화적 차이로 환원하고, 소수자 집단에 대한 정부의 관리 정책으로 작용할 수 있다는 우려가 있다.

㉢ 정체성 혼란
다문화주의는 개인이 여러 문화적 정체성을 동시에 가질 수 있다고 보지만, 이는 정체성 혼란을 초래할 수 있다는 비판도 있다.

2. 동화주의

(1) 의미

동화주의는 다문화 사회에서 이민자들이 기존 사회의 문화에 완전히 동화되어야 한다는 입장을 취하는 이론이다.

(2) 주요 개념과 특징

① 문화적 동화
이민자들이 자신의 고유 문화를 포기하고, 새로운 사회의 문화와 가치를 받아들여야 한다고 주장한다. 이를 통해 사회의 통합을 이루고자 한다.

② 용광로 이론
동화주의는 종종 '용광로'에 비유된다. 이민자들이 자신의 고유 문화를 포기하고 새로운 사회에 완전히 동화되는 것을 비유적으로 '용광로'에 녹아드는 것으로 표현한다. 이 이론은 다양한 문화가 하나의 지배적인 문화로 융합되는 과정을 설명한다.

③ 사회적 통합
동화주의는 사회적 통합을 중시하며, 이민자들이 기존 사회의 규범과 가치를 수용함으로써 사회적 갈등을 줄이고, 통합된 사회를 이루고자 한다.

④ 정책적 접근
동화주의를 채택한 국가들은 이민자들에게 언어 교육, 문화 교육 등을 통해 기존 사회에 동화될 수 있도록 지원한다. 예를 들어, 미국은 동화주의를 바탕으로 다양한 이민자들이 미국 문화에 동화되도록 정책을 운영하고 있다.

(3) 주요 이론

① 전통적 동화이론
이 이론은 이민자들이 자신의 고유한 문화와 전통을 포기하고, 새로운 사회의 지배적인 문화와 가치를 받아들여야 한다고 주장한다. 이는 이민자들이 주류 사회에 완전히 동화됨으로써 사회적 통합을 이루고자 한다.

② 용광로 이론
다양한 문화가 하나의 지배적인 문화로 융합되는 과정을 설명한다. 이민자들이 자신의 고유 문화를 포기하고 새로운 사회에 완전히 동화되는 것을 비유적으로 '용광로'에 녹아드는 것으로 표현한다.

③ 문화적응 이론
이민자들이 새로운 사회의 문화에 적응하는 과정을 강조한다. 이는 이민자들이 새로운 사회의 언어, 규범, 가치 등을 습득하여 주류 사회에 적응하는 과정을 설명한다.

④ 사회통합 이론
이민자들이 주류 사회의 규범과 가치를 수용함으로써 사회적 통합을 이루는 것을 목표로 한다. 이는 이민자들이 주류 사회의 일원으로서 역할을 수행할 수 있도록 돕는 것을 중시한다.

(4) 동화주의에 대한 평가

동화주의는 이민자들이 새로운 사회에 빠르게 적응하고 통합될 수 있도록 돕는 장점이 있지만, 이민자들의 고유한 문화와 정체성을 희생시킬 수 있다는 비판도 있다. 따라서 동화주의와 다문화주의 간의 균형을 찾는 것이 중요하다.

03 다문화 사회 현상과 대책

1. 다문화 사회로의 전개 과정

(1) 진입 단계

① 특징
이민자들이 새로운 사회로 유입되기 시작하는 단계이다. 이민자의 수가 상대적으로 적고, 주로 경제적 기회나 정치적 불안정으로 인해 이주가 발생한다.

② 현상
이민자들은 주로 저임금 노동 시장에 진입하며, 기존 사회와의 문화적 차이를 경험한다. 이민자 커뮤니티가 형성되기 시작한다.

(2) 이행 단계

① 특징
이민자의 수가 증가하면서 사회 내에서 가시적인 비율을 차지하게 되는 단계다. 다문화 사회로의 전환이 본격화된다.

② 현상

주류 사회에서 민족적, 문화적 다양성에 대한 인식이 높아지며, 이민자 커뮤니티가 더욱 확장된다. 이민자들이 언어와 문화를 습득하고, 경제적, 사회적 활동에 적극적으로 참여한다.

(3) 정착 단계

① 특징

다문화 사회가 정착되면서 다양한 문화가 공존하고, 각 문화가 고유의 가치를 지니고 존중받는 사회가 형성된다.

② 현상

다문화주의가 사회의 중요한 가치로 자리 잡으며, 정책적으로도 다문화 사회를 지원하는 다양한 프로그램이 운영된다. 사회적 갈등이 발생할 수 있지만, 이를 해결하기 위한 조정과 협력이 이루어진다.

2. 다문화 사회의 주요 문제점

(1) 언어 장벽

① 언어 장벽 문제: 서로 다른 언어를 사용하는 경우 의사소통이 어려워 갈등이 발생할 수 있다.

② 해결책: 언어 교육 강화

다문화 가정의 자녀들과 부모들에게 언어 교육 프로그램을 제공하여 의사소통의 어려움을 해결한다.

(2) 문화적 차이

① 문화적 차이 문제

가치관, 생활 방식, 전통 등의 차이로 인해 이해 부족과 갈등이 발생할 수 있다.

② 해결책: 문화 간 이해 증진

지역사회나 학교에서 문화교류 행사나 다문화 교육 프로그램을 운영하여 문화 간 이해와 존중을 증진한다.

(3) 정체성 혼란

① 정체성 혼란 문제

다문화가정의 자녀들이 두 가지 이상의 문화를 접하면서 자아 정체성에 혼란을 겪을 수 있다.

② 해결책: 정체성 지원 프로그램

다문화가정의 자녀들이 자신의 정체성을 확립할 수 있도록 지원하는 프로그램을 운영한다.

(4) 사회적 차별

① 사회적 차별 문제: 교육, 취업, 일상 생활에서 다양한 형태의 차별을 경험할 수 있다.

② 해결책: 차별 방지 정책

교육, 취업 등에서 차별을 방지하기 위한 법적, 제도적 장치를 마련한다.

(5) 경제적 어려움

① 경제적 어려움

이민자 부모가 안정적인 직업을 구하는 데 어려움을 겪어 경제적 어려움이 발생할 수 있다.

② 해결책: 경제적 지원

이민자 부모가 안정적인 직업을 구할 수 있도록 취업 지원 프로그램을 운영하고, 경제적 지원을 제공한다.

(6) 교육 문제

① 교육 문제: 언어 문제나 문화적 차이로 인해 학습에 어려움을 겪을 수 있다.

② 해결책: 교육 지원

다문화가정의 자녀들이 학교에서 학습에 어려움을 겪지 않도록 추가적인 학습 지원과 상담을 제공한다.

(7) 가족 내 갈등

① 가족 내 갈등 문제: 부모 간의 문화적 차이로 인해 가족 내 갈등이 발생할 수 있다.

② 해결책: 가족 상담 및 지원

다문화가정의 부모들이 문화적 차이를 극복하고 가족 내 갈등을 해결할 수 있도록 상담과 지원을 제공한다.

Chapter 07 세계화

01 세계화란 무엇인가?

1. 세계화의 개념[33)]

(1) 의미

세계화는 정치, 사회, 문화, 경제의 상호연계성이 국가와 국가, 사회와 사회 사이의 경계선을 넘어 급속하게 심화되어, 사람들의 삶의 조건과 양식에 심대한 영향을 미치면서 세계사회의 상호의존성이 증대하고 심화되어 가는 것을 의미한다.

(2) 세계화의 구체적 내용

세계화의 구체적 내용으로는 경제적 세계화, 조직의 세계화, 정치적 세계화, 사회문화적 세계화가 있다.

2. 경제적 세계화

(1) 의미 및 개요 : 자본팽창의 속성[34)]

경제적 세계화는 상품, 자본, 서비스, 기술 및 정보의 자유로운 이동을 통해 전 세계적으로 국가, 지역 및 지방 경제의 통합과 상호 의존성이 증대되는 과정을 의미한다. 경제적 세계화는 긍정적, 부정적 영향을 통해 글로벌 경제 시스템을 형성하고 있으며, 이를 이해하고 조화롭게 발전시키기 위해서는 다양한 정책적 접근과 국제 협력이 필요하다.

(2) 주요 특징

① 국경 간 이동 : 상품, 서비스, 자본, 기술 및 정보가 국경을 넘어 자유롭게 이동한다.

② 경제적 통합 : 국가 간 경제적 상호 의존성이 증가하며, 글로벌 경제 시스템이 더욱 통합된다.

③ 다국적 기업의 역할
다국적 기업이 여러 나라에 걸쳐 영업 및 제조 활동을 하며, 글로벌 경제에 중요한 역할을 한다.

---

33) 국제화 : 국민국가 간의 교류가 늘어나는 현상

34) 자본은 이윤을 추구하기 때문에 기본적으로 팽창속성을 가지고 있다. 이 팽창의 욕망을 만족시켜주는 것은 시장의 확대를 통해서이다. 국민국가에서 이와 같은 시장의 욕망 충족은 제국주의에 의해서 만족시켜줬다. 그러나 제국주의의 결과는 세계대전이었다. 이와 같은 문제점 때문에 세계대전 이후 자본의 통제가 논의되었으나, GATT라는 체제를 통해서 자유무역을 추진하고, 브레턴우즈 체제를 통해서 자본의 이동을 적절하게 통제하였다. 그러나 1970년대 브레턴우즈 체제가 붕괴되고, 변동환율제에 의해서 자본 이동이 자유로워지면서 경제의 세계화가 시작되었다.

(3) 주요 요소

① 생산의 세계화: 생산 활동이 전 세계적으로 분산되어 이루어지며, 각국의 비교우위를 활용한다.

② 금융의 세계화
자본 시장이 글로벌화되면서 자본의 이동이 자유로워지고, 금융 시장의 상호 연결성이 강화된다.

③ 시장 개방: 무역 장벽이 줄어들고, 국가 간 무역이 활발해지면서 시장이 개방된다.

④ 기술 발전: 정보통신 기술의 발전으로 글로벌 경제 활동이 더욱 원활해진다.

(4) 긍정적 영향

① 경제 성장: 개발도상국의 경제 성장을 촉진하고, 선진국의 소비자 가격을 낮추는 데 기여한다.

② 기술 및 지식 확산: 기술과 지식이 전 세계적으로 확산되어 혁신을 촉진한다.

③ 고용 창출: 글로벌 생산 네트워크를 통해 새로운 일자리가 창출된다.

(5) 부정적 영향

① 경제적 불평등: 국가 간, 지역 간 경제적 불평등이 심화될 수 있다.

② 문화적 동질화: 문화적 다양성이 감소하고, 특정 문화가 지배적인 위치를 차지할 수 있다.

③ 환경문제: 글로벌 생산과 소비가 증가하면서 환경오염과 자원 고갈 문제가 발생할 수 있다.

3. 조직의 세계화

(1) 의미

조직의 세계화는 초국적으로 해결해야 하는 문제가 증가하면서 이를 해결하기 위한 초국적 조직 및 제도의 등장을 말한다. 초국적 문제는 국가 간의 경계를 넘어 발생하는 다양한 문제들을 의미한다. 이러한 문제들은 경제, 환경, 인권, 노동 등 여러 분야에서 나타날 수 있다. 초국적 문제와 이를 해결하기 위한 초국적 조직과 제도가 강조되었다. 이러한 초국적 조직과 제도는 국가 간 협력을 통해 초국적 문제를 해결하고, 글로벌 차원의 지속 가능한 발전을 도모하는 데 중요한 역할을 한다.

(2) 초국적 문제

① 경제적 불균형
국가 간 경제적 격차가 심화되면서 발생하는 문제로, 무역 불균형, 자본 이동, 다국적 기업의 영향 등이 포함된다.

② 환경문제
기후 변화, 생태계 파괴, 자원 고갈 등 환경문제는 국경을 초월하여 전 세계적으로 영향을 미친다.

③ 인권문제: 인신매매, 난민 문제, 노동 착취 등 인권문제는 국제적인 협력이 필요하다.

④ 보건문제: 전염병 확산, 보건 자원의 불균형 등 보건 문제는 글로벌 차원에서 대응이 필요하다.

(3) 초국적 조직과 제도

① 국제연합(UN)
UN은 평화와 안보, 인권, 개발, 환경 등 다양한 분야에서 국제 협력을 촉진하고, 초국적 문제를 해결하기 위한 다양한 프로그램과 기구를 운영한다.

② 세계무역기구(WTO)
WTO는 국제 무역 규범을 설정하고, 무역 분쟁을 해결하며, 무역 자유화를 촉진하는 역할을 한다.

③ 국제노동기구(ILO)
ILO는 노동 기준을 설정하고, 노동자의 권리를 보호하며, 양질의 일자리를 촉진하기 위해 활동한다.

④ 세계보건기구(WHO)
WHO는 국제 보건 문제를 해결하기 위해 전염병 대응, 보건 자원 분배, 건강 증진 등의 활동을 한다.

⑤ 국제환경기구(UNEP)
UNEP는 환경 보호와 지속 가능한 발전을 촉진하기 위해 다양한 프로그램을 운영한다.

4. 정치적 세계화

(1) 의미

정치적 세계화는 전 세계적으로 정치적 상호작용과 통합이 증대되는 과정을 의미한다. 이는 국가 간의 경계를 넘어 다양한 정치적, 경제적, 사회적 문제를 해결하기 위해 협력하는 것을 포함한다. 정치적 세계화는 긍정적, 부정적 영향을 통해 글로벌 정치 시스템을 형성하고 있으며, 이를 이해하고 조화롭게 발전시키기 위해서는 다양한 정책적 접근과 국제 협력이 필요하다. 예 미국의 패권화, 유럽통합 등

(2) 주요 특징

① 국제기구의 역할 증대
국제연합(UN), 세계무역기구(WTO), 국제통화기금(IMF) 등 국제기구가 글로벌 거버넌스에서 중요한 역할을 한다.

② 국가 주권의 변화
국가의 주권이 약화되고, 국제기구와 다국적 기업이 더 큰 영향력을 행사하게 된다.

③ 글로벌 규범과 기준
인권, 환경 보호, 노동 기준 등 글로벌 규범과 기준이 확립되고, 이를 준수하기 위한 국제 협력이 강화된다.

(3) 주요 요소

① 다자주의
여러 국가가 협력하여 공동의 문제를 해결하는 다자주의가 강조된다. 이는 국제 협약과 조약을 통해 실현된다.

② 국제 비정부기구(NGO)
국제 비정부기구가 정부와 협력하여 인권, 환경, 개발 등 다양한 분야에서 활동한다.

③ 글로벌 시민의식
개인들이 자신을 글로벌 시민으로 인식하고, 글로벌 문제에 대한 관심과 참여가 증가한다.

(4) 긍정적 영향

① **평화와 안보 증진**: 국제 협력을 통해 분쟁을 예방하고, 평화와 안보를 증진할 수 있다.

② **인권 보호 강화**: 국제기구와 NGO의 활동을 통해 인권 보호가 강화된다.

③ **환경 보호**: 글로벌 환경문제에 대한 공동 대응이 가능해진다.

(5) 부정적 영향

① **국가 주권 약화**: 국가의 주권이 약화되고, 국제기구와 다국적 기업이 더 큰 영향력을 행사하게 된다.

② **문화적 동질화**: 특정 문화가 지배적인 위치를 차지하면서 문화적 다양성이 감소할 수 있다.

③ **경제적 불평등**: 글로벌 경제 통합이 경제적 불평등을 심화시킬 수 있다.

5. 사회문화적 세계화

(1) 의미

정보통신 기술의 발달, 문화 및 생활양식의 교류 및 확산으로 사회문화적 세계화가 진행되었다. 사회문화적 세계화는 전 세계적으로 문화와 사회적 상호작용이 증대되는 과정을 의미한다. 이는 다양한 문화적 요소들이 국경을 넘어 확산되고, 서로 영향을 주고받는 것을 포함한다. 사회문화적 세계화는 긍정적, 부정적 영향을 통해 글로벌 사회를 형성하고 있으며, 이를 이해하고 조화롭게 발전시키기 위해서는 다양한 정책적 접근과 국제 협력이 필요하다.

(2) 주요 특징

① 문화적 확산
영화, 음악, 음식, 패션 등 다양한 문화적 요소들이 전 세계적으로 확산된다. 이는 인터넷, 미디어, 국제 여행 등을 통해 촉진된다.

② 문화적 동질화
특정 문화가 지배적인 위치를 차지하면서 전 세계적으로 유사한 문화적 표현이 나타나는 현상이다. 예를 들어, 패스트푸드, 팝 음악 등이 전 세계적으로 인기를 끄는 것이 이에 해당한다.

③ 문화적 다양성
다양한 문화가 공존하며 상호작용하는 과정에서 새로운 문화적 형태가 나타나기도 한다. 이는 문화적 다양성을 증진시키는 역할을 한다.

(3) 주요 요소

① 디지털 커뮤니케이션
인터넷과 소셜 미디어를 통해 전 세계 사람들이 실시간으로 소통하고, 문화적 교류가 활발해진다.

② 국제 여행과 이주
국제 여행과 이주가 증가하면서 다양한 문화적 배경을 가진 사람들이 서로 교류하고, 새로운 문화적 경험을 쌓게 된다.

③ 글로벌 미디어
영화, 음악, TV 프로그램 등 글로벌 미디어 콘텐츠가 전 세계적으로 소비되면서 문화적 영향을 미친다.

(4) 긍정적 영향

① 문화적 이해 증진 : 다양한 문화에 대한 이해와 존중이 증진되며, 글로벌 시민의식이 강화된다.

② 창의성과 혁신 촉진 : 다양한 문화적 배경이 결합되어 새로운 아이디어와 혁신이 촉진된다.

③ 경제적 기회 확대 : 문화 산업이 글로벌 시장에서 성장하면서 경제적 기회가 확대된다.

(5) 부정적 영향

① 문화적 동질화 : 특정 문화가 지배적인 위치를 차지하면서 전통 문화가 사라질 위험이 있다.

② 문화적 갈등 : 문화적 차이로 인한 갈등이 발생할 수 있으며, 이는 사회적 통합을 저해할 수 있다.

③ 소비주의 확산
글로벌 미디어와 광고를 통해 소비주의가 확산되면서, 물질주의적 가치가 강조될 수 있다.

02 세계화의 전망

1. 세계화와 국민국가의 전망

(1) 개관

세계화와 국민국가의 관계는 복잡하고 다층적이다. 세계화가 진행됨에 따라 국민국가의 역할과 중요성에 대한 다양한 전망이 존재한다. 세계화와 국민국가의 관계는 다양한 요인들에 의해 영향을 받으며, 앞으로도 지속적으로 변화하고 발전할 것이다. 이를 이해하고 대응하기 위해서는 국제 협력과 혁신이 중요하다.

(2) 주요 관점

① 국민국가 약화론

㉠ 핵심 주장
세계화가 진행됨에 따라 국민국가의 주권과 통제력이 약화될 것이라고 주장한다. 경제적, 정치적, 사회적 현상들이 국경을 넘어 전개되면서 국가의 역할이 축소될 것이라는 견해다.

㉡ 근거

다국적 기업의 영향력 증가, 글로벌 금융 시장의 통합, 국제기구의 역할 증대 등이 국민국가의 주권을 약화시키는 요인으로 작용하기 때문이다.

② 국민국가 건재론

㉠ 핵심 주장

세계화 속에서도 국민국가의 역할은 여전히 중요하며, 오히려 강화될 것이라고 주장한다. 국가간 경제와 세계 경제라는 두 가지 모델이 공존할 수 있다는 견해다.

㉡ 근거

국가가 여전히 경제 정책, 사회 복지, 안보 등에서 중요한 역할을 수행하며, 세계화 과정 자체도 국가에 의해 주도된다는 점을 강조한다.

③ 국민국가 변형론

㉠ 핵심 주장

세계화 속에서 국민국가는 단순히 약화되거나 건재하는 것이 아니라, 변화에 적응하면서 새로운 형태로 변형될 것이라고 주장한다.

㉡ 근거

국민국가는 새로운 글로벌 거버넌스 체제에 적응하며, 초국적 문제를 해결하기 위해 국제 협력과 조정을 강화한다.

(3) 전망

① 디지털 경제와 기술 발전

디지털 경제와 기술 발전은 국민국가의 경계를 더욱 흐리게 만들고, 글로벌 협력의 필요성을 증대시킬 것이다.

② 지속 가능한 발전

환경문제와 지속 가능한 발전을 위한 국제 협력이 강화되면서, 국민국가는 글로벌 거버넌스 체제 내에서 중요한 역할을 할 것이다.

③ 정치적 변화

국제기구와 다자간 협력이 강화되면서, 국민국가는 초국적 문제를 해결하기 위해 더욱 협력적인 자세를 취할 것이다.

2. 세계화와 민족

(1) 개관

세계화와 민족의 관계는 복잡하고 다층적이다. 세계화가 진행됨에 따라 민족의 역할과 중요성에 대한 다양한 전망이 존재한다.

(2) 민족주의의 강화론

① 핵심 주장
세계화가 진행됨에 따라 민족주의가 오히려 강화될 수 있다는 견해다. 이는 글로벌화에 대한 반작용으로, 민족적 정체성을 지키려는 움직임이 강해질 수 있다.

② 근거
경제적 불평등, 문화적 동질화에 대한 반발, 정치적 불안정 등이 민족주의를 강화시키는 요인으로 작용할 수 있기 때문이다.

(3) 민족의 약화론

① 핵심 주장
세계화가 민족의 중요성을 약화시킬 것이라는 견해다. 글로벌 경제와 문화의 통합이 진행되면서 민족적 경계가 흐려질 것이라는 전망이다.

② 근거
다국적 기업의 영향력 증가, 글로벌 미디어의 확산, 국제기구의 역할 증대 등이 민족의 중요성을 약화시키는 요인으로 작용할 수 있다.

(4) 민족과 세계화의 공존론

① 핵심 주장
세계화와 민족은 상호 모순된 개념이 아니라, 공존할 수 있다는 견해다. 민족적 정체성을 유지하면서도 글로벌화의 혜택을 누릴 수 있다는 것이다.

② 근거
다양한 문화가 공존하며 상호작용하는 과정에서 새로운 문화적 형태가 나타나고, 이는 민족적 정체성과 글로벌 정체성이 공존할 수 있는 기반이 된다.

(4) 전망

① 문화적 다양성 증진
세계화는 다양한 문화가 공존하며 상호작용하는 과정을 촉진할 것이다. 이는 민족적 정체성을 유지하면서도 글로벌 정체성을 형성하는 데 기여할 수 있다.

② 정치적 변화
국제기구와 다자간 협력이 강화되면서, 민족적 정체성과 글로벌 정체성이 조화를 이루는 방향으로 나아갈 것이다.

③ 경제적 통합
글로벌 경제 통합이 진행되면서 민족적 경계가 흐려질 수 있지만, 이는 민족적 정체성을 유지하면서도 글로벌 경제의 혜택을 누릴 수 있는 기회를 제공할 것이다.

3. 세계화와 초국적 기업의 활동

(1) 개관

세계화와 초국적 기업 활동의 전망은 여러 요인에 따라 다양한 시나리오로 전개될 수 있다.

(2) 주요 전망

① 디지털 경제와 기술 혁신
디지털 경제와 기술 혁신은 초국적 기업 활동의 중요한 동력이 될 것이다. 인공지능, 빅데이터, 사물인터넷(IoT) 등의 기술 발전은 글로벌 공급망을 더욱 효율적으로 만들고, 기업들이 전 세계적으로 더 나은 서비스를 제공할 수 있도록 도울 것이다.

② 글로벌 공급망의 재편
최근의 글로벌 경제 위기와 팬데믹은 글로벌 공급망의 재편 필요성을 부각시켰다. 기업들은 공급망의 안정성과 탄력성을 강화하기 위해 지역화 또는 다변화를 추진할 가능성이 크다. 이는 초국적 기업들이 특정 지역에 대한 의존도를 줄이고, 다양한 지역에서 생산과 유통을 분산시키는 방향으로 나아갈 것이다.

③ 지속 가능한 발전과 환경 보호
지속 가능한 발전과 환경 보호가 글로벌 의제로 부상하면서, 초국적 기업들은 친환경 기술과 재생 에너지에 대한 투자를 증가시킬 것이다. 이는 기후 변화 대응과 자원 고갈 문제 해결에 기여할 것이다.

④ 정치적 리스크와 규제 변화
정치적 불안정과 규제 변화는 초국적 기업 활동에 중요한 영향을 미칠 것이다. 보호무역주의의 강화, 국제 무역 분쟁, 지역 간 정치적 갈등 등은 초국적 기업들이 직면할 주요 리스크로 작용할 수 있다. 이에 따라 기업들은 정치적 리스크를 관리하고, 규제 변화에 유연하게 대응할 필요가 있다.

⑤ 글로벌 협력과 거버넌스 강화
글로벌 문제 해결을 위해 국제 협력과 글로벌 거버넌스의 중요성이 더욱 강조될 것이다. 이는 국제기구와 다자간 협력의 역할이 확대되는 방향으로 전개될 것이다. 초국적 기업들은 이러한 글로벌 협력 체제 내에서 지속 가능한 성장을 도모할 것이다.

4. 세계화와 도시

(1) 개관

세계화는 도시의 발전과 변화에 큰 영향을 미치고 있다.

(2) 주요 전망

① 경제적 중심지로서의 역할 강화
세계화는 도시를 글로벌 경제의 중심지로 만들고 있다. 많은 도시들이 다국적 기업의 본사나 주요 금융 기관이 위치한 경제적 허브로 발전하고 있다.

② 인구증가와 도시화

세계화로 인해 도시로의 인구이동이 증가하고 있다. 이는 도시의 인구밀도를 높이고, 도시화 과정을 가속화한다. 이에 따라 주거, 교통, 인프라 등의 문제를 해결하기 위한 도시 계획이 중요해지고 있다.

③ 문화적 다양성 증대

세계화는 다양한 문화가 도시 내에서 공존하게 만든다. 이는 도시의 문화적 다양성을 증대시키고, 새로운 문화적 형태와 상호작용을 촉진한다. 예를 들어, 다양한 음식 문화, 예술, 축제 등이 도시의 문화적 풍요로움을 더한다.

④ 환경문제와 지속 가능성

도시의 급격한 성장과 산업화는 환경문제를 초래할 수 있다. 이에 따라 지속 가능한 도시 개발이 중요한 과제로 부상하고 있다. 친환경 기술, 재생 에너지, 녹색 인프라 등이 도시 계획에 반영되어야 한다.

⑤ 스마트 시티와 기술 혁신

세계화는 도시의 기술 혁신을 촉진하고 있다. 스마트 시티 개념이 도입되면서, 정보통신 기술을 활용한 효율적인 도시 관리와 서비스 제공이 가능해지고 있다. 이는 교통, 에너지, 보안 등 다양한 분야에서 혁신을 가져올 것이다.

⑥ 사회적 불평등과 주거 문제

세계화로 인해 도시 내 사회적 불평등이 심화될 수 있다. 고소득층과 저소득층 간의 격차가 커지면서 주거문제, 빈곤문제 등이 발생할 수 있다. 이를 해결하기 위해 포용적이고 공정한 도시 정책이 필요하다.

5. 세계화와 위험

(1) 개관

세계화는 많은 기회를 제공하지만, 동시에 여러 가지 위험을 동반한다.

(2) 주요 위험

① 경제적 불평등 심화

세계화는 국가 간, 지역 간 경제적 불평등을 심화시킬 수 있다. 일부 국가나 지역은 경제적 혜택을 누리지만, 다른 국가나 지역은 소외될 수 있다. 즉 세계의 부가 일부 산업화된 그리고 발전된 나라에 집중되는 것처럼 불균등한 방식으로 세계화는 전개되고 있다. 한편 자유무역이 경제발전과 빈곤 퇴치의 핵심이라고 주장하는 견해도 있다.

② 문화적 동질화

세계화를 통해 특정 문화가 지배적인 위치를 차지하면서 전통 문화가 사라질 위험이 있다. 이는 문화적 다양성을 감소시키고, 문화적 정체성을 약화시킬 수 있다.

③ 환경위험과 건강의 위험

환경위험과 건강의 위험 등과 같은 제조된 위험이 확산되고 있다. 글로벌 생산과 소비가 증가하면서 환경오염과 자원 고갈 문제가 발생할 수 있다. 이는 기후 변화, 생태계 파괴 등 심각한 환경문제를 초래할 수 있다. 온난화 현상의 심각성은 환경위험의 대표적인 예이고, 건강의 위험으로는 유전자 변형식품이나 광우병 등이 대표적이다.

④ 정치적 리스크

세계화는 정치적 불안정과 규제 변화를 초래할 수 있다. 보호무역주의의 강화, 국제 무역 분쟁, 지역 간 정치적 갈등 등은 글로벌 경제에 부정적인 영향을 미칠 수 있다.

⑤ 사회적 갈등

문화적 차이와 경제적 불평등으로 인해 사회적 갈등이 발생할 수 있다. 이는 사회적 통합을 저해하고, 사회적 불안을 초래할 수 있다.

⑥ 정보의 왜곡과 오용

세계화는 정보의 빠른 확산을 가능하게 하지만, 동시에 잘못된 정보나 허위 정보의 확산도 촉진할 수 있다. 이는 사회적 혼란과 불신을 초래할 수 있다.

Chapter

08 정보화 사회

01 정보화 사회의 특성

1. 정보화 사회의 개념

(1) 정보화 사회의 의미

정보화 사회는 정보와 지식이 중요한 자원으로 간주되고, 정보통신 기술(ICT)이 사회의 모든 분야에 깊숙이 영향을 미치는 사회를 의미한다.

(2) 주요 특징

① 정보의 중요성: 정보와 지식이 경제적, 사회적, 문화적 활동의 핵심 자원으로 간주된다.

② 정보통신 기술의 발전
인터넷, 컴퓨터, 스마트폰 등 정보통신 기술의 발전이 사회 전반에 걸쳐 큰 영향을 미친다.

③ 디지털화: 문서, 음악, 영상 등 다양한 형태의 정보가 디지털화되어 저장, 전송, 처리된다.

④ 네트워크화: 개인, 기업, 정부 등이 네트워크를 통해 상호 연결되고, 정보가 실시간으로 교환된다.

(3) 정보화 사회의 구체적 내용

① 경제적 변화
정보화 사회에서는 정보와 지식이 경제 성장의 주요 동력이 된다. 이는 지식 기반 경제로의 전환을 의미한다.

② 사회적 변화
정보화 사회에서는 정보 접근성과 활용 능력이 중요한 사회적 자본이 된다. 이는 교육, 직업, 생활 방식 등에서 큰 변화를 가져온다.

③ 문화적 변화
정보화 사회에서는 다양한 문화가 디지털 매체를 통해 확산되고, 새로운 문화적 형태가 나타난다.

④ 정치적 변화
정보화 사회에서는 정보의 투명성과 접근성이 강화되면서 민주주의와 참여 정치가 촉진된다.

(4) 정보화 사회의 형성 요인

① 기술 발전(정보통신기술혁명) 요인
정보통신 기술(ICT)의 발전은 정보화 사회의 핵심적인 기반이다. 인터넷, 컴퓨터, 스마트폰 등의 기술이 발전하면서 정보의 생산, 유통, 소비가 급격히 증가했다.

② 경제적 요인

정보화 사회는 경제 구조의 변화를 가져왔다. 정보와 지식이 중요한 자원이 되면서 정보 산업이 성장하고, 디지털 경제가 활성화되었다.

③ 사회적 요인

대중사회의 등장과 대중의 성장은 정보에 대한 욕구를 증가시켰다. 정보화 사회는 사람들의 생활 방식과 사회구조에도 큰 변화를 일으켰다. 원격 근무, 온라인 교육, 소셜 미디어 등의 확산으로 새로운 사회적 패턴이 형성되었다.

④ 정책 및 제도 요인

정부와 기업의 정책 및 제도도 정보화 사회의 형성에 중요한 역할을 한다. 정보화 촉진을 위한 법률 제정, 인프라 구축, 교육 프로그램 등이 이에 해당한다.

⑤ 글로벌화

세계화의 진전으로 국가 간 정보 교류가 활발해지면서 정보화 사회가 더욱 가속화되었다. 글로벌 네트워크를 통해 정보와 지식이 빠르게 공유되고 확산된다.

2. 정보화 사회 이론

(1) 다니엘 벨의 후기산업사회론[35)]

다니엘 벨은 정보사회가 산업사회 이후의 새로운 사회 형태라고 주장했다. 그는 정보와 지식이 경제적, 사회적 발전의 핵심 자원이 되며, 서비스 산업이 중심이 되는 사회로 전환된다고 보았다.

(2) 마누엘 카스텔의 네트워크 사회론

마누엘 카스텔은 정보화 사회가 네트워크를 통해 조직되고 운영되는 사회라고 설명했다. 그는 정보기술의 발전이 사회구조를 변화시키고, 네트워크가 경제, 정치, 문화 등 다양한 영역에서 중요한 역할을 한다고 주장했다.

(3) 앨빈 토플러의 제3의 물결[36)]

앨빈 토플러는 농업사회, 산업사회에 이어 정보사회가 '제3의 물결'로 등장한다고 설명했다. 그는 정보와 지식이 경제적, 사회적 변화를 주도하며, 새로운 형태의 노동과 생활 방식을 가져온다고 보았다.

(4) 유토피아적 정보사회론

유토피아적 정보사회론을 주장하는 학자들은 정보사회가 인간의 삶을 개선하고, 민주주의와 평등을 증

35) 탈산업사회는 서비스 고용이 지배하는 사회, 사람들 사이의 게임(정보가 중요) 사회이다. 탈산업사회의 특징(자본과 노동 ⇨ 지식과 정보)으로 산업노동자 감소, 산업생산물의 지속적 증가, 부의 지속적 증가, 산업영역에서 지속적인 노동자 방출, 서비스에서 직업 창출 등이 있다.

36) 제3물결 문명의 특징 : 매체의 탈대중화, 탈대량생산, 의사결정의 탈중앙집중화, 가족의 탈대중화, 다목적기업화, 노동의 탈동시화, 정치와 문화의 탈표준화, 생산소비자의 출현, 초국적 조직망의 확산, 국민국가의 위축

진시키는 유토피아적 사회로 발전할 가능성을 강조한다. 이들은 정보기술이 사회적 문제를 해결하고, 인간의 잠재력을 극대화할 수 있다고 주장한다.

(5) 디스토피아적 정보사회론

디스토피아적 정보사회론을 주장하는 학자들은 정보사회가 프라이버시 침해, 정보 격차, 사회적 통제 등의 문제를 야기할 수 있다고 경고한다. 이들은 정보기술이 사회적 불평등을 심화시키고, 개인의 자유를 제한할 수 있다고 우려한다.

02 정보화 사회의 전망과 대응

1. 정보화로 인한 세계화의 전망

(1) 긍정적인 전망

① 경제적 성장(경제적 통합)
정보화 사회는 글로벌 경제 활동을 촉진하여 국가 간 무역과 투자를 증가시킨다. 이는 경제 성장을 가속화하고, 특히 개발도상국의 경제 발전에 기여할 수 있다.

② 문화 교류(문화적 통합)
정보화 기술의 발전으로 전 세계 사람들이 다양한 문화를 쉽게 접할 수 있게 되었다. 이는 문화적 다양성을 증진시키고, 글로벌 시민 의식을 강화하는 데 도움이 된다.

③ 지식과 정보의 확산
인터넷과 디지털 기술을 통해 지식과 정보가 빠르게 확산된다. 이는 교육과 연구의 기회를 확대하고, 혁신과 창의성을 촉진한다.

(2) 부정적인 전망

① 정보 격차
정보화 사회는 정보 접근성의 차이로 인해 정보 격차를 초래할 수 있다. 이는 사회적 불평등을 심화시키고, 일부 지역이나 계층이 정보화의 혜택을 누리지 못하게 할 수 있다.

② 프라이버시 침해
정보화 기술의 발전으로 개인 정보가 쉽게 수집되고 유통될 수 있다. 이는 프라이버시 침해와 관련된 문제를 야기할 수 있다.

③ 문화적 동질화
글로벌화로 인해 특정 문화가 지배적이 되어 다양한 지역 문화가 사라질 위험이 있다. 이는 문화적 다양성을 감소시키고, 문화적 동질화를 초래할 수 있다.

2. 정보화로 인한 경제적 전망

(1) 주요 내용

① 자본주의 축적에 기여

정보의 산업화 및 산업의 정보화를 통해 정보산업은 자본주의 재생산에 기여하였다.

② 정보화로 인한 산업구조 및 조직의 변화

㉠ 산업구조의 변화

정보기술의 발전은 3차 산업인 서비스업뿐만 아니라 2차 산업과 1차 산업의 발전을 꾀할 수 있게 한다.

㉡ 고용구조 변화

기업의 사무 자동화, 수평적 조직화 등으로 인력의 수요가 줄었다. 반면 정보산업과 관련된 새롭고 다양한 새로운 일자리가 창출되었다. 하지만 노동시장의 악화와 불안정 고용 노동의 증가를 초래하였다.

③ 기업조직의 변화

㉠ 유연생산체계가 상용화되었다.

㉡ 네트워크 구조: 네트워크의 다원화되고 분권화된 성격이 나타났다.

④ 조직의 성격 변화: 조직의 다원화 및 분권화 현상이 나타났다.

(2) 긍정적인 전망

① 경제 효율성 증대

정보화 기술의 발전은 생산성과 효율성을 크게 향상시킨다. 자동화, 인공지능(AI), 빅데이터 분석 등을 통해 기업은 더 빠르고 정확하게 의사결정을 내릴 수 있다.

② 새로운 산업과 일자리 창출

정보화는 새로운 산업과 일자리를 창출한다. 예를 들어, IT 산업, 디지털 마케팅, 데이터 분석 등의 분야가 급성장하고 있다.

③ 글로벌 시장 접근성 향상

정보화 기술은 기업이 글로벌 시장에 쉽게 접근할 수 있게 한다. 이는 중소기업에게도 국제 시장에서 경쟁할 기회를 제공한다.

(3) 부정적인 전망

① 정보 격차와 불평등 심화

정보화 사회에서는 정보 접근성의 차이로 인해 정보 격차가 발생할 수 있다. 이는 경제적 불평등을 심화시키고, 일부 계층이 정보화의 혜택을 누리지 못하게 할 수 있다.

② 일자리 감소

자동화와 AI의 발전으로 인해 전통적인 일자리가 감소할 수 있다. 이는 노동 시장의 불안정을 초래할 수 있다.

③ 프라이버시와 보안 문제

정보화 기술의 발전은 개인 정보 보호와 보안 문제를 야기할 수 있다. 데이터 유출과 사이버 공격의 위험이 증가할 수 있다.

(4) 지속 가능한 발전

① 친환경 경제로의 전환

정보화 기술은 에너지 효율성을 높이고, 친환경 기술을 발전시키는 데 기여할 수 있다. 이는 지속 가능한 경제 발전을 가능하게 한다.

② 사회적 책임 강화

기업들은 정보화 기술을 활용해 사회적 책임을 다할 수 있다. 예를 들어, 투명한 경영과 사회적 가치 창출을 위한 노력이 강화될 수 있다.

3. 정보불평등과 계급불평등

(1) 정보불평등

① 정보 접근성의 차이

정보화 사회에서는 정보에 접근할 수 있는 능력이 중요한 자원이 된다. 그러나 경제적, 사회적, 지역적 요인으로 인해 정보 접근성에 차이가 발생할 수 있다.

② 디지털 격차

디지털 기기와 인터넷 사용 능력의 차이로 인해 정보 격차가 발생한다. 이는 특히 고령층, 저소득층, 농어촌 지역 주민 등 정보 취약계층에서 두드러진다.

③ 교육과 활용 능력의 차이

정보화 기술을 효과적으로 활용할 수 있는 능력의 차이도 정보불평등을 심화시킨다. 정보 취약계층은 디지털 기기를 소유하고 있어도 이를 충분히 활용하지 못하는 경우가 많다.

(2) 계급불평등

① 경제적 자원의 불평등

정보화 사회에서는 정보와 지식이 중요한 경제적 자원이 되면서, 이를 소유한 계층과 그렇지 못한 계층 간의 경제적 격차가 발생한다.

② 사회적 이동성의 제한

정보화 기술을 활용할 수 있는 능력이 사회적 이동성을 결정짓는 중요한 요소가 되면서, 정보 접근성이 낮은 계층은 사회적 이동성이 제한될 수 있다.

③ 문화적 자본의 차이
정보화 사회에서는 문화적 자본, 즉 정보와 지식을 활용할 수 있는 능력이 중요한 역할을 한다. 이는 교육 수준, 직업, 사회적 네트워크 등과 밀접하게 연관되어 있다.

(3) 해결 방안

① 정보 접근성 향상
정부와 기업은 정보 취약계층을 위한 디지털 인프라를 확충하고, 정보 접근성을 높이기 위한 정책을 추진해야 한다.

② 디지털 교육 강화
정보 취약계층을 대상으로 한 디지털 교육 프로그램을 강화하여, 이들이 정보화 기술을 효과적으로 활용할 수 있도록 지원해야 한다.

③ 사회적 지원 시스템 구축
정보화 사회에서 발생하는 불평등을 완화하기 위해 사회적 지원 시스템을 구축하고, 정보 취약계층을 위한 다양한 지원 프로그램을 운영해야 한다.

4. 정보화로 인한 민주주의 전망

(1) 사이버 민주주의

① 의미
사이버 민주주의(cyber democracy)는 정보통신기술(ICT)을 활용하여 정치 및 거버넌스 과정을 개선하려는 개념이다. 이는 전통적인 민주주의를 보완하고, 시민 참여를 촉진하는 다양한 디지털 도구와 플랫폼을 포함한다.

② 주요 특징

㉠ 시민 참여 증대
소셜 미디어, 온라인 포럼, 전자 투표 시스템 등을 통해 시민들이 정책 결정 과정에 더 쉽게 참여할 수 있다. 이는 직접 민주주의적 요소를 강화한다.

㉡ 투명성과 개방성
정부의 투명성을 높이고, 정책 결정 과정을 공개하여 시민들이 더 많은 정보를 얻고, 의견을 제시할 수 있게 한다.

㉢ 실시간 피드백
전자 투표나 온라인 설문조사 등을 통해 실시간으로 시민들의 의견을 수렴하고, 이를 정책에 반영할 수 있다.

(2) 사이버 정치

① 의미

사이버 정치(cyber politics)는 인터넷과 디지털 기술을 활용하여 정치 활동을 수행하는 것을 의미한다. 이는 선거 캠페인, 정치적 모금, 자원봉사자 모집, 조직 구축 등 다양한 활동을 포함한다.

② 주요 특징

㉠ 디지털 캠페인

정치인들은 소셜 미디어와 웹사이트를 통해 유권자들과 소통하고, 지지를 얻기 위한 캠페인을 전개한다. 이는 전통적인 캠페인 방식보다 더 넓은 범위의 유권자들에게 접근할 수 있게 한다.

㉡ 온라인 모금

인터넷을 통해 정치 자금을 모금하는 것이 일반화되었다. 이는 소액 기부자들의 참여를 촉진하고, 정치 자금의 투명성을 높이는 데 기여한다.

㉢ 정치적 조직화

디지털 플랫폼을 통해 정치적 조직을 구축하고, 자원봉사자들을 모집하여 효율적으로 캠페인을 운영할 수 있다.

(3) 사이버 시민사회

① 의미

사이버 시민사회(cyber civil society)는 정보통신기술(ICT)을 활용하여 시민들이 자발적으로 조직되고, 사회적, 정치적 활동을 수행하는 것을 의미한다. 이는 전통적인 시민사회와 달리 디지털 공간에서 이루어지는 다양한 활동을 포함한다. 사이버 시민사회는 정보화 사회에서 중요한 역할을 하고 있으며, 이를 통해 시민들이 더 적극적으로 사회적, 정치적 활동에 참여할 수 있다. 그러나 정보 격차와 보안 문제 등 해결해야 할 과제도 존재한다.

② 주요 특징

㉠ 디지털 플랫폼 활용

소셜 미디어, 온라인 포럼, 블로그 등 다양한 디지털 플랫폼을 통해 시민들이 의견을 교환하고, 공동의 목표를 위해 협력한다.

㉡ 글로벌 네트워크 형성

인터넷을 통해 전 세계의 시민들이 연결되어 글로벌 이슈에 대해 논의하고, 협력할 수 있다. 이는 국제적인 연대와 협력을 촉진한다.

㉢ 신속한 정보 확산

디지털 기술을 통해 정보가 빠르게 확산되며, 이는 시민들이 최신 정보를 바탕으로 신속하게 대응할 수 있게 한다.

③ 주요 활동

㉠ 정치 참여
사이버 시민사회는 온라인 청원, 전자 투표, 소셜 미디어 캠페인 등을 통해 정치 참여를 촉진한다. 이는 시민들이 정책 결정 과정에 더 쉽게 참여할 수 있게 한다.

㉡ 사회적 운동
디지털 플랫폼을 통해 다양한 사회적 운동이 조직되고, 확산된다. 예를 들어, 환경 보호, 인권운동, 평등운동 등이 디지털 공간에서 활발히 이루어진다.

㉢ 교육과 인식 제고
사이버 시민사회는 다양한 교육 자료와 정보를 제공하여 시민들의 인식을 높이고, 사회적 문제에 대한 이해를 증진시킨다.

④ 도전 과제

㉠ 정보 격차 해소
디지털 기술에 대한 접근성의 차이로 인해 정보 격차가 발생할 수 있다. 이는 일부 계층이 사이버 시민사회의 혜택을 누리지 못하게 할 수 있다.

㉡ 프라이버시와 보안 문제 해결
디지털 공간에서의 활동은 프라이버시 침해와 보안 문제를 야기할 수 있다. 이는 시민들의 신뢰를 저해할 수 있다.

㉢ 허위 정보와 여론 조작 방지
사이버 공간에서는 허위 정보와 여론 조작이 쉽게 발생할 수 있다. 이는 시민사회의 건전한 활동을 방해할 수 있다.

(4) 긍정적인 전망

① 정보 접근성 향상
인터넷과 모바일 기기의 보급으로 시민들이 정치 정보에 쉽게 접근할 수 있게 되었다. 이는 정치 참여를 촉진하고, 직접 민주주의적 요소를 강화하는 데 기여한다.

② 시민 참여 활성화
소셜미디어와 온라인 플랫폼을 통해 시민들이 정책 이슈에 대해 의견을 표출하고, 청원이나 제안을 할 수 있는 기회가 늘어났다. 이는 대의민주주의의 한계를 보완하는 역할을 한다.

③ 투명성과 개방성 증대
디지털 기술은 정부 운영의 투명성과 개방성을 높이는 데 기여한다. 정보 공개와 전자 정부 서비스 등을 통해 시민들이 정부 활동에 더 쉽게 접근할 수 있게 되었다.

(5) 부정적인 전망

① 정보 격차와 디지털 불평등
인터넷과 디지털 기기에 대한 접근성의 차이로 인해 정보 격차가 발생할 수 있다. 이는 정치 참여의 질과 영향력에서 불평등을 초래할 수 있다.

② 허위 정보와 여론 조작
디지털 공간에서는 가짜 뉴스와 허위 정보가 빠르게 확산될 수 있다. 이는 여론을 왜곡하고, 정치 과정을 교란할 위험이 있다.

③ 프라이버시 침해와 감시
디지털 환경에서 개인 정보가 쉽게 수집되고 유통될 수 있다. 이는 프라이버시 침해와 감시 자본주의의 위험성을 높인다.

(6) 해결 방안

① 디지털 리터러시 교육 강화
시민들이 디지털 기술을 효과적으로 활용하고, 허위 정보를 구별할 수 있도록 디지털 리터러시 교육을 강화해야 한다.

② 포용적 접근성 증대
정보 취약계층을 위한 디지털 인프라를 확충하고, 정보 접근성을 높이기 위한 정책을 추진해야 한다.

③ 투명한 알고리즘과 규제 강화
소셜미디어 기업들은 알고리즘의 투명성을 높이고, 허위 정보 유통을 막기 위한 규제를 강화해야 한다.

5. 정보화와 일상생활

(1) 사이버 공간에서 표현의 자유

① 주요 특징

㉠ 글로벌 접근성
인터넷을 통해 전 세계 사람들이 자유롭게 의견을 표현하고, 정보를 교환할 수 있다. 이는 표현의 자유를 강화하는 데 기여한다.

㉡ 다양한 매체 활용
소셜 미디어, 블로그, 온라인 포럼 등 다양한 디지털 플랫폼을 통해 사람들이 자신의 의견을 표현할 수 있다. 이는 전통적인 매체보다 더 넓은 범위의 사람들에게 접근할 수 있게 한다.

㉢ 실시간 소통
사이버 공간에서는 실시간으로 의견을 교환하고, 토론할 수 있다. 이는 신속한 정보 확산과 피드백을 가능하게 한다.

② 문제점

㉠ 검열과 제한

일부 국가에서는 인터넷 검열과 콘텐츠 제한을 통해 표현의 자유를 억압하고 있다. 이는 시민들이 자유롭게 의견을 표현하는 데 장애가 된다.

㉡ 허위 정보와 혐오 발언

사이버 공간에서는 허위 정보와 혐오 발언이 빠르게 확산될 수 있다. 이는 사회적 갈등을 초래하고, 표현의 자유를 악용하는 사례가 될 수 있다.

㉢ 프라이버시 침해

디지털 공간에서의 활동은 개인 정보 보호와 프라이버시 침해 문제를 야기할 수 있다. 이는 표현의 자유를 위축시키는 요인이 될 수 있다.

(2) 정보공유운동과 지적재산권

① 정보공유운동의 의미

정보공유운동(information sharing movement)은 지식과 정보를 자유롭게 공유하고, 이를 통해 사회적 가치를 창출하려는 운동이다. 예컨대 자유 소프트웨어 운동, 오픈 소스 프로젝트, 오픈 액세스 등이 있다.

② 지적재산권

지적재산권(Intellectual Property Rights, IPR)은 인간의 창조적 활동을 통해 창출된 지식, 정보, 기술 등에 부여되는 재산권을 의미한다. 예컨대 저작권, 특허권, 상표권, 디자인권 등이 있다.

③ 갈등과 조화

㉠ 균형 잡힌 접근

정보공유운동은 지식과 정보의 자유로운 접근을 통해 사회적 가치를 창출하고, 지적재산권은 창작자의 권리를 보호하여 창의성과 혁신을 촉진한다.

㉡ 카피레프트와 오픈 라이선스

카피레프트(copyleft)와 오픈 액세스 라이선스(open access license)와 같은 개념은 지적재산권 체제 내에서 정보공유를 촉진하는 방법이다. 이는 저작권자가 자신의 저작물을 자유롭게 공유할 수 있도록 허용하는 시스템이다.

㉢ 법적 보호와 자율 규제

법적 보호와 자율 규제를 통해 정보공유와 지적재산권 보호를 조화롭게 유지할 수 있다. 이는 정보의 독점을 방지하고, 창작자의 권리를 보호하는 데 기여한다.

(3) 익명성과 정체성의 문제

① 익명성

㉠ 익명성의 의미

익명성은 개인의 신원을 숨기고, 특정 행위나 발언의 출처를 알 수 없게 하는 상태를 의미한다.

㉡ 장점: 자유로운 표현과 프라이버시 보호

익명성은 사람들이 사회적 제약 없이 자유롭게 의견을 표현할 수 있게 한다. 이는 특히 민감한 주제나 소수 의견을 표출하는 데 유리하다. 또한 익명성은 개인의 프라이버시를 보호하고, 온라인 활동에서의 안전을 보장한다.

㉢ 단점: 무책임한 행동, 신뢰성 저하

익명성은 무책임한 발언이나 행동을 유발할 수 있다. 이는 허위 정보, 혐오 발언, 사이버 괴롭힘 등의 문제를 초래할 수 있다. 또한 익명성은 정보의 출처를 알 수 없게 하여 정보의 신뢰성을 저하시킬 수 있다.

② 정체성

㉠ 정체성의 의미: 개인적 정체성과 사회적 정체성

정체성은 개인이 자신을 인식하고, 사회적 맥락에서 자신을 정의하는 방식이다. 이는 개인적 정체성과 사회적 정체성으로 나눌 수 있다.

㉡ 개인적 정체성과 사회적 정체성

개인적 정체성은 개인이 자신을 독립적이고 고유한 존재로 인식하는 방식이다. 이는 자아 존중감, 자아 효능감 등과 관련이 있다. 사회적 정체성은 개인이 자신을 특정 사회적 그룹의 일원으로 인식하는 방식이다. 이는 소속감, 집단 규범, 사회적 역할 등과 관련이 있다.

③ 익명성과 정체성의 관계

㉠ 익명성과 개인적 정체성

익명성은 개인이 자신의 진정한 자아를 표현할 수 있는 기회를 제공한다. 이는 개인적 정체성을 강화하는 데 도움이 될 수 있다.

㉡ 익명성과 사회적 정체성

익명성은 사람들이 특정 사회적 그룹의 일원으로서 행동할 때, 집단 정체성을 강화할 수 있다. 이는 온라인 커뮤니티에서 특히 두드러진다.

④ 문제점

익명성은 정체성의 혼란을 초래할 수 있다. 이는 개인이 온라인과 오프라인에서 다른 정체성을 가지게 하여, 정체성의 일관성을 유지하는 데 어려움을 겪을 수 있다.

(4) 정보과잉과 정보스트레스

① 정보과잉의 문제

㉠ 의미

정보과잉은 정보의 양이 너무 많아져서 의사결정이나 문제 해결에 어려움을 겪는 상태를 말한다.

㉡ 원인

인터넷과 디지털 기술의 발전으로 정보의 생산과 유통이 급격히 증가하고, 소셜 미디어, 뉴스, 이메일 등 다양한 채널을 통해 끊임없이 정보가 제공되면서 정보과잉 현상이 발생한다.

㉢ 문제점

정보과잉은 집중력 저하, 의사결정의 질 저하, 스트레스 증가 등의 문제를 초래할 수 있다. 그리고 중요한 정보를 선별하기 어려워지며, 잘못된 정보에 휘둘릴 가능성이 높아진다.

② 정보스트레스

㉠ 의미

정보스트레스(information stress)는 정보과잉으로 인해 발생하는 정신적·신체적 스트레스를 겪는 상태를 말한다.

- 유익한 정보의 판단 어려움
- 불필요한 시간 낭비를 가져옴
- 새로운 정보에 대한 스트레스 및 기술 적응을 위한 강박증
- 일상생활의 리듬 상실
- 자기의 관심사에만 몰두하고 소수의 친밀한 사람들을 만들려는 경향 발생
  ⇨ 분절화와 파편화 심화

㉡ 주요 원인

정보의 과다한 양과 빠른 변화 속도, 정보의 신뢰성 문제 등이 정보스트레스의 주요 원인이다. 또한 정보의 홍수 속에서 중요한 정보를 선별하고 처리하는 데 어려움을 겪으면서 스트레스가 발생한다.

③ 해결책

㉠ 정보 관리: 정보의 양을 조절하고, 중요한 정보만 선별하여 처리하는 능력을 키워야 한다.

㉡ 디지털 디톡스

디지털 디톡스(digital detox)를 통해 일정 시간 동안 디지털 기기 사용을 줄이는 것도 도움이 된다.

㉢ 디지털 리터러시 교육

디지털 리터러시 교육을 통해 정보의 신뢰성을 평가하고, 필요한 정보를 효율적으로 찾는 방법을 배워야 한다.

㉣ 스트레스 관리: 규칙적인 운동, 명상, 충분한 수면 등을 통해 스트레스를 관리하는 것이 중요하다.

6. 감시사회

(1) 의미

감시사회(surveillance society)는 정보통신기술의 발전으로 인해 개인과 사회가 지속적으로 감시되고 통제되는 사회를 의미한다. 감시사회는 정보화 사회의 한 단면으로, 기술의 발전과 함께 다양한 사회적, 윤리적 문제를 야기하고 있다. 이를 해결하기 위해서는 법적 보호와 사회적 논의가 필요하다.

(2) 주요 특징

① 광범위한 감시
감시사회에서는 CCTV, 인터넷, 스마트폰 등 다양한 기술을 통해 개인의 일거수일투족이 감시된다. 이는 국가, 기업, 개인 간의 상호 감시를 포함한다.

② 데이터 수집과 분석
대규모 데이터 수집과 분석을 통해 개인의 행동 패턴, 선호도, 위치 정보 등이 기록되고 활용된다. 이는 빅데이터와 인공지능 기술의 발전과 밀접하게 관련되어 있다.

③ 프라이버시 침해
감시사회에서는 개인의 프라이버시가 침해될 위험이 높다. 개인 정보가 무단으로 수집되고, 이를 통해 개인의 사생활이 노출될 수 있다.

(3) 감시의 유형

① 국가 감시
국가 기관은 안보와 치안 유지를 명분으로 시민들을 감시한다. 이는 통신 기록, 인터넷 사용 내역, CCTV 영상 등을 통해 이루어진다.

② 기업 감시
기업은 마케팅과 고객 관리 목적으로 소비자 정보를 수집하고 분석한다. 이는 온라인 쇼핑 기록, 소셜 미디어 활동 등을 통해 이루어진다.

③ 자기 감시
개인들은 소셜 미디어를 통해 자발적으로 자신의 정보를 공개하고, 이를 통해 다른 사람들의 관심과 인정을 받으려 한다.

(4) 긍정적 측면

① 안전과 보안 강화
감시 기술은 범죄 예방과 치안 유지에 기여할 수 있다. CCTV와 위치 추적 기술을 통해 범죄를 예방하고, 신속하게 대응할 수 있다.

② 효율성 증대
데이터 분석을 통해 교통 관리, 에너지 절약, 공공 서비스 개선 등 다양한 분야에서 효율성을 높일 수 있다.

(5) 부정적 측면

① 프라이버시 침해
감시사회에서는 개인의 프라이버시가 심각하게 침해될 수 있다. 이는 개인의 자유와 권리를 제한하는 결과를 초래할 수 있다.

② 사회적 통제
감시 기술은 사회적 통제와 감시를 강화하여, 개인의 행동을 제한하고, 자유로운 표현을 억압할 수 있다.

③ 정보 격차
감시 기술의 발전은 정보 접근성의 차이로 인해 정보 격차를 초래할 수 있다. 이는 사회적 불평등을 심화시킬 수 있다.

7. 정보화 사회에 대한 낙관적 전망과 비관적 전망 요약 정리

(1) 낙관론

① 정치: 정보공유 확대, 정보접근성 확대, 참여방식 확대 ⇨ 직접민주주의 강화

② 경제: 지식정보 관련 직업 활성화, 사무자동화 ⇨ 재택근무, 조직 유연화

③ 사회: 정보접근성 확대 ⇨ 기회평등 확대, 의사소통 활성화 ⇨ 사이버 공동체 형성, 삶의 풍요로움 확대

④ 문화: 다양성, 창의성, 문화적 개방성 증대 ⇨ 문화컨텐츠의 다양성, 풍요로운 문화적 삶

(2) 비관론

① 정치: 국가의 정보 독점 및 감시통제, 과잉참여

② 경제: 실업증가, 사이버 공간 상업화, 자극적 정보

③ 사회: 정보과잉, 정보불평등, 편향된 시각, 파편화, 개인고립 심화

④ 문화: 문화적 편식, 문화종속, 비윤리적 행위 증가, 불건전한 정보유포, 인터넷 중독, 해킹, 정보 홍수

8. 정보화 사회에서 발생하는 주요 사회문제 및 해결책

(1) 주요 문제점

① 인터넷 중독
인터넷과 스마트폰의 과도한 사용으로 인해 일상생활에 지장을 초래하는 현상이다. 이는 집중력 저하, 수면 장애, 사회적 고립 등을 유발할 수 있다.

② 정보 격차

정보 접근성의 차이로 인해 발생하는 경제적, 사회적 격차이다. 이는 저소득층, 고령층, 농어촌 지역 주민 등 정보 취약계층에서 두드러진다.

③ 사이버 범죄

해킹, 개인정보 유출, 온라인 사기 등 다양한 형태의 범죄가 사이버 공간에서 발생한다. 이는 개인과 기업, 국가의 보안에 심각한 위협이 된다.

④ 프라이버시 침해

디지털 기술의 발전으로 개인 정보가 쉽게 수집되고 유통될 수 있다. 이는 개인의 프라이버시를 침해하고, 사생활 침해에 대한 우려를 증가시킨다.

⑤ 정보 과부하

너무 많은 정보가 제공되어 이를 처리하고 이해하는 데 어려움을 겪는 상태다. 이는 의사결정의 질 저하와 스트레스를 유발할 수 있다.

(2) 해결책

① 인터넷 중독 예방 및 치료

인터넷 사용 시간 제한, 디지털 디톡스 프로그램, 인터넷 중독 예방 교육 등을 통해 인터넷 중독을 예방하고 치료할 수 있다.

② 정보 격차 해소

정보 취약계층을 위한 디지털 인프라 확충, 정보화 교육 프로그램 제공, 저소득층을 위한 중고 PC 지원 등을 통해 정보 격차를 줄일 수 있다.

③ 사이버 보안 강화

정부와 기업은 사이버 보안을 강화하고, 사이버 공격에 대응하기 위한 체계를 구축해야 한다. 또한, 개인들도 보안 의식을 높이고, 강력한 비밀번호 사용, 정기적인 소프트웨어 업데이트 등을 실천해야 한다.

④ 프라이버시 보호

개인정보 보호법 강화, 데이터 수집 및 활용에 대한 투명성 제고, 개인 정보 보호 교육 등을 통해 프라이버시를 보호할 수 있다.

⑤ 정보 수집 및 처리, 관리 역량

디지털 리터러시 교육을 통해 정보의 신뢰성을 평가하고, 필요한 정보를 효율적으로 찾는 방법을 배워야 한다. 또한, 정보 과부하를 줄이기 위해 정보의 양을 조절하고, 중요한 정보만 선별하여 처리하는 능력을 키워야 한다.

Chapter

09 근대성과 관련된 주제들과 성찰

01 근대화

1. 근대화의 의미: 인류역사의 가장 중요한 사회변동으로 현대사회의 기초 형성

근대화는 사회, 경제, 정치, 문화 등 여러 측면에서 전통적인 구조와 방식을 현대적인 것으로 변화시키는 과정이다. 먼저 근대화를 한 서구의 모습은 전 세계 어디서나 실현되어야 할 최종적인 목표이자 전형적인 모습으로 여겨지기도 하였다. 이런 단선적 변동론의 관점에서 근대화와 서구화는 동치되는 개념으로 이해된다.

2. 근대화의 특성

⑴ 산업화

농업 중심의 경제에서 산업 중심의 경제로 전환되면서 생산성과 경제 성장이 크게 향상되었다.

⑵ 도시화

많은 사람들이 농촌에서 도시로 이동하면서 도시가 급격히 성장하고, 새로운 사회구조와 생활 방식이 형성되었다.

⑶ 정치적 변화

민주주의와 법치주의가 확산되면서 시민의 권리와 자유를 보장하는 제도가 발전했다.

⑷ 교육과 과학의 발전

교육 기회가 확대되고 과학 기술이 발전하면서 지식 기반 사회로의 전환이 가능해졌다.

⑸ 문화적 변화

전통적인 가치와 관습이 변화하고, 개인의 자율성과 창의성을 중시하는 새로운 문화적 흐름이 형성되었다. 근대성과 전통성은 서로 양립할 수 없다.

⑹ 사회적 이동성

계층 간 이동이 활발해지면서 개인의 사회적 지위 변화가 용이해졌다.

⑺ 경제적 다양화

다양한 산업과 서비스업이 발전하면서 경제 구조가 복잡해지고 다양해졌다.

3. 근대화 이론에 대한 평가

(1) 근대화 이론

근대화 이론은 전통사회가 근대 사회로 전환하는 과정을 설명하는 이론으로, 주로 1950년대와 1960년대에 사회과학의 주요 패러다임으로 자리 잡았다.

(2) 주요 개념 및 일반화

① 단선적 발전
근대화 이론은 사회가 전통적 단계에서 근대적 단계로 일직선으로 발전한다고 본다. 이는 경제 성장, 산업화, 도시화, 민주화 등의 과정을 포함한다.

② 서구 모델: 서구의 발전 경험을 보편적 모델로 삼아, 다른 국가들도 이를 따라야 한다고 주장한다.

(3) 긍정적 평가

① 발전 모델 제시
근대화 이론은 저개발국가들이 경제적, 사회적 발전을 이루기 위한 모델을 제시했다. 이를 통해 많은 국가들이 산업화와 경제 성장을 추구할 수 있었다.

② 사회 변화 촉진
전통적인 사회구조를 변화시키고, 민주주의와 법치주의의 확산을 촉진하는 데 기여했다.

③ 교육 기회 확대와 과학 기술 발전
교육 기회의 확대와 과학 기술의 발전을 통해 지식 기반 사회로의 전환을 가능하게 했다.

(4) 부정적 평가

① 서구 중심적 시각
근대화 이론은 서구의 역사적 경험을 보편적 발전 모델로 일반화하여, 모든 국가가 동일한 발전 과정을 따를 것이라고 전제한다. 이는 서구 중심적이라는 비판을 받는다.

② 사회 진화론적 접근
사회가 단선적으로 진보한다는 개념에 기초하고 있어, 전통사회와 근대사회의 이분법적 구분이 지나치게 단순화되었다는 지적이 있다.

③ 구조적 불평등 무시
종속이론이나 세계체제론 등에서는 국제사회의 비대칭적 구조 때문에 후발국가들이 선진국들의 성장 로드맵을 따를 수 없음을 지적한다.

02 종속이론

1. 의의

종속이론은 주로 1960년대와 1970년대에 발전한 이론으로, 국제 사회에서 중심부(선진국)와 주변부(후진국) 간의 불평등한 관계를 설명한다. 종속이론은 저발전의 원인을 국제 사회의 불평등한 구조에서 찾는다.

2. 주요 개념 및 일반화

⑴ 저발전의 원인

① 경제적 종속: 중심부와 주변부
중심부 국가들은 고부가가치 상품을 생산하고, 주변부 국가들은 저부가가치 원자재를 생산한다. 이로 인해 부가 중심부로 이동하고, 주변부는 경제적으로 종속된다.

② 불평등한 교환
중심부와 주변부 간의 무역은 불평등한 교환을 초래하여, 주변부 국가들이 경제적으로 발전하기 어렵게 만든다.

③ 구조적 불평등
주변부 국가들은 중심부 국가들의 경제적, 정치적, 문화적 영향력 아래 놓이게 되며, 자립적인 발전이 어려워진다.

⑵ 저발전의 결과

① 빈곤과 불평등
주변부 국가들은 경제적 종속으로 인해 빈곤과 불평등이 심화된다. 이는 사회적 불안정과 정치적 불안정을 초래할 수 있다.

② 자원 착취
중심부 국가들은 주변부 국가들의 자원을 착취하여 경제적 이익을 얻는다. 이는 주변부 국가들의 자원 고갈과 환경 파괴를 초래할 수 있다.

③ 기술 격차
중심부 국가들은 첨단 기술을 보유하고, 주변부 국가들은 기술 격차로 인해 경제 발전이 저해된다.

3. 종속이론에 대한 평가

⑴ 긍정적 평가

① 국제 불평등 구조 설명
종속이론은 중심부(선진국)와 주변부(후진국) 간의 불평등한 경제 관계를 설명하는 데 유용하다. 이를 통해 저발전의 원인을 국제적 맥락에서 이해할 수 있다.

② 정치적, 경제적 종속성 강조
종속이론은 주변부 국가들이 중심부 국가들에 경제적, 정치적으로 종속되어 있다는 점을 강조한다. 이는 저발전 국가들이 자립적인 발전을 이루기 어려운 이유를 설명한다.

③ 대안적 발전 모델 제시
종속이론은 저발전 국가들이 중심부 국가들과의 종속 관계를 벗어나기 위해 자립적인 경제 정책을 채택해야 한다고 주장한다. 이를 통해 경제적 자립과 독자적인 발전을 추구할 수 있다.

(2) 부정적 평가

① 경제 성장 사례와의 불일치
동아시아 국가들(한국, 대만, 싱가포르, 홍콩)의 경제 성장은 종속이론의 예측과 맞지 않는다는 비판을 받는다. 이러한 국가들은 종속이론의 예측과 달리 경제 성장을 이루었다.

② 내부적 요인 무시
종속이론은 주로 외부적 요인에 초점을 맞추어, 국가 내부의 정치적, 사회적 요인을 간과한다는 지적이 있다.

③ 현실적 적용 한계
1980년대 이후 세계 경제의 변화와 함께 종속이론의 현실적 적용 가능성에 대한 의문이 제기되었다. 특히, 제3세계 부채위기와 지속적 경기침체는 종속이론에 기반한 발전 전략의 유효성에 대한 의문을 불러일으켰다.

03 대중사회론

1. 대중사회의 등장

대중사회는 산업화와 도시화로 인해 전통적인 사회구조가 붕괴되고, 대중이 사회의 주요 구성원으로 등장하는 사회를 의미한다.

2. 대중사회의 특징

(1) 대중문화의 확산

대중매체(신문, 라디오, TV 등)를 통해 대중문화가 널리 퍼지며, 대중의 생활 방식과 가치관에 큰 영향을 미친다.

(2) 사회적 동질화

대중사회에서는 개인들이 비슷한 생활 방식과 가치관을 공유하게 되며, 이는 사회적 동질화를 촉진한다.

(3) 익명성 증가

도시화로 인해 개인 간의 익명성이 증가하고, 전통적인 공동체 의식이 약화된다.

(4) 소비문화

대중사회에서는 소비가 중요한 사회적 활동으로 자리 잡으며, 소비문화가 발달한다.

3. 대중사회에 대한 비판

(1) 문화적 저급화

대중문화가 상업적 이익을 추구하면서 질적으로 저급한 콘텐츠가 확산된다는 비판이 있다. 이는 대중의 문화적 수준을 낮추고, 비판적 사고를 저해할 수 있다.

(2) 사회적 통제

대중매체를 통해 대중이 쉽게 통제되고 조작될 수 있다는 비판이 있다. 이는 대중이 비판적 사고를 잃고, 수동적으로 정보를 수용하게 만들 수 있다.

(3) 개인주의와 소외

대중사회에서는 개인주의가 강조되면서, 전통적인 공동체 의식이 약화되고, 개인이 사회에서 소외될 수 있다는 비판이 있다.

(4) 정치적 무관심

대중사회에서는 정치적 무관심이 증가할 수 있으며, 이는 민주주의의 약화를 초래할 수 있다.

4. 대중사회에 대한 비판적 주장들

(1) 시대적 배경

대중사회에 대한 비판적 주장들은 1920년대 이후부터 1960년까지 주로 제기되었다.

(2) 대중사회 모습에 대한 비관적 견해들

① 개요
대중사회에 대한 비판적 견해들은 소외, 종교의 세속화, 강력한 도덕적 가치의 소멸, 개인적 유대관계 약화, 독재와 관료제의 조작에 쉽게 이용, 저급한 수준의 대중문화 등을 주요 내용으로 다루었다.

② 대중
대중은 물질적 만족과 평균인의 안락함에 만족하며 폐쇄적인 모습 속에서 생활하는 것으로 서술되었다.

③ 프랑크푸르트학파
대중사회가 텔레비전, 라디오, 신문 등 대중매체와 같은 대중산업을 통해 지배계급의 조작을 받고 있다고 보았다.

④ 마르쿠제

마르쿠제는 대중문화가 절대적인 헤게모니를 가지고 있기 때문에 사회변동이 불가능하다고 주장하였다.

(3) 현재: 대중의 양면성에 대한 균형잡힌 평가가 필요

비관적인 대중사회의 모습에도 불구하고 대중의 정치참여 증진과 저항의 모습이 동시에 발견되었다는 점을 고려해야 한다.

04 소비사회론

1. 소비사회론의 의미

소비사회론은 현대 자본주의 사회에서 소비가 사회적, 경제적, 문화적 중심 역할을 한다는 이론이다. 소비사회론은 현대사회에서 소비가 어떻게 개인의 정체성과 사회구조에 영향을 미치는지를 주로 연구한다. 소비사회론은 현대사회를 이해하는 데 중요한 틀을 제공하며, 소비가 단순한 경제 활동을 넘어 사회적, 문화적 현상임을 보여준다.

2. 소비사회론의 주요 내용

(1) 소비의 중심성

소비사회론은 현대사회에서 소비가 단순한 경제 활동을 넘어 사회적 지위와 정체성을 형성하는 중요한 요소라고 본다.

(2) 기호 소비

장 보드리야르(Jean Baudrillard)는 소비를 단순한 물질적 소비가 아닌 기호적 소비로 해석한다. 즉, 사람들은 물건의 사용가치뿐만 아니라 그 물건이 상징하는 의미를 소비한다.

(3) 사회적 차이

소비는 사회적 차이를 나타내는 수단으로 사용된다. 특정 상품을 소비함으로써 개인은 자신의 사회적 지위를 표현하고, 다른 사람들과의 차별성을 강조한다.

(4) 소비의 사회적 기능

소비가 사회적 관계를 형성하고 유지하는 데 중요한 역할을 한다는 것이다.

(5) 소비자 문화

소비가 단순히 물건을 사는 행위가 아니라, 사회적 지위와 정체성을 표현하는 수단으로 보는 관점이다.

3. 소비사회에 대한 비판

(1) 물질주의와 상업주의

소비사회론은 물질주의와 상업주의를 조장한다는 비판을 받는다. 이는 사람들이 물질적 소유에 집착하게 만들고, 사회적 가치와 윤리를 약화시킬 수 있다.

(2) 환경 파괴

과도한 소비는 자원 고갈과 환경 파괴를 초래할 수 있다. 이는 지속 가능한 발전을 저해하는 요소로 작용한다.

(3) 사회적 불평등

소비를 통해 사회적 지위를 표현하는 과정에서 경제적 불평등이 심화될 수 있다. 이는 사회적 갈등을 유발할 수 있다.

4. 소비사회론 주요 이론가

(1) 장 보드리야르(Jean Baudrillard)

① 개요

그의 저서 『소비의 사회』에서 현대사회를 소비사회로 정의하고, 소비가 사회적 차이를 나타내는 기호적 활동이라고 주장했다. 소비사회에서 기호와 상징의 역할을 강조하며, 소비가 현실을 왜곡하고 시뮬라크르(simulacre)를 만들어낸다고 주장했다.

② 시뮬라크르

㉠ 의미

시뮬라크르는 실제로 존재하지 않지만 존재하는 것처럼, 때로는 존재하는 것보다 더 생생하게 인식되는 대체물이다. 플라톤은 이데아론을 통해 현실에서 발견할 수 없는 영원불변의 참된 존재를 설명했다. 시뮬라크르는 이러한 이데아와는 반대되는 개념으로, 실제로는 존재하지 않지만 존재하는 것처럼 인식되는 대체물이다.

㉡ 특징

원본이 없는 이미지로, 현실을 대체하고 지배하는 역할을 한다. 예를 들어, 화폐는 실제로는 물질적 가치가 없지만, 사회에서 중요한 역할을 하며 실제보다 더 실제적인 가치를 지닌다.

㉢ 예시

미디어가 보여주는 현대의 전쟁에서 미사일 발사는 모니터를 통해 실행되며, 실제 미사일의 움직임을 육안으로 보지 않는다. 이때 시뮬라크르인 화면상의 미사일 궤도가 실제 탄두의 궤도가 된다. 화폐는 실제로는 물질적 가치가 없지만, 사회에서 중요한 역할을 하며 실제보다 더 실제적인 가치를 지닌다.

③ 시뮬라시옹(Simulation)

㉠ 의미

시뮬라시옹은 시뮬라크르가 작용하는 과정을 의미한다. 즉, 모사된 이미지가 현실을 대체하는 과정을 말한다.

㉡ 특징

시뮬라시옹은 더 이상 모사할 실재가 없어지게 되면서 실재가 더 실재 같은 하이퍼리얼리티(초과실재)를 생산한다. 이는 현실과 구분이 어려운 새로운 현실을 만들어낸다.

(2) **피에르 부르디외**(Pierre Bourdieu)

소비를 통해 사회적 자본과 문화적 자본이 형성된다고 보았으며, 소비 패턴이 계층 간의 차이를 나타낸다고 분석했다.

(3) **지그문트 바우만**(Zygmunt Bauman)

현대사회를 '소비사회'로 정의하며, 소비가 개인의 자유와 선택을 강조하지만 동시에 불안과 불확실성을 초래한다고 보았다.

05 포스트모던

1. 포스트모던의 등장

포스트모더니즘은 20세기 중반 이후 등장한 철학적, 문화적, 사회적 운동으로, 기존의 모더니즘에 대한 반작용으로 나타났다.

2. 주요 내용

(1) **거대 내러티브의 해체**

포스트모더니즘은 보편적 진리나 거대 내러티브(메타 내러티브)를 부정한다. 이는 모든 진리가 상대적이며, 문화적, 역사적, 개인적 맥락에 따라 다르게 해석될 수 있음을 강조한다.

(2) **다양성과 다원주의**

포스트모더니즘은 다양한 관점과 목소리를 인정하고, 문화적 다양성과 다원주의를 중시한다. 이는 소외된 집단이나 비서구적 관점의 중요성을 강조한다.

(3) **텍스트와 기호의 모호성**

언어와 기호가 현실을 반영하는 것이 아니라, 현실을 구성한다고 주장한다. 따라서 텍스트는 다양한 해석이 가능하며, 끝없이 해체될 수 있다.

3. 포스트모던의 영향

(1) 권위의 분산화

전통적인 권위와 제도에 대한 도전이 이루어지며, 학계, 정치, 종교 등에서 보다 분권화되고 민주적인 공간이 형성된다.

(2) 학제 간 접근

학문 간의 경계가 모호해지며, 문학, 사회학, 역사학 등을 아우르는 학제 간 연구가 활발해진다.

(3) 소비자 문화와 미디어

포스트모더니즘은 현대 건축, 영화, 미술에서 흔히 볼 수 있는 스타일, 장르, 시대의 혼합과 일치에서 분명하게 드러난다. 디지털 시대의 밈, 리믹스, 매시업 등은 포스트모더니즘의 절충주의 정신을 구현한다.

4. 포스트모던에 대한 평가

① 극단적 상대주의
포스트모더니즘의 극단적인 상대주의는 어떤 주장의 타당성을 판단할 객관적인 기준이 없다는 비판을 받는다. 이는 도덕적 모호성을 초래할 수 있다.

② 기초 지식의 침식
다양한 관점을 강조하다 보니, 학생들이 학업 및 개인 개발에 필수적인 핵심 기초 지식을 놓칠 수 있다는 우려가 있다.

③ 극단주의 관점 조장
모든 내러티브가 똑같이 타당할 경우, 극단주의적 관점을 조장할 위험이 있다.

④ 해체 뒤에 보편성을 추구하는 것은 현재도 진행 중
정치・사회・경제・문화 영역에서 보편성 추구 시도가 현재도 진행 중이라는 점을 간과하고 있다.

06 과학 및 기술로 인한 위험과 성찰

1. 과학기술사회의 위험과 사회적 쟁점

(1) 의의

과학기술사회는 과학기술의 발전이 사회 전반에 걸쳐 큰 영향을 미치는 현대사회를 의미한다.

(2) 과학기술사회의 주요 위험

① 환경 파괴
과학기술의 발전으로 인한 산업화와 도시화는 대기 오염, 수질 오염, 토양 오염 등 환경문제를 초래한다. 이는 생태계 파괴와 기후 변화를 가속화한다.

② 핵 위험

핵 에너지와 핵무기의 개발은 에너지 문제를 해결하는 데 기여하지만, 동시에 핵 사고와 핵전쟁의 위험을 초래한다. 체르노빌 사고와 후쿠시마 원전 사고는 이러한 위험의 대표적인 사례이다.

③ 생명공학의 윤리적 문제

유전자 편집, 복제 기술 등 생명공학의 발전은 질병 치료와 농업 혁신에 기여하지만, 윤리적 문제와 생명체의 본질에 대한 논란을 불러일으킨다. 이는 인간의 존엄성과 자연의 균형을 위협할 수 있다.

④ 정보 보안

디지털 기술의 발전으로 인해 개인정보 유출, 사이버 공격, 해킹 등의 위험이 증가하고 있다. 이는 개인의 프라이버시와 국가 안보에 심각한 위협이 될 수 있다.

⑤ 인공지능과 자동화

인공지능과 자동화 기술은 생산성을 높이고 생활을 편리하게 만들지만, 동시에 일자리 감소와 사회적 불평등을 초래할 수 있다. 또한, 인공지능의 오작동이나 악용 가능성도 중요한 문제로 대두되고 있다.

(3) 마르쿠제의 과학기술적 합리성과 도구적 이성에 대한 비판37)

① 의의

헤르베르트 마르쿠제(Herbert Marcuse)는 프랑크푸르트학파의 철학자로, 과학기술적 합리성과 도구적 이성에 대한 비판을 통해 현대사회의 문제점을 지적했다.

② 과학기술적 합리성(Technological Rationality)

㉠ 과학기술적 합리성의 의미

과학기술적 합리성은 기술 발전과 효율성을 중시하는 합리성으로, 사회 전반에 걸쳐 기술적 사고 방식이 지배적인 역할을 한다고 본다.

㉡ 과학기술적 합리성에 대한 비판

마르쿠제는 과학기술적 합리성이 인간의 자유를 증진시키기보다는 새로운 형태의 지배와 통제를 초래한다고 비판한다. 이는 기술이 인간의 삶을 개선하는 대신, 인간을 기술 시스템에 종속시키는 결과를 낳는다고 주장한다.

③ 도구적 이성(Instrumental Reason)

㉠ 도구적 이성의 의미

도구적 이성은 목표 달성을 위한 수단으로서의 이성을 의미하며, 효율성과 생산성을 중시한다.

㉡ 사회적 지배 구조 강화

도구적 이성은 사회적 지배 구조를 강화하며, 인간과 자연의 관계를 왜곡시킨다. 이는 인간이 자연을 지배하고 착취하는 방식으로 나타나며, 환경 파괴와 같은 문제를 초래한다.

37) 일차원적 인간 : 그의 저서 『일차원적 인간(One-Dimensional Man)』에서 마르쿠제는 과학기술적 합리성이 인간의 사고와 행동을 단순화하고, 비판적 사고를 억압하여 일차원적 인간을 만든다고 설명한다.

㉢ 도구적 이성에 대한 비판

마르쿠제는 도구적 이성이 인간의 주관적 이성을 지배하고, 이를 통해 사회적 지배와 통제를 강화한다고 비판한다. 이는 인간의 창의성과 자율성을 억압하고, 인간을 도구화하는 결과를 초래한다.

(4) 과학기술사회의 위험과 관련된 주요 쟁점

① 윤리적 쟁점 ■ 과학 기술과 과학자들의 윤리

과학기술의 발전은 다양한 윤리적 문제를 야기한다. 예를 들어, 유전자 편집 기술은 질병 치료에 큰 잠재력을 가지고 있지만, 인간의 유전자를 조작하는 것이 윤리적으로 정당한지에 대한 논란이 있다.

② 사회적 불평등

과학기술의 혜택이 특정 계층이나 국가에 집중될 경우, 사회적 불평등이 심화될 수 있다. 이는 기술 접근성의 문제와 관련이 있다.

③ 정책 및 규제

과학기술의 발전 속도가 빠르기 때문에, 이를 적절히 규제하고 관리하기 위한 정책이 필요하다. 이는 환경 보호, 정보 보안, 생명윤리 등을 포함한다.

④ 공공 참여: 개인적 합리성과 사회적 합리성

과학기술 관련 정책 결정 과정에서 시민들의 참여가 중요하다. 이는 투명성과 민주성을 높이고, 다양한 관점을 반영하는 데 기여한다.

2. 현대사회와 위험: 위험사회 이론

(1) 개요

울리히 벡(Ulrich Beck)은 그의 저서 『위험사회』에서 현대사회를 "위험사회"로 정의하며, 산업화와 기술 발전이 새로운 형태의 위험을 초래한다고 주장했다.

(2) 주요 내용

① 위험의 분배

전통사회에서는 위험이 주로 자연재해와 같은 외부 요인에 의해 발생했지만, 현대사회에서는 인간의 활동과 기술 발전으로 인해 위험이 사회적으로 생성되고 분배된다.

② 예측 불가능성

현대사회의 위험은 복잡하고 예측 불가능하며, 이는 기존의 사회적 안전망과 제도로는 충분히 대응하기 어렵다.

③ 글로벌화

위험은 국경을 초월하여 전 세계적으로 영향을 미치며, 이는 환경문제, 핵 에너지, 전염병 등 다양한 분야에서 나타난다.

⑶ 위험사회의 특징

① 위험의 평등화
과거에는 특정 계층이나 지역에 국한되었던 위험이 이제는 모든 사람에게 영향을 미치는 평등한 위험으로 변모했다.

② 지식의 정치화
위험에 대한 인식과 대응은 과학적 지식에 크게 의존하며, 이는 정치적, 사회적 논쟁의 중심이 된다.

③ 성찰적 근대화
현대사회는 위험을 단순히 피해야 할 대상으로 보는 것이 아니라, 위험에 대한 인식과 책임을 개인과 사회가 져야 한다고 강조한다.

⑷ 현대사회의 위험 사례

① 환경문제
기후 변화, 대기 오염, 해양 오염 등은 현대사회에서 중요한 위험 요소로 작용한다. 이는 인간의 활동과 산업화로 인해 발생한 문제들이다.

② 기술발전으로 인한 위험
인공지능, 유전자 편집, 핵 에너지 등 첨단 기술의 발전은 새로운 형태의 위험을 초래할 수 있다. 이러한 기술들은 큰 이점을 제공하지만, 동시에 예측 불가능한 위험을 내포하고 있다.

③ 사회적 불평등
경제적 불평등, 인종 차별, 성차별 등 사회적 불평등은 현대사회에서 중요한 위험 요소로 작용한다. 이는 사회적 갈등과 불안을 초래할 수 있다.

⑸ 대안적 접근

① 위험 관리
현대사회는 위험을 관리하고 최소화하기 위한 다양한 전략을 개발하고 있다. 이는 법적 규제, 기술적 해결책, 교육 등을 포함한다.

② 국제 협력
글로벌화된 위험에 대응하기 위해 국제적인 협력이 중요하다. 이는 환경문제, 전염병 대응, 기술 규제 등에서 나타난다.

3. 기든스의 성찰적 현대성

⑴ 개요

앤서니 기든스(Anthony Giddens)는 현대성에 대한 깊은 통찰을 제공한 사회학자로, 그의 주요 저서 『현대성과 자아정체성』에서 현대성의 특징과 그에 대한 비판적 성찰을 다루고 있다.

(2) 현대성의 의미

현대성은 현대사회를 형성하고 발전시켜온 원리로서 이성의 발전에 기초한 사회진보에 대한 믿음, 과학기술에 대한 신뢰, 생산력 발전과 경제성장에 대한 기대, 민주주의의 발전과 인간 해방 등에 대한 신념을 내포한다.

(3) 현대성이 만들어 낸 위험에 대한 비판

① 위험과 불확실성
기든스는 현대성이 새로운 형태의 위험과 불확실성을 초래한다고 비판한다. 이는 환경문제, 기술적 위험, 경제적 불안정 등 다양한 형태로 나타난다.

② 정체성의 위기
탈전통화와 제도적 반성성으로 인해 개인의 정체성이 불안정해지고, 자아정체성의 위기가 발생할 수 있다. 이는 개인이 자신의 삶을 지속적으로 재구성해야 하는 부담을 초래한다.

③ 전문가 시스템의 한계
현대사회는 전문가 시스템에 크게 의존하지만, 이는 종종 일반 대중과의 소통 부족과 신뢰 문제를 야기할 수 있다. 전문가의 권위가 도전받고, 지식의 불확실성이 증가한다.

(4) 성찰적 현대성

기든스는 현대성을 단순히 비판하는 데 그치지 않고, 성찰적 현대성(reflexive modernity)을 제안한다. 이는 현대사회가 스스로를 끊임없이 반성하고 재구성하는 과정을 통해, 위험과 불확실성을 관리하고, 개인과 사회의 자율성을 증대시키는 방향으로 나아가야 한다는 주장을 내용으로 한다.

4. 재귀적 현대화

(1) 의미

재귀적 현대화(reflexive modernization)는 울리히 벡과 앤서니 기든스 등이 제안한 개념으로, 현대사회가 스스로를 반성하고 재구성하는 과정을 말한다. 재귀적 현대화는 현대사회가 직면한 위험과 불확실성을 관리하고, 지속 가능한 발전을 추구하는 데 중요한 개념이다.

(2) 특징

① 위험의 분배
재귀적 현대화는 위험이 사회 전반에 걸쳐 분배되는 과정을 강조한다. 이는 특정 계층이나 지역에 국한되지 않고, 모든 사람들이 위험에 노출되는 평등한 위험 분배를 의미한다.

② 지식의 정치화
과학적 지식과 전문가 시스템이 중요한 역할을 하며, 이는 사회적 논쟁과 정치적 결정에 큰 영향을 미친다. 재귀적 현대화는 이러한 지식의 정치화를 통해 사회적 변화를 촉진한다.

③ 성찰적 근대화

기든스는 재귀적 현대화를 성찰적 근대화(reflexive modernization)로 설명하며, 이는 사회가 스스로를 끊임없이 반성하고 재구성하는 과정을 통해 위험과 불확실성을 관리하는 방향으로 나아가야 한다고 주장한다.

(3) 주요 내용

① 자기반성

재귀적 현대화는 사회가 자신의 발전 과정과 결과를 끊임없이 반성하고 평가하는 과정을 강조한다. 이는 기존의 제도와 구조를 재검토하고, 새로운 위험과 도전에 대응하기 위한 노력을 포함한다.

② 위험의 인식

현대사회는 산업화와 기술 발전으로 인해 새로운 형태의 위험에 직면하게 된다. 재귀적 현대화는 이러한 위험을 인식하고, 이를 관리하고 최소화하기 위한 전략을 개발하는 과정을 포함한다.

③ 제2의 근대성

울리히 벡은 재귀적 현대화를 "제2의 근대성"으로 설명하며, 이는 전통적인 근대성의 한계를 극복하고 새로운 형태의 근대성으로 전환하는 과정을 의미한다.

(4) 평가

① 실행 가능성

재귀적 현대화는 이상적인 개념으로, 실제로 모든 사회가 이를 실현하기는 어렵다는 비판이 있다. 이는 사회적, 정치적, 경제적 요인들이 복합적으로 작용하기 때문이다.

② 지식의 불확실성

과학적 지식과 전문가 시스템에 대한 의존이 증가하면서, 지식의 불확실성과 신뢰 문제도 함께 증가할 수 있다.

5. 생태위기의 원인과 생태담론

(1) 생태위기

생태위기는 인간 활동과 자연적 요인으로 인해 생태계가 심각하게 훼손되고, 생물 다양성이 감소하며, 환경이 파괴되는 상태를 말한다. 예컨대 생물 다양성 감소, 환경파괴, 기후 변화, 자연재해 증가, 인간 건강 악화 등이다. 생태위기는 다양한 인간 활동과 자연적 요인으로 인해 발생한다.

(2) 주요 원인

① 산림 파괴

산업 및 농업 활동을 위해 대규모로 산림을 벌채하는 경우가 많다. 이는 동식물의 서식지를 파괴하고, 생물 다양성을 감소시킨다.

② 산업 활동

산업 활동으로 인해 대기 중에 유해 물질이 배출되어 대기 오염이 발생한다. 또한, 폐수는 수질 오염을 일으켜 수생 생물에 악영향을 미친다.

③ 농업 활동

농약과 비료 사용은 토양과 물을 오염시켜 생태계를 파괴할 수 있다.

④ 기후 변화

지구 온난화로 인해 서식지가 변화하고, 일부 생물종은 멸종 위기에 처할 수 있다. 해수면 상승과 극지방 빙하의 녹아내림도 생태계에 큰 영향을 미친다.

⑤ 도시화와 개발

도시화와 개발로 인해 자연 서식지가 파괴되고, 생물 다양성이 감소한다. 이는 도로 건설, 건물 건설, 인프라 구축 등으로 나타난다.

⑥ 댐과 수력 발전

대형 댐과 수력 발전소 건설은 강의 흐름을 차단하여 하류 지역의 생태계에 영향을 준다. 이는 물고기 이동 경로를 막고, 생태계의 균형을 깨뜨릴 수 있다.

⑦ 부적절한 쓰레기 처리

폐기물이 지표면과 지하수를 오염시켜 생태계에 부정적인 영향을 준다. 이는 생물들의 건강 문제를 일으킬 수 있다.

⑧ 인위적 개입: 생태계 복원을 위한 개입이 예상과 다르게 작용하여 생태계에 더 큰 피해를 줄 수 있다.

(3) 생태담론

① 의미

생태담론은 생태계와 환경문제를 중심으로 한 다양한 이론적, 실천적 논의를 의미한다. 즉 생태담론은 현대사회가 직면한 생태위기를 분석하고, 이를 극복하기 위한 대안을 모색한다. 이는 기후 변화, 생물 다양성 감소, 환경 오염 등의 문제를 다룬다.

② 생태 패러다임과 생태 사상

㉠ 생태 패러다임

생태담론은 생태 패러다임을 중심으로 전개된다. 이는 인간과 자연의 상호작용을 중시하며, 지속가능한 발전과 환경 보호를 강조한다.

㉡ 생태 사상의 스펙트럼

생태담론은 다양한 생태 사상을 포함한다. 여기에는 근본 생태학, 사회 생태학, 생태 여성론, 생물지역론 등이 포함된다.

③ 생태담론의 주요 내용

㉠ 생태주의적 전환 담론

생태담론은 산업적, 성장 중심적 사회체제를 근본적으로 변화시키기 위한 생태주의적 전환을 강조한다. 이는 물질주의, 소비주의, 국가 중심적 사고에서 벗어나 생태친화적이고 탈물질주의적인 가치를 지향한다.

㉡ 지역화와 생태화 ■ 풀뿌리 민주주의

생태담론은 지역 사회에서의 실천을 중시한다. 이는 지역의 생태적 전환을 통해 지속 가능한 발전을 이루고, 지역 주민들의 참여를 촉진하는 것을 목표로 한다.

㉢ 정치적 생태학

생태담론은 정치적 차원에서도 중요한 논의를 포함한다. 이는 생태 민주주의, 생태 사회주의 등의 개념을 통해 환경문제를 해결하기 위한 정치적 전략을 제시한다.

④ 주요 생태담론

㉠ 생태 근본주의

생태 근본주의는 자연의 본질적 가치를 강조하며, 인간 중심적 사고를 비판한다. 이는 자연과 인간의 조화로운 공존을 추구하며, 생태계의 보전을 최우선으로 한다.

㉡ 사회 생태학

사회 생태학은 환경문제의 근본 원인을 사회적, 정치적 구조에서 찾는다. 이는 인간 사회의 불평등과 권력 구조가 환경문제를 초래한다고 주장하며, 사회적 변혁을 통해 환경문제를 해결하려고 한다.

㉢ 생태 여성주의

생태 여성주의는 여성과 자연이 억압받는 구조적 유사성을 강조한다. 이는 여성의 권리와 환경보호를 동시에 추구하며, 생태계와 여성의 해방을 목표로 한다.

6. 환경문제와 사회적 쟁점

(1) 의미

환경문제는 인간 활동과 자연적 요인으로 인해 발생하는 생태계와 환경의 훼손을 의미한다.

(2) 주요 환경문제

① 기후 변화

지구 온난화로 인해 기후 패턴이 변화하고, 극단적인 기상현상이 빈번해지고 있다. 이는 해수면 상승, 빙하 녹음, 가뭄, 홍수 등을 초래한다.

② 대기 오염

산업 활동, 자동차 배기가스, 화석 연료 사용 등으로 인해 대기 중에 유해 물질이 증가하여 대기 오염이 발생한다. 이는 호흡기 질환과 같은 건강 문제를 유발한다.

③ 수질 오염

농약, 비료, 산업 폐수 등이 하천과 해양으로 유입되어 수질 오염을 초래한다. 이는 수생 생물과 인간의 건강에 악영향을 미친다.

④ 토양 오염

농약과 비료 사용, 산업 폐기물 등이 토양을 오염시켜 농작물의 생산성을 저하시킨다. 이는 식량 안전에 위협이 된다.

⑤ 생물 다양성 감소

서식지 파괴, 기후 변화, 오염 등으로 인해 많은 생물종이 멸종 위기에 처해 있다. 이는 생태계의 균형을 깨뜨리고, 생물 다양성을 감소시킨다.

⑥ 자원 고갈

과도한 자원 채취와 소비로 인해 천연 자원이 고갈되고 있다. 이는 지속 가능한 발전을 저해한다.

(3) 주요 원인

① **산업화와 도시화**: 산업화와 도시화로 인해 자연 서식지가 파괴되고, 오염 물질이 증가한다.

② **화석 연료 사용**: 석탄, 석유, 천연가스 등의 화석 연료 사용은 대기 오염과 기후 변화를 초래한다.

③ **농업 활동**: 농약과 비료 사용은 토양과 수질 오염을 초래한다.

④ **폐기물 관리 부족**: 폐기물의 부적절한 처리는 토양과 수질 오염을 유발한다.

(4) 대응 방안

① 지속 가능한 개발

환경을 고려한 지속 가능한 개발을 통해 자원을 효율적으로 사용하고, 환경을 보호해야 한다.

② 국제 협력

글로벌화된 환경문제에 대응하기 위해 국제적인 협력이 필요하다. 이는 기후 변화 대응, 생물 다양성 보호 등에서 나타난다.

③ 재생 에너지 사용

화석 연료 사용을 줄이고, 태양광, 풍력, 수력 등 재생 가능한 에너지를 사용해야 한다.

④ 환경 교육과 인식 제고

환경문제에 대한 교육과 인식을 높여, 개인과 사회가 책임감 있게 행동할 수 있도록 해야 한다.

(5) 환경문제에 대한 담론

① 심층생태주의

㉠ 의미

심층생태주의(deep ecology)는 1973년 노르웨이의 철학자 아르네 네스(Arne Næss)가 처음 사용하고 정립한 개념이다. 이 사상은 생태계 위기의 근본 원인이 자연을 인간의 욕망을 충족시키기 위한 자원으로만 보는 인간 중심적 사고방식에 있다고 주장한다.

㉡ 개요

심층생태주의는 환경문제를 해결하기 위해 인간의 세계관과 생활 방식을 근본적으로 바꾸어야 한다고 주장한다. 이는 단순한 환경 보호 활동을 넘어, 인간과 자연의 관계를 재정립하는 것을 목표로 한다.

㉢ 종교 사상들과 연계

이 사상은 동양의 노장사상, 선불교, 기독교의 영성주의 등과도 연결되며, 생태계 파괴의 본질적인 문제를 쉽게 이해할 수 있도록 정리한 것으로 평가받고 있다.

② 생태사회주의

㉠ 개요

생태사회주의(eco-socialism)는 자본주의의 무분별한 산업화가 생태적 위기를 초래한다고 보고, 이를 해결하기 위해 사회주의와 생태주의를 결합한 사상이다. 이 사상은 환경 보호와 사회 정의를 동시에 추구하며, 경제 발전과 생태 보존의 조화를 중시한다.

㉡ 평가

생태사회주의는 북유럽 국가에서 강력한 정치 세력으로 평가받고 있으며, 대한민국에서는 진보신당이 생태사회주의를 주요 이념으로 채택한 바 있다.

③ 환경관리주의

㉠ 의미

환경관리주의(environmental managementism)는 환경문제를 해결하기 위해 고도의 기술, 정책, 생활 양식의 변화를 통해 접근하는 사상이다.

㉡ 개요

이 접근법은 환경문제를 인간의 관리와 기술적 해결책을 통해 해결할 수 있다고 믿는다. 환경관리주의는 환경문제를 보다 실용적이고 관리적인 관점에서 접근하며, 이를 통해 지속 가능한 발전을 목표로 한다.

④ 좌파환경관리주의

㉠ 의미

좌파환경관리주의는 환경문제를 해결하기 위해 사회적 불평등과 자본주의 구조를 비판하는 입장을 취한다.

㉡ 개요

이 사상은 환경 위기의 근본 원인이 자본주의와 제국주의 같은 사회구조에 있다고 보고, 이를 해결하기 위해 사회적, 경제적 변화를 추구한다. 좌파환경관리주의는 환경문제를 해결하기 위해 사회구조의 근본적인 변화를 요구하며, 이를 통해 지속 가능한 사회를 구축하려고 한다.

⑤ 지속 가능한 발전

지속 가능한 발전 담론은 경제 성장과 환경 보호를 동시에 추구한다. 이는 현재 세대의 필요를 충족시키면서도 미래 세대의 자원 사용을 보장하는 것을 목표로 한다.

⑥ 환경 정의

환경 정의 담론은 환경문제의 불평등한 영향을 강조한다. 이는 사회적 약자와 소수 집단이 환경문제로 인해 더 큰 피해를 입는다는 점을 지적하며, 공정한 환경 정책을 요구한다.

MEMO

이 책의 참고문헌

REFERENCE CONTENTS PREFACE

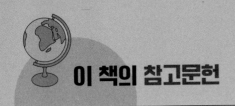

김경동(2003). 사회학의 이론과 방법. 박영사

김경동(2007). 현대의 사회학. 박영사

김병(2023). 사회문제론. 양서원

원석조(2021). 사회문제론. 양서원

김선웅(2006). 개념중심사회학. 한울아카데미

김윤태(2006). 사회학의 발견. 새로운 사람들

노길명(1998). 문화인류학의 이해. 일신사

비판사회학회(2015). 사회학: 비판적 사회읽기[제2판]. 한울아카데미

양춘(2003). 현대사회학. 민영사

이철수(2023). 신 사회학 초대. 학지사

이호성(2008). 현대사회학의 이해. 보성

한국문화인류학회(2010). 처음만나는 문화인류학. 일조각

한상복(2011). 문화인류학. 서울대학교 출판문화원

Barbara Miller(2013). 글로벌시대의 문화인류학. 홍석준, 박준규, 박충환, 이창호 공역. 시그마프레스

Bronisław Kasper Malinowski. 서태평양의 항해자들. 최협번역. 전남대학교 출판부(2013)

Claude Lévi-Strauss. 슬픈 열대. 박옥줄 역. 한길그레이트북스(1998)

Clifford James Geertz. 문화의 해석. 문옥표 역. 까치(2009)

David-Émile Durkheim(1897). 자살론. 황보종우 역. 청아출판사

Earl Babbie(2015). 사회조사방법론. 고성호, 김광기, 김상욱, 문용갑, 민수홍, 유홍준, 이성용, 이정환, 장준오, 정기선, 정태인 공역. 센게이지러닝(Cengage Learning)

Edward T. Hall. 침묵의 언어. 한길사(2013)

Erving Goffman(1959). 자아연출의 사회학. 전수미 역. 현암사(2016)

George Ritzer. 사회학이론. 김왕배 등 역. 한올출판사(2006)

Jean Baudrillard(1970). 소비의 사회. 이상률 역. 문예출판사(2015)

Jürgen Habermas(1961). 공론장의 구조변동. 한승완 역. 나남(2001)

Karl Marx(1883). 공산당 선언. 강유원 역. 이론과 실천(2008)

Michel Foucault(1975). 감시와 처벌, 오생근 역, 나남신서(2020)

Peter Ludwig Berger, 사회학으로의 초대, 김광기 번역, 문예출판사(2023)

Pierre Bourdieu(1979). 구별짓기, 최종철 역, 새물결(2005)

Ruth Benedict(1946). 국화와 칼, 김윤석 · 오인석 역, 을유문화사(2019)

Anthony Giddens, 현대사회학, 김용학, 박길성, 송호근, 신광영, 유홍준, 김미숙, 정성호 역, 을유문화사(2018)

* 교재 특성 및 가격 등 사정상 참고한 논문들은 생략하고 저서를 중심으로 제시하였다. 인용하지 못한 논문들의 선생님들과 누락된 저서의 저자 선생들께 머리 숙여 사과드린다.

이율

- 사회과 교육 전공 교육학 박사
- 하제스트 교육연구소 소장
- 한국 법교학회 이사 및 사회과 학회 회원
- 연세대학교 특임교수
- 부산대학교 사회교육연구소 실장 및 부소장 역임

[저서 및 논문]

- 교육론: 일반사회 교육론, 사회과예비교사를 위한 일반사회교육론, 사회과 대화교육의 한계와 대안에 관한 연구(2015), 법교육이 청소년의 폭력에 관한 태도에 미치는 영향(2010), 미국 법교육 교과서의 변천과정에 관한 연구(2011), 비행청소년 교정교육에서 상상력 교육의 필요성에 관한 연구 등(2012)
- 법 관련: 법교육학 입문, 법교육내용학, 사회과예비교사를 위한 법학, 법교육학입문 개정판, 사회과 법교육에서 인권교육 내용에 관한 연구(2011), 다문화 사회의 헌법교육 모색(2011), 국민참여재판 활성화 방안에 관한 연구(2006), 교권의 범위와 한계에 관한 연구(2011)
- 정치 관련: 정치교육 내용학, 사회과예비교사를 위한 정치학, 중등 사회과 민주주의 교육에 대한 비판적 고찰(2013), 다문화주의·다문화교육·이데올로기·민주주의(2020), 시민주권과 민주시민교육(2021), 정치교육의 이해(2024)
- 경제 관련: 예비사회과교사를 위한 경제학 다이제스트, 악마의 맷돌이 돌고 있어요.
- 사회·문화 관련: 비교문화, 폭력의식의 형성과 유형에 대한 연구(2009), 사회과교사를 위한 사회와 문화(2025), 교육현장에서의 저작권 가이드라인에 관한 연구(2011)

사회과교사를 위한

사회와 문화

초판 인쇄 | 2025. 3. 5. **초판 발행** | 2025. 3. 10. **편저자** | 이 율

발행인 | 박 용 **발행처** | (주)박문각출판 **등록** | 2015년 4월 29일 제2015-000104호

주소 | 06654 서울특별시 서초구 효령로 283 서경 B/D **팩스** | (02)584-2927

전화 | 교재 문의 (02) 6466-7202, 동영상 문의 (02) 6466-7201

저자와의 협의하에 인지생략

ISBN 979-11-7262-623-5

정가 24,000원